Colloquial Mongolian

The Colloquial Series

Series Adviser: Gary King

The following languages are available in the Colloquial series:

Albanian
Amharic
Arabic (Levantine)
Arabic of Egypt
Arabic of the Gulf and Saudi Arabia
Basque
Bulgarian
* Cambodian
* Cantonese
* Chinese
Croatian and Serbian
Czech
Danish
Dutch
Estonian
Finnish
French
German
Greek
Gujarati
Hindi
Hungarian
Indonesian
Italian
Japanese
Korean
Latvian
Lithuanian
Malay
Mongolian
Norwegian
Panjabi
Persian
Polish
Portuguese
Portuguese of Brazil
Romanian
* Russian
Slovak
Slovene
Somali
* Spanish
Spanish of Latin America
Swedish
* Thai
Turkish
Ukrainian
* Vietnamese
Welsh

Accompanying cassette(s) (*and CDs) are available for all the above titles. They can be ordered separately through your bookseller or send payment with order to Routledge Ltd, ITPS, Cheriton House, North Way, Andover, Hants SP10 5BE, or to Routledge Inc., 29 West 35th Street, New York, NY 10001, USA.

COLLOQUIAL CD-ROMs: Multimedia Language Courses
Available in: Chinese, French, Portuguese and Spanish
Forthcoming: German

Colloquial Mongolian

The Complete Course for Beginners

Alan J. K. Sanders and
Jantsangiin Bat-Ireedüi

London and New York

First published 1999
by Routledge
11 New Fetter Lane, London EC4P 4EE

Simultaneously published in the USA and Canada
by Routledge
29 West 35th Street, New York, NY 10001

Reprinted 2002

Routledge is an imprint of the Taylor & Francis Group

Typeset in Times by The Florence Group, Stoodleigh, Devon
Printed and bound in Great Britain
by Biddles Ltd, Guildford and King's Lynn

British Library Cataloguing in Publication Data
A catalogue record for this book is available from the British Library

Library of Congress Cataloguing in Publication Data
Sanders, Alan J. K.
Colloquial Mongolian : the complete course for beginners /
Alan J. K. Sanders and Jantsangiin Bat-Ireedüi.
p. cm.
Includes bibliographical references and indexes.
1. Mongolian language—Textbooks for foreign speakers—English.
2. Mongolian language—Grammar. 3. Mongolian language—Vocabulary.
I. Bat-Ireedüi, Jantsangiin, 1964– II. Title.
PL403.S25 1998
494'.2382421—dc21 98–22130
CP

ISBN 0–415–16714–0 (book)
ISBN 0–415–16715–9 (cassettes)
ISBN 0–415–28949–1 (CDs)
ISBN 0–415 16716–7 (book, CDs and cassettes course)

Contents

Foreword

Mongolia is the homeland of Genghis Khan and the heartland of the world's largest land empire created by him 800 years ago. The Mongol empire stretched at its greatest extent from Hungary to China and from Russia to Iran, yet the period of its growth and supremacy lasted little more than a century, from Genghis Khan's unification of the Mongol tribes in 1189 to the death of the fifth and last Great Khan, the Yuan Emperor Kubilai, in 1294. Weakened by feuding amongst the descendants of Genghis Khan, the Mongol empire soon began to disintegrate. The Ilkhans of Iran adopted Islam. In China the Ming overthrew the Yuan in 1368. In Russia the Golden Horde was defeated by Dmitrii Donskoi in 1380, the same year a Chinese military expedition destroyed Karakorum, the Mongol capital.

For the next two centuries Mongolia was again the theatre of struggle between tribal alliances. In the mid-16th century Altan Khan of the Tümed (eastern Mongols) established peace with Ming China and founded Khökhkhot, today the administrative centre of Inner Mongolia. Altan Khan was converted to Buddhism and in 1578 he received the Tibetan leader Sonam Gyatso in Qinghai and created for him the title 'Dalai Lama'. The 17th century was a period of rapid growth of Tibetan Buddhism in Mongolia. In 1639 Zanabazar, the four-year-old son of the Tüsheet Khan of Khalkha Mongolia, a descendant of Genghis Khan, was identified as the incarnation of a Buddhist saint and proclaimed leader of Mongolia's Buddhists with the title Öndör Gegeen, 'High Enlightened One'. His palace was nomadic until 1770, when it settled on the Tuul river where Ulan Bator stands today.

However, the Khalkha Mongols were under growing threat from the Jungarian Khanate of the Oirat Mongols to the west and from Manchu expansion to the south-east. In 1644 the Manchus captured Peking and proclaimed the Qing dynasty. It was the

Manchus who made the distinction between Inner Mongolia, the Mongol lands close to Peking they conquered in the 1620s, and Outer Mongolia, the Khalkha territory beyond the Gobi. Seeking protection from the Jungarian Khanate, the princes of Khalkha made a treaty with the Manchus in 1691. The Manchus destroyed the Jungarian army, but stationed their own troops in Khalkha. For over 200 years Inner and Outer Mongolia were administered by Manchu governors. Russia acknowledged Qing control of Outer Mongolia and the northern border territory of Tannu Tuva in the 1727 Treaty of Kyakhta.

When Qing rule in China collapsed in December 1911, the princes of Outer Mongolia declared independence under the rule of their Buddhist priest-king the Bogd Khan ('Holy Khan'), but their appeal to the Mongols of Inner Mongolia to join them was unsuccessful. Neither the new Republic of China, nor Tsarist Russia, recognized Mongolia's independence, only its autonomy as part of China, although Mongolia concluded a treaty with Tibet. Taking advantage of the turmoil of the 1917 Bolshevik Revolution in Russia, the Republic of China reasserted control of autonomous Outer Mongolia in 1919, but the civil war in Russia spilled over into Mongolia, too. In 1921 Mongolian armed revolutionaries, accompanied by units of the Soviet Red Army, marched on the Mongolian capital from their base in Siberia. They forced the Chinese army to withdraw and dispersed the Cossacks under the command of the Tsarist Baron Roman von Ungern-Sternberg, who in an attempt to form his own government of Mongolia had briefly held the Bogd Khan prisoner.

A revolutionary government was installed in Mongolia, and when the Bogd Khan died the Mongolian People's Republic (MPR) was proclaimed in 1924, but only Soviet Russia recognised it. Under Comintern guidance a Soviet-style communist revolutionary party established a political monopoly in Mongolia. Soviet-controlled Tannu Tuva was accorded 'independence' as the People's Republic of Tuva and recognized by the MPR in a treaty of 1926. Stalin's rise to supreme power in the USSR and the subsequent pursuit of Stalinist methods in Mongolia brought death or slavery to tens of thousands of innocent people on false charges of treason and 'anti-party activity' – not only prime ministers, generals, and administrators, but also lamas, teachers, workers and herdsmen.

The 1930s were also overshadowed by the assertion of Japan's imperial power in Manchuria and Inner Mongolia, and Soviet preparations to confront it. After probing Mongolia's eastern border, Manchurian and Japanese military units launched an invasion in August 1939. Mongolian troops and the Soviet Red Army halted the invasion at Khalkhyn Gol in a famous battle which may have persuaded Japan to give up plans for invading the USSR and turn towards the conquest of South-East Asia.

Mongolia was not directly involved in the Second World War until its last few days, when it joined the USSR in declaring war on Japan and invading Manchuria and northern China. In a plebiscite held under the terms of the 1945 Yalta agreement between Britain, the USA and the USSR, the people of Mongolia voted for independence. The MPR's independence was recognized by the Republic of China in 1946 and by the People's Republic of China in 1949. Britain established relations with Mongolia in 1963.

Soviet investment in Mongolia in the postwar period boosted the country's economy. A railway line built across Mongolia from the Soviet to the Chinese border became an important factor in relieving the disadvantages of Mongolia's landlockedness, providing it with revenues from transit traffic and linking it with new markets in Eastern Europe and China.

Mongolia's renewed link with China was soon broken again, first by the Sino-Soviet dispute over leadership of the communist movement, with its sharp military focus on territorial claims, and then by the Cultural Revolution in China, with its persecution of China's Mongols. It was only after Mikhail Gorbachev introduced *perestroika*, his own brand of political and economic reforms, and launched his Vladivostok initiative to improve relations with China, that Mongolia's geopolitical situation returned to normal.

Then in the 1990s the Mongols' world was turned upside down. In Eastern Europe communist regimes fell with the Berlin Wall until eventually their final bastion, the USSR itself, disintegrated in 1991. After seventy-odd years of close Soviet control, with hospitals, schools, subsidized jobs and military protection provided in exchange for political allegiance, Mongolia was projected into an unfamiliar world of multiparty politics and the dollar market. Mongolians had to learn quickly how to use their new-found political and economic freedom to survive.

Mongolia is now well along the road of political, economic and social transition. Its would-be reformed communists have finally lost political power, and a new and youthful government of democrats is providing the vital stimulus to drive the country on towards a fundamental reform of ownership which will revolutionize traditional patterns of life. With foreign aid and investment the economic stagnation inherited from the Soviet past is giving way to new growth in the key economic areas of gold, copper, oil and cashmere. Mongolia's reform programme has the steady financial support of the international banking organizations and important bilateral donors like Japan, the USA and Germany.

Mongolia is a land of contrasts – blue skies, snowy mountains, forests of larch, grassy plains and sand dunes, fresh- and salt-water lakes, rivers full of fish, 30 million head of livestock and rich wildlife. Ancient ruins, brightly painted monasteries and the herders' white tents are scattered across the landscape. However, over half the population of 2.5 million live in towns, with smoky power stations, rusty pipes, shabby tenements, and crowded buses on pot-holed roads. Some of Mongolia's people are still hardy horsemen in colourful national costume, but others have become businessmen in suits. Life is tough for civil servants, the unemployed and pensioners, but the once nearly empty shops are full of goods, and this youthful nation has gained new freedoms and opportunities.

Before, it was hard for foreigners to visit Mongolia without official invitations or group visas and closely guided tours. Now there are virtually no restrictions on travel to and within Mongolia, at least, none other than the cost of getting there, and the crowded trains and planes and rough roads. Tourism is still in its infancy, but thousands of foreigners brave such small hardships every year to breathe Mongolia's fresh air, to see its rare animals and birds in their habitat, enjoy the peace of its vast open spaces, savour the scent of its wild flowers, and count a million stars in the Gobi's night sky.

Mongolians used to be educated and trained in Soviet ways of doing things, often in the Soviet Union itself, but today they travel, work and study freely in many parts of the world once closed to them. Hundreds of Mongolian students have studied in Britain. The first foreign language Mongols used to learn was Russian, with its vocabulary of technology and communist political correctness; now it is English, the language of international communication oriented towards computers and business.

The friendly people of Mongolia, with their devotion to their history and nomadic traditions, together with the great natural beauty and variety of their country, make a Mongolian experience unforgettable. I hope our book will help you prepare for your own.

It is customary for authors to say that they are grateful for the help and cooperation they have received, adding that the authors alone are responsible for any errors. Our book is no exception. First I would pay tribute to my Mongolian colleague Bat-Ireedüi, with whom I worked together at SOAS for three years. It was thanks to his initiative that *Colloquial Mongolian* came to be written, but he had to return to the Mongolian National University in Ulan Bator before the text was completed. His contributions and his oversight of the Mongol text were essential.

I would also like to thank the distinguished Mongolist Professor Emeritus Charles Bawden for agreeing to read our manuscript and suggesting ways of improving the accuracy and clarity of our text. It was Charles Bawden who first introduced me to Mongol and the Mongols some 35 years ago, and he has been a true and generous friend ever since, always encouraging me to press on with Mongolian studies in the face of various difficulties.

I am grateful to Routledge's editors too, for their work on *Colloquial Mongolian*, in particular Editorial Assistant James Folan for his advice, Desk Editor Kate Hopgood, and Series Editor Gary King for his sharp eyes and incisive views which have helped greatly in formulating what I hope will prove to be a user-friendly textbook of modern spoken Mongolian, the first to be published in English for 30 years.

Alan J.K. Sanders
Reading
December 1998

Acknowledgements

Page 134: Cartoon by G. Baidi from *Tonshuul*. (March 1996)

Page 170: Cartoon by S. Tsogtbayar from *Ardyn Erkh*. (25 August 1992)

Pages 201–2: Extracts from *Mongolyn nuuts tovchoo* in transcription by Acad. Damdinsüren. State Publishing House. (1990)

Page 205: Extracts from *Chingis khaany tsadig* by Acad. Natsagdorj. Ulan Bator: Soyombo Publishers. (1991)

Pages 207–9: Extracts from Vol III of *BNMAUlsyn tüükh*, edited by Acad. Shirendev. Ulan Bator: Academy of Sciences and State Publishing Committee. (1969)

Pages 211–15: Script samples from *Mongol bichig* by Choi. Luvsanjav, J. Luvsandorj and Tse. Sharkhüü. Ulan Bator: Ministry of Education (textbook division). (1986)

Page 217: Cartoon by L. Ölziibat from *Ardyn Erkh*. (Date unknown)

Page 218: Cartoon by S. Tsogtbayar from *Ardyn Erkh*. (16 June 1992)

Page 249: Stanzas from poem by Natsagdorj from a collection edited by Acad. Damdinsüren. Academy of Sciences and Mongol Writers' Union, State Publishing Committee. (1961)

Every effort has been made to obtain permission to reproduce copyright material. If any proper acknowledgement has not been made, or permission not received, we would invite copyright holders to inform us of the oversight.

Introduction

There are about seven million Mongolian (Mongol) speakers in the world – over two million in independent Mongolia (the former Outer Mongolia and Mongolian People's Republic), around 3.7 million in Inner Mongolia, some 500,000 in other parts of China, and another half million or so in the Buryat and Kalmyk Republics and elsewhere in Russia. Khalkha Mongol, named after Mongolia's largest ethnic group and the country's official language, is also spoken in parts of Inner Mongolia and China's north-eastern provinces. Mongols living elsewhere in China and Russia and small related groups in Mongolia itself, such as the Oirats and Buryats, speak western and northern dialects of Mongol which are somewhat different from Khalkha.

Mongol is an Altaic language, distantly related to Turkic languages of Central Asia like Kazakh and Tuvan, and displays the typical features of agglutination and vowel harmony. Briefly, agglutination means that word-building is based on invariable stems to which single or multiple suffixes are added to modify meaning and achieve inflection (tense, case, etc.). Vowel harmony means that all the vowels in a word stem, and any suffixes attached to it, belong to one class of either 'back' or 'front' vowels, which are not mixed. While these features are unfamiliar to speakers of English and most other European languages, they need not present difficulties, once the principles have been grasped. They are explained in detail below.

The basic Mongol-Turkic vocabulary of Khalkha, centred on the nomadic way of life, has been subjected to a range of influences since the time of the Mongol empire (12th–13th centuries). Religious terminology in Tibetan and Sanskrit was spread by Buddhism, and Manchu and Chinese words and titles were added under Qing rule (17th–20th centuries). Russian technical terms and political phraseology were introduced under communist rule in this century, and knowledge of Russian became widespread. Now that English has become the most popular foreign language in Mongolia, English words like ‘broker’, ‘change’ and ‘hobby’ have entered circulation in Mongol form.

The Mongols have written their language in several different scripts, the oldest and most durable of which, called the classical Mongol script, was introduced 800 years ago under Genghis Khan. Derived from Uighur writing and written in vertical columns, from left to right, it has 30 letters in initial, medial and final forms. Although the classical script is still used by Mongols in Inner Mongolia and elsewhere in China, its use in Mongolia was discouraged after the introduction of a modified Cyrillic (Russian) alphabet in the 1940s.

Khalkha having undergone many changes over the centuries, the language of the classical Mongolian script is now archaic, but it is important to Mongols both linguistically and culturally. Mongolia’s democratic revolution in the early 1990s led to demands for the restoration of the classical script. However, its planned official reintroduction in 1994, initially for the government’s official publications, was postponed until the next century because of the lack of proper preparation, a shortage of publishing facilities, and also resistance from the many Mongols who wanted to keep Cyrillic.

The alphabet

The 35 letters of the Mongolian Cyrillic script are those of the Russian alphabet plus **ө** and **ү**, to represent **ö** and **ü**. Some Russian letters are pronounced differently in Mongol, and others are used only to write words which have entered Mongol from Russian.

The letters of the Mongolian Cyrillic alphabet have been given English written equivalents (transliteration). Because Mongolian Cyrillic has more letters than the English alphabet, some Cyrillic letters are represented by two or more English letters. Transliteration schemes like this are used for writing Mongolian place names in atlases and personal names in the printed media, although there are traditional English spellings for some Mongolian names, e.g. that of the capital Ulan Bator.

The table below lists the Mongolian Cyrillic alphabet in capital and small letters in Mongolian alphabetical order with the English equivalents plus an indication in brackets of what they sound like. Alphabets and transliteration schemes alone do not give an accurate guide to pronunciation, which is discussed in more detail from page 11.

There is no agreed international system of transliteration, and elsewhere you may come across variations like **dzh** for j (**ж**), **dz** for z (**з**) and **h** for kh (**х**), as well as the use of additional diacritical marks (accents) e.g. **ĭ** for i (**ь**). Some may have been carried over from schemes for transliterating the classical Mongolian script, e.g. **š** for **sh**.

Mongolian alphabet		English equivalent
А	**а**	a (like ‘a’ in ‘cat’)
Б	**б**	b (like English ‘b’)
В	**в**	v (like English ‘v’)
Г	**г**	g (like English ‘g’)
Д	**д**	d (like English ‘d’)

Е	**е**	yö (like 'yea' in 'yearn')
Ё	**ё**	yo (like 'ya' in 'yacht')
Ж	**ж**	j (like 'j' in 'jewel')
З	**з**	z (like 'dz' in 'adze')
И	**и**	i (like 'i' in 'tin')
Й	**й**	i (only appears after another vowel)
К	**к**	k (like English 'k'; in loan words)
Л	**л**	l (like English 'l')
М	**м**	m (like English 'm')
Н	**н**	n (like English 'n'; final 'n' like 'ng' in 'song')
О	**о**	o (like 'o' in 'hot')
Ө	**ө**	ö (like 'ea' in 'yearn')
П	**п**	p (like English 'p'; mostly in loan words)
Р	**р**	r (like Scottish 'r'; initially in loan words)
С	**с**	s (like 's' in 'sun')
Т	**т**	t (like 't' in 'took')
У	**у**	u (like 'aw' in 'awful')
Ү	**ү**	ü (like 'u' in 'put')
Ф	**ф**	f (like English 'f'; only in loan words)
Х	**х**	kh (like 'ch' in 'loch')
Ц	**ц**	ts (like 'ts' in 'cats')
Ч	**ч**	ch (like 'ch' in 'chat')
Ш	**ш**	sh (like 'sh' in 'shoe')
Щ	**щ**	shch (as in 'ca*sh-ch*eque'; in Russian words)
	ъ	no sound (after unpalatalised consonant; may be written as a double quotation mark or ignored)
	ы	y (like 'y' in 'marry')
	ь	'short' i (after palatalised consonant; may also be written as a single quotation mark)
Э	**э**	e (like 'e' in 'den')
Ю	**ю**	before **у**: yü (like 'you' in 'you'); before **ү**: yü (like ü with an initial y sound)
Я	**я**	ya (like 'ya' in 'yard')

The letters **ъ**, **ы** and **ь** cannot be capital or first letters in a word.

Learning to read

Use the following practice words to familiarize yourself with the Mongolian Cyrillic alphabet. If you have the recordings you can also listen to the words. It will be useful to to study this section in conjunction with the recordings as the transcriptions are only approximate. These practice words are stressed (vowels underlined) to tell you which syllable to put most emphasis on when the word has more than one syllable.

Consonants

Mongolian letter	Practice word	Transcription	Meaning
б	**багш**	**bagsh**	teacher
в	**ваар**	**vaar**	vase
г	**гэр**	**ger**	felt tent, yurt
д	**дөрөв**	**döröv**	four
ж	**жижиг**	**jijig**	little
з	**зуу**	**zuu**	hundred
к	**кино**	**kino**	film
л	**лам**	**lam**	lama
м	**муу**	**muu**	bad
н	**ном**	**nom**	book
п	**пуужин**	**puujing**	rocket
р	**орос**	**oros**	Russian
с	**сүсэг**	**süseg**	faith, belief
т	**татвар**	**tatvar**	tax
ф	**фабрик**	**fabrik**	factory
х	**хаан**	**khaan**	khan
ц	**цэцэг**	**tsetseg**	flower
ч	**чулуу**	**chuluu**	stone
ш	**шашин**	**shashin**	religion

There is one letter which is neither consonant nor vowel, the so-called hard sign **ъ** which is written after unpalatized consonants e.g. **товъёг** (**tov-yog**) 'register'.

The words **лам** and **товъёг** are from Tibetan. Others, like **багш** and **пуужин**, are of Chinese origin. Buddhism has provided **шашин** from Sanskrit. The word **ном** for a book may have come from Greek. In modern times **фабрик** and **кино** have entered Mongolian via Russian. Mongolian has quite a large international vocabulary of metric measurements and technical terms.

Vowels:

Mongolian letter	Practice word	Transcription	Meaning
а	**сандал**	**sandal**	chair
аа	**харандаа**	**kharandaa**	pencil
е	**ес**	**yös**	nine
ё	**ёс**	**yos**	rule, custom
и	**сонин**	**sonin**	newspaper
ий	**тийм**	**tiim**	yes
о	**хот**	**khot**	town
оо	**одоо**	**odoo**	now
ө	**өдөр**	**ödör**	day
өө	**нөгөө**	**nögöö**	other/another
у	**ус**	**us**	water source
уу	**уул**	**uul**	mountain
ү	**үд**	**üd**	noon
үү	**үүд**	**üüd**	door, gate
ы	**таны**	**tany**	your
ь	**говь**	**govi**	Gobi 'desert'
э	**энэ**	**en**	this
ээ	**ширээ**	**shiree**	table
ю	**юм**	**yum**	something
я	**яс**	**yas**	bone

Learning to write

Now copy out the letters of the Mongolian Cyrillic alphabet from the table on pages 7 and 8.

The Cyrillic small **д** looks like the English handwritten g, **р** looks like English p, and **с** like English c.

For clarity it is usual to write a short horizontal line below the letter **ш** and above the letter **т** (which when handwritten looks like the English m) to avoid confusion with **и** and **п** (which when handwritten look like English u and n).

Three of the letters, **л**, **м** and **я**, begin with a small 'hump' on the base line before the upward stroke.

Note also that in handwriting **У** and **у** and **Ү** and **ү** have tails going below the line while **Ч** and **ч** stand on the line.

Writing the letters of the alphabet

А а А а А а
Б б Б б Б б
В в В в В в
Г г Г г Г г
Д д Д д Д д
Е е Е е Е е
Ё ё Ё ё Ё ё
Ж ж Ж ж Ж ж
З з З з З з
И и И и И и
Й й Й й Й й
К к К к К к
Л л Л л Л л
М м М м М м
Н н Н н Н н
О о О о О о
Ө ө Ө ө Ө ө
П п П п П п

Р	р	Р	р	Р р
С	с	С	с	С с
Т	т	Т	т	Т т
У	у	У	у	У у
Ү	ү	Ү	ү	Ү ү
Ф	ф	Ф	ф	Ф ф
Х	х	Х	х	Х х
Ц	ц	Ц	ц	Ц ц
Ч	ч	Ч	ч	Ч ч
Ш	ш	Ш	ш	Ш ш
Щ	щ	Щ	щ	Щ щ
	ъ	ъ		ъ
	ы	ы		ы
	ь	ь		ь
Э	э	Э	э	Э э
Ю	ю	Ю	ю	Ю ю
Я	я	Я	я	Я я

Practising writing words

When you have practised shaping the letters correctly, try linking several letters together to form words, as shown on page 9. Some letters are difficult to join together without changing their shape. This is particularly so of **б** which is best left with its tail in the air.

Write each word out at least twice, the first time with an initial capital letter, the second time with an initial small letter. Be careful not to mix up letters of similar shape.

Word writing exercise

Mongolian letter		*Practice word*		
Б	б	багш	*Багш*	*багш*
В	в	ваар	*Ваар*	*ваар*
Г	г	гэр	*Гэр*	*гэр*
Д	д	дөрөв	*Дөрөв*	*дөрөв*
Ж	ж	жижиг	*Жижиг*	*жижиг*
З	з	зуу	*Зуу*	*зуу*
К	к	кино	*Кино*	*кино*
Л	л	лам	*Лам*	*лам*
М	м	муу	*Муу*	*муу*
Н	н	ном	*Ном*	*ном*
П	п	пуужин	*Пуужин*	*пуужин*
Р	р	орос	*Орос*	*орос*
С	с	сүсэг	*Сүсэг*	*сүсэг*
Т	т	татвар	*Татвар*	*татвар*
Ф	ф	фабрик	*Фабрик*	*фабрик*
Х	х	хонь	*Хонь*	*хонь*
Ц	ц	цэцэг	*Цэцэг*	*цэцэг*
Ч	ч	чулуу	*Чулуу*	*чулуу*
Ш	ш	шапин	*Шашин*	*шашин*
	ъ	товъёг	*Товъёг*	*товъёг*
А	а	харандаа	*Харандаа*	*харандаа*
Е	е	ес	*Ес*	*ес*
Ё	ё	ёс	*Ёс*	*ёс*
И	и(й)	тийм	*Тийм*	*тийм*
О	о	одоо	*Одоо*	*одоо*
Ө	ө	нөгөө	*Нөгөө*	*нөгөө*
У	у	уул	*Уул*	*уул*
Ү	ү	үүд	*Үүд*	*үүд*
	ы	таны	*Таны*	*таны*
	ь	говь	*Говь*	*говь*
Э	э	ширээ	*Ширээ*	*ширээ*
Ю	ю	юм	*Юм*	*юм*
Я	я	яс	*Яс*	*яс*

Alphabet recognition exercise

Test your knowledge of the alphabet and work out the meaning of the following words (most of which have come from Russian):

Useful words for the tourist:
паспорт, **автобус**, **театр**, **такси**, **билет**, **люкс**, **концерт**, **цирк**

Food and drink:
цай, **ресторан**, **бутерброд**, **баар**, **шницель**, **кофе**, **бургер**

Measurement:
сантиметр, **килограмм**, **литр**, **километр**, **гектар**, **вольтметр**

People and institutions:
инженер, **компани**, **социал-демократ**, **институт**, **атташе**, **банк**

Technical terms:
импорт, **радио**, **цемент**, **телевиз**, **карбюратор**, **машин**, **атом**

Sporting terms:
теннис, **программ**, **гольф**, **спорт**, **хоккей**, **олимпиад**

Cities of the world:
Лондон, **Берлин**, **Москва**, **Улаанбаатар**, **Бээжин**, **Ром**, **Каир**

Countries of the world:
Англи, **Монгол**, **Орос**, **Герман**, **Хятад**, **Америк**, **Франц**, **Япон**

So now why not practise writing these words?

Pronunciation

The Mongol Cyrillic script is not phonetic, and transliteration alone, whichever scheme is used, can give only a rough indication of pronunciation. Some words have no standard spelling, some letters are not always pronounced, and others are pronounced in a different order from that written. The guide to pronunciation takes account of these features, but the recordings are an essential guide to the correct pronunciation.

Consonants

As we learned how to recognize individual Cyrillic letters and write the Mongolian alphabet we saw that many initial consonants are much the same as in English. However, in speech most Mongols do not distinguish between p and f or kh and k (f and k are found in loan words). They also find words beginning with r difficult to pronounce without an initial vowel: e.g. Russian **орос**.

The sound of some consonants is modified when they stand at the end of a word. Note in particular the following final consonants: **в** sounds rather like w, final **г** like k and final **д** like t:

в тав	**tav**	five
г бичиг	**bichig**	writing/letter
д гадаад	**gadaad**	foreign

Sometimes final **н** may be nasalized as ng e.g. **пуужин** (**puujing**) 'rocket', also **сан** (**sang**) 'fund' or 'store'. A final vowel after **н** is not pronouced but ensures that the **н** is not nasalized e.g. **энэ** (**en**) 'this', **чоно** (**chon**) 'wolf'. See page 20 (hidden g). A vowel is also written to distinguish voiced final -g from voiceless final -g: **бага** (**bag**) 'little', **баг** (**bak**) 'mask'.

Short and long vowels

Now we are going to look at the pronunciation of Mongolian vowels in detail, distinguishing first between short and long vowels; this can affect meaning:

цас/цаас (**tsas/tsaas**) snow/paper
үд/үүд (**üd/üüd**) noon/door
ул/уул (**ul/uul**) sole/mountain
үл/үүл (**ül/üül**) not/cloud

The short vowels are (in Mongolian alphabetical order):

а (**a**) as the 'a' in 'cat': **сандал** (**sandal**) chair
и (**i**) as the 'i' in 'tin': **сонин** (**sonin**) news(paper)
о (**o**) as the 'o' in 'hot': **хот** (**khot**) town
ө (**ö**) as the 'ea' in 'earn': **өдөр** (**ödör**) day
у (**u**) as the 'aw' in 'awful': **ус** (**us**) water
ү (**ü**) as the 'u' in 'put': **үд** (**üd**) noon
ь (short **i**) as the 'i' in 'Gobi': **говь** (**govi**) Gobi
э (**e**) as the 'e' in 'den': **энэ** (**en**) this

All but one of the long vowels are doubled short vowels:

аа (**aa**) as the 'a' in 'bath': **харандаа** (**kharandaa**) pencil
ий (**ii**) as the 'ea' in 'team': **тийм** (**tiim**) yes
оо (**oo**) as long 'au' in 'haunt': **одоо** (**odoo**) now
өө (**öö**) as long 'ea' in 'earn': **нөгөө** (**nögöö**) another
уу (**uu**) as long 'aw' in 'awful': **уул** (**uul**) mountain
үү (**üü**) as long 'u' in 'put': **үүд** (**üüd**) door, gate
ы (**y**) as the 'i' in 'ill': **таны** (**tany**) your
ээ (**ee**) as long 'e' in 'den': **ширээ** (**shiree**) table

Short and long vowels can start with a glide or y-sound:

я (**ya**) as the 'yu' in 'yum': **ямаа** (**yamaa**) goat
яа (**yaa**) as the 'a' in 'yarn': **яам** (**yaam**) ministry
ё (**yo**) as the 'ya' in 'yacht': **ёс** (**yos**) rule, custom
ёо (**yoo**) as the 'o' in 'yore': **ёотон** (**yooton**) sugar lump
е (**yö**) as the 'yea' in 'yearn': **ес** (**yös**) nine
ю (**yu**) as the 'you' in 'you': **юм** (**yum**) (some)thing
юу (**yuu**) as long 'you' in 'you': **юу** (**yuu**) what?
юү (**yüü**) as y plus long 'u' in 'put': (see page 13).

Vowels may combine to form diphthongs:

ай (**ai**) as the 'eye' in 'eyes': **далай** (**dalai**) sea
иа (**ia**) as 'ia' in 'Asia': **амиараа** (**amiaraa**) individually
ой (**oi**) as the 'oy' in 'boy': **нохой** (**nokhoi**) dog
уа (**ua**) as 'wo' in 'wonder': **хуаран** (**khuaran**) barracks
уй (**ui**) as the 'wi' in 'will': **уйлах** (**uilakh**) to cry
үй (**üi**) as the 'u' in 'put' + 'i': **үйлдвэр** (**üildver**) factory
эй (**ei**) as the 'ea' in 'yea': **хэрэгтэй** (**kheregtei**) necessary

Vowel harmony

Vowels are classed as 'back' or 'front' and are 'harmonized', that is to say, different classes do not mix within the same stem or its suffixes.

The back vowels produced at the back of the mouth are **а**, **о** and **у** (**a**, **o** and **u**) and their y-glide equivalents **я, ё** and **ю** (**ya**, **yo** and **yu**), and **ы** (**y**), as in **зургаа** (**zurgaa**) 'six', **номын** (**nomyn**) 'of a book', **ямар** (**yamar**) 'what', **ёс** (**yos**) 'rule, custom' and **юм** (**youm**) 'thing', etc.

The front vowels produced at the front of the mouth are **ө** and **ү** (**ö** and **ü**) and their y-glide equivalents **е** and **ю** (**yö** and **yü**), and **э** (**e**), as in **өнөөдөр** (**önöödör**) 'today', **үүд** (**üüd**) 'door', **энэ** (**en**) 'this' and **ес** (**yös**) 'nine'.

Note that the vowel **ю** represents a back vowel in the combination **юу** but a front vowel in **юү** e.g. the interrogative particles after words ending in a long vowel:

Харандаа юу? (**kharandaa yuu?**) Is this a pencil?
Ширээ юү? (**shiree yüü?**) Is this a table?

Initial **и** (**i**) is a front vowel: **ирэв үү?** (**irvüü?**) 'did come?' (unstressed short vowels like the **э** in **ирэв** almost disappear). The letter **и** is neutral and can be mixed with back or front vowels, e.g. **ажил** (**ajil**) 'work', **өчигдөр** (**öchigdör**) 'yesterday'.

Besides distinguishing vowel length (page 12) it is equally important to distinguish vowel quality. Note the differences between the following back- and front-vowel words:

зуу/зүү (**dzuu/dzüü**)	hundred/needle
олон/өлөн (**olon/ölön**)	many/thin
ус/үс (**us/üs**)	water/hair
ул/үл (**ul/üil**)	sole/not
уул/үүл (**uul/üül**)	mountain/cloud

Apparent exceptions to vowel harmony

The negative suffix **-güi** can be attached to back or front stems and their suffixes: **Байхгүй** (**baikhgüi**) 'There isn't any'; **Байхгүй юу?** (**baikhgüi yuu**) 'Isn't there any?' **ирээгүй** (**ireegüi**) 'didn't come'. Mongolian personal or place names which seem to break the vowel harmony rules consist of two (or more) separate elements: **Сүхбаатар** (**Sükh-baatar**), **Лувсанчүлтэм** (**Luvsan-chültem**), **Өндөрхаан** (**Öndör-khaan**), etc.

Possible vowel sequences

The vowels of each syllable depend on those of the immediately preceding syllable. Note that **о** cannot follow **а** or **у**, **а** cannot follow **о**, **ө** cannot follow **э** or **ү**, and **э** cannot follow **ө**, and **у** and **ү** appear only in the first syllable. The following rules indicate what sequences are possible:

vowel of preceding syllable	*vowel of following syllable*
а, **аа**, **ай**, **у**, **уу**, **уй**, **ю** (**юу**) **я**, **яа**	(short) **а** (long) **аа**, **уу**, **ы**, **юу**, **яа** (diphthong) **ай**, **уй**, **иа**, **иу**
э, **ээ**, **ү**, **үү**, **үй**, **ю** (**юү**)	(short) **э** (long) **ээ**, **еэ**, **үү** (diphthong) **эй**, **үй**
о, **оо**, **ой**, **ё**, **ёо**	(short) **о**, **ё** (long) **оо**, **ёо**, **уу**, **ы** (diphthong) **ой**, **ио**
ө, **өө**, **е**, **еө**	(short) **ө**, **е** (long) **өө**, **еө**, **үү**, (diphthong) **эй**, **үй**
и (first syllable only), **ий**	(short) **и**, **э** (long) **ээ**, **үү**, (diphthong) **эй**, **үй**

Writing short vowels

Short vowels not beginning a word or not appearing in the first syllable are written according to rules which categorize consonants as 'vocalized' (with a vowel) or 'unvocalized':

vocalized consonants (7)	**м, н, г, л, б, в, р**
unvocalized consonants (9)	**д, ж, з, с, т, х, ц, ч, ш**

The seven vocalised consonants must be either preceded or followed by a vowel, e.g. **ам** 'mouth', **гурван** 'three'. The nine unvocalized consonants may follow a '7' (see above) without a vowel, e.g. **гэрт** 'at home', **сурч** 'studying'. As **н** and **г** cannot be the third consecutive consonant in a word a vowel must be inserted: e.g. **мандана** 'rises', **халбага** 'spoon'. Clusters of three consonants are possible if the middle one is a '9' (see above): e.g. **арслан** 'lion'. At the end of a word '77' or '97' are not possible, and '99' and '799' are rare.

Stress

The stress in words with short vowels only falls on the first short vowel: **олон** (**olon**) 'many', **ална** (**alan**) 'kills', from **алах** 'to kill'.

In words with one long vowel or diphthong the stress is on the long vowel (diphthong): **улаан** (**ulaan**) 'red', **далай** (**dalai**) 'sea'. When followed by a long vowel a short vowel becomes indistinct or may disappear: **олон** (**olon**) 'many', **олноо** (**olnoo**) 'by many'.

In words with more than one long vowel the stress is on the penultimate long vowel: **ганцаараа** (**gantsaaraa**) 'on one's own', **өөрийгөө** (**ööriigöö**) 'oneself', **уучлаарай** (**uuchlaarai**) 'sorry!'

Mongolian personal and place names may consist of two or more elements which are stressed separately: e.g. **Гомбосүрэн** (**Gombosüren**), **Баян-Өлгий** (**Bayan-Ölgii**), **Улаанбаатар** (**Ulaan-baatar**).

Words of Russian origin are stressed the Russian way: e.g. **автобус** (**avtobus**) 'bus', **машин** (**mashin**) 'machine', etc.

Word formation

Dictionaries of Mongolian list noun stems without suffixes. The stems are the carriers of basic meaning, e.g. **уул** (**uul**) 'mountain',

гэр (**ger**) 'yurt' (round felt tent), and by extension 'home'. Most Mongolian dictionaries list verbs as present-future verbal nouns (verb stem plus suffix **-х** with a linking vowel after consonants): e.g. **суу-х суух** 'to sit'/'live', **үз-э-х үзэх** 'to see'/'study'.

Suffixes modify the meaning of the stems and cannot occur alone. Derivational suffixes create new stems, e.g. from **гэр** the verb **гэрлэх** (**ger-lekh**) meaning 'to get married' (i.e. 'acquire a home'), and **гэрлүүлэх** (**ger-lüü-lekh**) 'to marry off'. Inflectional suffixes play the role of noun declension, e.g. **гэрийн** (**ger-iin**) 'of a yurt' (lit. 'yurt-of'), or verb conjugation, e.g. **гэрлээ** (**ger-lee**) 'married' (lit. 'yurt-has acquired'). Noun stems may receive a series of suffixes: e.g. **гэрийнхэнтэйгээ** 'with one's family' (**гэр-ийн-х-эн-тэй-гээ** 'yurt-of-person-s-with-own').

Word order

The usual word order in a sentence is subject–object–verb, but not all these components need to be present. 'I study Mongolian' is **Би монгол хэл үзнэ** (**bi mongol khel üzen**) 'I Mongol language study.' Interrogative (**бэ, уу?**) or emphatic (**шүү дээ!**) particles may follow the final verb, and sometimes a name or pronoun for emphasis: **Сайн байна уу Та?** (**sain bainuu ta**) 'How are you?'

1 Сайн байна уу?

Hello!

In this lesson you will learn:

- Some forms of greeting and saying goodbye
- How to identify yourself
- Various ways of expressing 'to be'
- Some simple questions and answers
- Personal and possessive pronouns

Dialogue 1

Брауныхан Улаанбаатарт
The Browns in Ulan Bator

David Brown, a British businessman, and his wife Julie have arrived at Ulan Bator airport. As they are about to leave the terminal David is approached by Sükh, a Mongolian official he had met once before in London.

Сүх: Ноён Браун!
Девид: Сүх ээ! Сайн байна уу?
Сүх: Сайн. Та сайн байна уу?
Девид: Сайн байна аа!
Сүх: Сонин сайхан юу байна?
Девид: Тайван сайхан байна. Танайхан сайн уу?
Сүх: Сайн. Энэ хэн бэ?
Девид: Энэ миний гэргий.

SÜKH: *Mr Brown!*
DAVID: *Hey, Sükh! How are you?*
SÜKH: *I'm well. How are you?*
DAVID: *I'm fine.*

SÜKH:	*What's new?*
DAVID:	*Nothing much. How's the family?*
SÜKH:	*Fine! Who's this?*
DAVID:	*This is my wife.*

Шинэ Үг
Vocabulary

байна	am/is/are	**та**	you (polite)
бэ/вэ	(interrogative)	**тайван**	peaceful
гэргий	wife	**танайхан**	your family
миний	my	**уу/үү/юу/юү**	(interrogative)
ноён	Mr	**хэн**	who?
сайн	good, well	**энэ**	this
сайхан	nice; pretty	**ээ(аа/оо)**	(emphatic)
сонин	news		

Language points

The article

There is no definite or indefinite article in Mongolian, and in translating Mongolian into English 'the' or 'a', 'an' should be inserted as appropriate, according to context. However, Mongols do use the numeral 'one' (**нэг**) for 'a' man or 'a' person (**нэг хүн**).

The verb 'to be'

The word **байна** is the present-future tense form of the verb **байх** 'to be' and means 'am', 'is' or 'are'. Like all Mongolian verb forms, **байна** is invariable for number and person: **сайн байна** 'am/is/are well'. Sometimes, however, the verb 'to be' is understood. In the dialogue, for example, Sükh asks David: **Энэ хэн бэ?** 'this who?' and David answers: **Энэ миний гэргий** 'this my wife'. Similarly one can say: **Миний гэргий багш** 'my wife teacher', etc.

Present-future tense -на

The present-future tense is formed by adding to the verb stem the suffix **-на** or one of its variants **-но**, **-нө**, **-нэ** in keeping with the stem vowel: **бай- байна** and similarly **бол- болно** 'may', **өг- өгнө** 'gives', **ир- ирнэ** 'comes', **бүч- бүчнэ** 'surrounds' and so on. The final **а** in **байна** is not pronounced. The final vowels in the other examples are spoken between the last two consonants: **болно** (**bolon**), **өгнө** (**ögön**) and **ирнэ** (**iren**). The short final vowel may be lengthened for emphasis: **Байна аа!** 'I/you/they) is/am/are (indeed)!'

Asking questions

Mongolian uses interrogative particles to form questions from statements, for example, **уу?** in the question **Сайн байна уу?** ('well is/are?'), where **байна** has back vowels. The front vowel equivalent is **үү?** (for back and front vowels, see page 13). **Энэ ном уу, дэвтэр үү?** 'Is it a book or a notebook?' After nouns ending in long vowels the **уу?** and **үү?** become **юу?** and **юү?** as in **Энэ гэргий юү?** ('this wife?').

In sentences containing an interrogative word ('who?' or 'where?', for example), the interrogative particles used are **бэ** or **вэ** as in **Энэ хэн бэ?** ('this who?') or **Энэ юу вэ?** ('this what?') – **бэ** after words ending in **-в**, **-л**, **-м** or **-н** and **вэ** after other letters.

The suffixes -х and -хан

One way to express the idea of belonging is to attach the suffix **-х** to the possessor, e.g. **та** 'you', **танай** 'yours', **танайх** 'of yours'. The suffix **-хан** (**-хон**, **-хэн**) for people e.g. **танайхан** 'those of yours', 'your family' can be added to names: **Брауныхан** 'the Browns', **Сүхийнхэн** 'Sükh's family', observing vowel harmony.

Noun cases

Dictionaries and vocabularies list noun stems without suffixes. When a suffixless stem is the subject of a sentence it is said to be in the nominative case. However, the stem of a noun which is the subject of a sentence may not be suffixless; for example, it may have a plural suffix. Also, the fact that a stem is suffixless does not necessarily mean that it is the subject of a sentence.

It is generally considered that Mongolian has seven grammatical cases. The other six are called the accusative, genitive, dative/locative, ablative, instrumental and comitative cases. According to the relationship with other words in the sentence, they modify meaning by the attachment of case suffixes to the stem. The cases, their suffixes, meaning and use are described in the text. Some grammarians consider that Mongol has an eighth case, the 'directional' using the word **руу** 'towards', but I have treated **руу** as a postposition.

Fleeting n

Many Mongolian nouns include a 'fleeting n' which is not apparent in the suffixless stem or the accusative, instrumental and comitative suffixes, but appears in the genitive, dative/locative and ablative suffixes e.g. **мод** 'tree', 'wood' **модыг** 'the tree' (object) **модоор** 'by means of wood' **модтой** 'with wood', but **модны** 'of the tree' **модонд** 'to the tree' **модноос** 'from the tree'.

Used as an adjective attributively **мод** has the n-form **модон** meaning 'wooden'. Vocabularies may indicate in brackets the fleeting n e.g. **мод(н)**, or if a vowel changes the full n-form e.g. **арав** (**арван**), **морь** (**морин**). Occurrence of fleeting n is irregular.

Hidden g

Some Mongolian word stems ending in **-н** have a 'hidden g' sound, so that the **н** is pronounced 'ng': e.g. **шуудан** (**shuudang**). Similar words include **байшин** 'building' and **сан** 'fund', 'treasury'. Vocabularies may indicate hidden g e.g. **шуудан(г)**.

Meeting and greeting people in Mongolia

Greetings

The all-purpose Mongolian greeting **Сайн байна уу?** means literally 'Are (is) (you, he) well?' It is used for 'Good morning', 'Good afternoon', 'How do you do?' or 'How are you?' When visiting a family, especially in the country, you should agree that everybody's fine before you proceed to other matters.

The next question to ask is **Сонин сайхан юу байна?** 'news nice what is?', to which the answer is usually **Тайван байна** 'peaceful'/'quiet is' i.e. nothing much is happening.

These initial questions are not intended to elicit specific answers, they are expressions of goodwill. Such ritual questions and responses are considered quite natural and necessary when nomads offer hospitality to strangers.

Calling people by name

When David sees Sükh, he says **Сүх ээ!** 'Hey, Sükh!' There is no vocative case for nouns in Mongolian, but the effect is produced by adding a suitable long vowel to stress the name (or title) of the person called: **Бат аа!** 'Hey, Bat!' **Зөөгч өө!** 'Waiter!'

Exercise 1

Rearrange these sentences to make a conversation:

Сайн байна аа! Сайн байна уу? Сүх ээ! Сайн. Та сайн байна уу?

Exercise 2

Answer these questions with reference to the dialogue:

1 Энэ хэн бэ?
2 Сонин сайхан юу байна?
3 Танайхан сайн байна уу?
4 Энэ ноён Девид Браун уу?
5 Тайван байна уу?

Answers are to be found in the Key to exercises.

Exercise 3

Fill in the blanks in the following dialogue:

1 Девид: Сайн байна _____?
2 Сүх: _____ Та сайн _____ уу?
3 Девид: Сонин _____ юу байна?
4 Сүх: _____ байна. Танайхан _____ ?
5 Девид: Сайн _____!

Dialogue 2

Та хаана суудаг вэ?
Where do you live?

Julie Brown gets to know Sükh and finds out where he lives.

Сүх: Хатагтай Браун? Сайн байна уу?
Жюли: Сайн. Та сайн байна уу?
Сүх: Сайн байна аа! Миний нэр Сүх. Таны нэр хэн бэ?
Жюли: Миний нэр Жюли. Таны овог нэр?
Сүх: Миний овог нэр Чулууны Сүх. Миний гэргийн нэр Оюун. Та нар хаанаас ирсэн бэ?
Жюли: Бид саяхан Лондон хотоос ирсэн.
Сүх: Ядарсан уу?
Жюли: Үгүй.
Сүх: Та нар хаана сууж байна вэ?
Жюли: Бид «Улаанбаатар» зочид буудалд сууж байна. Та хаана суудаг вэ?
Сүх: Би гэрийн хороололд суудаг.

Sükh: *Mrs Brown? How are you?*
Julie: *I'm well! How are you?*
Sükh: *I'm fine. My name is Sükh. What's your name?*
Julie: *My name is Julie. What's your full name?*
Sükh: *My full name is Chuluuny Sükh. My wife's name is Oyuun. Where have you come from?*
Julie: *We have just arrived from London.*
Sükh: *Are you tired?*
Julie: *No.*
Sükh: *Where are you staying?*
Julie: *We're staying at the Ulaanbaatar Hotel. Where do you live?*
Sükh: *I live in a yurt district.*

Note: In the outer suburbs of Ulan Bator people live in **гэр** or yurts, round felt tents grouped in fenced compounds.

Шинэ Үг
Vocabulary

бид	we	**гэр**	yurt; home
буудал	stop, station	**зочин**	visitor, guest

ирэх	to come	**үгүй**	no
нар	(plural particle)	**хаана**	where?
нэр	name	**хатагтай**	Mrs, Miss
овог	father's name	**хороолол**	district
саяхан	recently	**хот**	town
суух	to live, sit	**ядрах**	to tire
таны	your		

Language points

The genitive case

The suffix for the genitive noun case (meaning 'of') is **-н** (**-ын**, **-ийн**) or **-ы** (**-ий**) added to the stem as follows:

-н to stems ending in a diphthong:
e.g. **нохой** - **нохойн** of a dog
-ы to back-vowel stems ending in **-н**:
e.g. **Чулуун** - **Чулууны** Chuluun's
-ын to back-vowel stems unless ending in **ь**, **и**, **г**, **ж**, **ш**, **ч**:
e.g. **ном** - **номын** of a book
-ийн to back-vowel stems ending in **ь**, **и**, **г**, **ж**, **ш**, **ч**:
e.g. **багш** - **багшийн** of the teacher
and to front-vowel stems with a short vowel:
e.g. **гэр** - **гэрийн** of a *ger* or yurt;
-ий to front-vowel stems ending in **-н**:
e.g. **хүн** - **хүний** of a man
-ний to long front-vowel stems with fleeting n:
e.g. **ширээ** - **ширээний** of a table
-гийн to stems with hidden g:
e.g. **шуудан** - **шуудангийн** of the post

Mongolians have no inherited surname. The genitive suffix attached to the father's name distinguishes it from a person's given (personal) name: **Чулууны Бат** 'Bat (son) of Chuluun'.

The ablative case

The suffix for the ablative noun case (meaning 'from' or 'than') is **-аас** (**-оос**, **-өөс**, **-ээс**) or **-иас** (**-иос**) added to the stem as follows:

back vowels: **хаана** - **хаанаас** where from?

хот - хотоос	from town
Улаанбаатараас	from Ulan Bator
front vowels: **хүн - хүнээс**	from a man
шөнө - шөнөөс	from the night
гэр - гэрээс	from a yurt
hidden g: **шуудан - шуудангаас**	from the post
fleeting n: **ширээ - ширээнээс**	from the table
back-vowel stems ending in **и** or **ь**:	
сургууль - сургуулиас	from the school

The dative/locative case

The suffix for the dative/locative noun case (meaning 'at', 'in', or 'to') is **-д** added to the stem after any vowel, diphthong or **-л**, **-м** or **-н** (sometimes with a linking vowel):

back vowels: **зочид буудалд** at the hotel
хотод in the town **шууданд** in the post
front vowels: **шөнөд** in the night **хүнд** to the man
fleeting n: **ширээ - ширээнд** to the table

Otherwise the suffix is **-т** after **-с**, **-г**, **-р**:

гэрт in the yurt **Улаанбаатарт** in Ulan Bator

with some exceptions including **улс - улсад** and **ус - усанд**.

Personal pronouns

The personal pronouns in the first and second person are:

би	I	**бид**	we
чи	you (to a child or close friend)	**та**	you (polite or plural)

For the third person he/she/it is usually **тэр** 'that' or **тэр хүн**, 'that person', and 'they' **тэд**. It is possible to specify the sex of the third person by adding 'man' **эр (эрэгтэй)** or 'woman' **эм (эмэгтэй)** e.g. **тэр эм хүн** 'that female person' **энэ эр хүн** 'this male person'.

Plural particle нар

The personal pronoun **та** (and **тэд** 'those') may attract the plural particle **нар** which is also used after nouns designating people: **та нар** 'you' (all), **тэд нар** 'they', **лам нар** 'lamas', **багш нар** 'teachers', etc.

Possessive pronouns

The possessive pronouns are the same as the personal pronouns in the genitive case form.

	Singular		*Plural*	
1st person	**миний**	my	**манай/бидний**	our
2nd person	**чиний**	your (thy)		
	таны	your	**танай**	your
3rd person	**(т)үүний**	its	**тэдний**	their

Originally the inclusive **манай** meant 'ours and yours' while the exclusive **бидний** meant 'ours but not yours', a distinction now hardly made. The possessive form of **та нар** is **та нарын**.

Present-future verbal nouns

Verbal nouns are a class of words which grammatically can act as verbs or nouns. Verbal nouns in stem plus **-х** are called present-future verbal nouns e.g. **байх** 'to be', like the English infinitive. They may be used in questions: **Та энд байх уу?** 'Will you be here?' They may also attract case suffixes like ordinary nouns: **Би Лондонд байхдаа** 'When I am in London'.

Perfective verbal noun -сан

The perfective verbal noun with suffix **-сан** (**-сон**, **-сөн**, **-сэн**) is widely used to describe a completed action in the past: e.g. **ирсэн** is formed from the verb stem **ир** (from **ирэх** 'to come' plus the suffix **-сэн** (**ирсэн** 'came'). Similar constructions include **суу-сан** 'lived', or 'sat', (from **суух**), **ор-сон** 'entered' (**орох**), **өг-сөн** 'gave' (**өгөх**), etc.

Iterative verbal noun -даг

The iterative verbal noun with suffix **-даг** (**-дог**, **-дөг**, **-дэг**) indicates a regular, habitual, repeated or long-term activity: e.g. **суудаг** is formed from the verb stem **суу** (from **суух** 'to live', or 'sit') plus the suffix **-даг**: **суудаг** 'live' or 'lives' (regularly), similarly: **бай-даг**, **ор-дог**, **өг-дөг** 'is', 'enters', 'gives' (habitually). The iterative is of the present tense when it stands alone, but may be modified by the tense of other verbs later in the sentence.

Imperfective converb -ж/ч

Converbs express an action that precedes, accompanies or modifies that of the main verb. The imperfective converb describes a continuous action. The suffix **-ж** is attached to the verb stem and followed by **байна**: e.g. **сууж байна** 'am/is/are living/sitting' from **суух**, **бичиж байна** 'writing' from **бичих**. After stems ending in **-г** and most ending in **-в** or **-р** instead of **-ж** we write **-ч**: **өгч байна** 'giving' from **өгөх**, **сурч байна** 'studying' from **сурах**. Exceptions include **орж байна** 'entering' from **орох**.

Names and forms of address

At present Mongols have one given name (**нэр**) which serves as both forename and surname. Wives do not adopt their husband's name on marriage. Short or familiar forms of the given name are used within the family or among close friends.

To distinguish themselves from others with the same given name, Mongols precede it with their father's name (sometimes their mother's name) plus the possessive (genitive case) suffix (see page 23) – **Батын Дорж**, **Доржийн Дулмаа**, etc., where Dorj's father's name is Bat and Dulmaa's father's name is Dorj. The Mongols call their father's name (patronymic) **овог** which originally meant 'clan'. The patronymic is often reduced to the initial letter – B. Dorj, D. Dulmaa, etc.

When they write their patronymics in English some Mongols confusingly omit the possessive suffix – Bat Dorj, Dorj Dulmaa, etc.

Mongols address one another by name, relationship or job title, perhaps plus the word **гуай**, which is a polite form, or an appropriate long vowel: **Сүх гуай!** 'Mr Sükh!', **Аав аа!** 'Father!', **Хүн гуай!** 'Excuse me, sir!'

Children address their parents and elder siblings as **та**, and wives used to do the same to their husbands, although that custom is no longer so firmly entrenched.

Foreign men are addressed as **ноён** 'mister', (originally a prince, and the king in chess), and women as **хатагтай**.

Note that you ask 'Who is your name?' For more about Mongolian personal names see page 247.

Exercise 4a

Put the verb stems into the completed past verbal noun form (stem plus **-сан**): e.g. **бай-сан байсан** 'was'.

1	ид	'ate'	2	үз	'saw'	3	ир	'came'
4	унш	'read'	5	бич	'wrote'	6	сур	'studied'

Exercise 4b

Put the same stems into the imperfective converb form (stem plus **-ж** or **-ч** added to **байна**): e.g. **суу-ж байна** 'is living'.

Exercise 5

Translate the following into Mongol: e.g. **би байсан** 'I was.'

1	I am.	2	They wrote.	3	You came.
4	He was.	5	They are.	6	We lived.

Exercise 6

Translate the following sentences into Mongolian:

1 Hey, Sükh! Is this your wife?
2 Bat! Mrs Brown is tired.
3 Waiter! What's your name?
4 My name is David.

Dialogue 3

Та юу хийдэг вэ?
What do you do?

After a discussion of language skills and jobs Sükh and the Browns agree to meet again later.

Сүх: Та юу хийдэг вэ?
Жюли: Би Лондоны их сургуулийн багш.
Сүх: За, та монгол хэл мэдэх үү?
Жюли: Тийм ээ, би монгол хэл жаахан мэднэ. Би монгол хэл сурч байна. Та монгол хэлний багш уу?

Сүх:	Биш, биш, би багш биш, би орчуулагч байна. Миний гэргий Оюун эмч, гэвч англи хэл мэдэхгүй. Би гадаад харилцааны яаманд ажиллаж байна.
Девид:	Таны ажил сайн уу?
Сүх:	Муугүй шүү. За, би яарч байна. Дараа баяртай!
Девид:	За, баяртай!

SÜKH:	*What do you do?*
JULIE:	*I'm a London University lecturer.*
SÜKH:	*So you know Mongolian then?*
JULIE:	*Yes, I do know Mongolian a bit. I am studying Mongolian. Are you a Mongolian language teacher?*
SÜKH:	*No, I'm not a teacher, I'm a translator. My wife Oyuun is a doctor, but she doesn't speak English. I am working at the Ministry of External Relations.*
DAVID:	*Is your work OK?*
SÜKH:	*It's not bad. Look, I'm in a hurry. See you later!*
DAVID:	*OK. Goodbye!*

Шинэ Үг
Vocabulary

ажил	work	**монгол**	Mongol(ian)
ажиллах	to work	**муугүй**	not bad
англи	English	**мэдэх**	to know, speak
багш	teacher	**орчуулагч**	translator
баяртай	goodbye	**сургууль**	school
би	I	**тийм**	yes
биш	not (this but)	**харилцаа**	relations
гадаад	foreign, external	**хийх**	to do, make
гэвч	but	**хэл(н)**	language, tongue
дараа	later	**шүү**	certainly (final particle)
жаахан	a little	**эмч**	doctor
за	OK, well, so, etc.	**яам(н)**	ministry
их	big, great	**ярах**	to hurry

Language points

More about the genitive case

Further examples of the genitive case (page 23) in Dialogue 3 illustrate more back and front vowel suffixes:

back vowels: **-ын** as in **зочид буудлын** 'hotel's', or -(**н**)**ы** as in **харилцаа** - **харилцааны** 'of relations', because of the long final vowel; **сургууль** follows the rule that a back stem ending in **ь** adds **-ийн**: **сургуулийн** 'of school'.

front vowels: **-(н)ий** as in **хэл** - **хэлний** 'of language', because of fleeting n.

Gender of nouns

Mongolian has no grammatical gender, that is, no masculine, feminine or neuter forms of nouns or pronouns. Nouns are not gender specific, so that e.g. **багш** 'teacher', **эмч** 'doctor' or **орчуулагч** 'translator' can be a man or a woman. The ending **-ч** or **-гч** is a common marker for such nouns. While **эмч** is formed from another noun, **эм** 'medicine', **орчуулагч** is a verbal noun of agent derived from the verb **орчуулах** 'to translate'.

Derivation of nouns

The traditional Mongolian word for 'businessman' is **наймаачин** from **наймаа** 'trade'. The word **худалдаачин** from **худалдаа** (also 'trade') has tended to mean a profiteer, while **худалдагч** is a shop assistant. Under the growing influence of English, the word **бизнесмен** 'businessman' has entered the Mongolian vocabulary and begun to lose the derogatory sense that it once had in Russian. Derivations from this are **бизнесч** and **бизнес эрхлэгч** 'business manager'.

Word pairs

Nouns which are one word in English may be two in Mongolian, for example, **зочид буудал** 'hotel' (lit. 'visitors' dismounting-place') and **мөнгөн тэмдэгт** 'banknote' (lit. 'silver'/'money marked'). True word-pairs create a new if related meaning: **аяга халбага** 'tableware', 'glass and spoon', **өндөр нам** 'height', 'high low'.

Noun plurals

In the Mongolian for 'hotel' **зочид буудал** the word **зочид** is the plural of **зочин** 'a visitor' or 'guest'. The plural suffix **-д** (not to be confused with the dative/locative case suffix **-д**) replaces the last letter of a small number of nouns: **нохой** - **нохөд** dog(s). The plural suffix **-с** is also possible: **үг** - **үгс** word(s).

However, most noun plurals are formed with the suffixes **-(н)ууд/-(н)үүд** or **-чууд/-чүүд**:

ном - **номууд** book(s), **гэр** - **гэрүүд** yurt(s)
хүүхэд - **хүүхдүүд** child(ren) dropping the short vowel **э**
ямаа - **ямаанууд** goat(s) **н** separating the long vowels
монгол - **монголчууд** Mongol, Mongols
бүсгүй - **бүсгүйчүүд** woman, women

The Mongols don't use plurals as much as English speakers, especially where the number is not specific, or where a particular number is specified: **нэг зочин** 'a guest', **гурван зочин** 'three guests', **олон зочин** 'many guests'.

Adjectives and adverbs

Mongolian adjectives stand before the noun(s) they describe and are uninflected: **сайн** 'good', **сайн гэр** 'a good tent (yurt)'; **их** 'big', **их сургууль** 'big school' ('university'), **их сургуулийн багш** 'big school's teacher', 'university lecturer'. Adjectives may also be adverbs: **хурдан морь** 'a fast horse', and **хурдан явна** (from **явах** 'to go') 'goes quickly'.

Negatives

The basic word for 'no' in Mongolian is **үгүй**. When 'no' means 'not this (but that)' the Mongols say **биш** after the word negated: e.g. **Үгүй, би багш биш, би орчуулагч** (**байна**) 'No, I'm not a teacher, I'm a translator.'

The Mongolian negative suffix **-гүй** (from **үгүй**) is very useful for saying 'without', 'lacking', 'not (bad)', 'not (doing something)', etc. because it can be attached to verbal nouns, adjectives and nouns without observing vowel harmony. For example, **байхгүй** the present-future verbal noun form of the verb 'to be' **байх** plus **-гүй** may mean 'there isn't any', or 'he isn't here' according to context.

This is the usual way of negating verbs e.g. **болох уу?** 'May I?' 'Is it permitted?' **болно** (**bolon**) 'You may', etc. **болохгүй** 'may not', 'not allowed'. Similarly, **мэднэ** (**meden**) 'I/you/he/we/they know' and **мэдэхгүй** 'don't know'; **ирнэ** (**iren**) 'will come' **ирэхгүй** 'won't be coming'; **сууна** (**suun**) 'lives' **суудаггүй** 'doesn't live'; **ойлгоно** (**oilgon**) 'understands' **ойлгохгүй** 'doesn't understand'.

Adjectives and nouns are negated with **-гүй** in the same way: **муугүй** 'not bad', **багагүй** 'not a little'; **хүнгүй** 'without person', 'deserted', **усгүй** 'without water', 'waterless' and **хэрэггүй** 'no matter', 'unnecessary'.

When you don't understand

So if you haven't understood what is being said to you, you say: **Би ойлгохгүй байна.** And what you can do next is say, 'Please speak a little more slowly!' **Та жаахан удаан ярина уу?** The verb is **ярих** 'to speak' and a question in the present-future tense is a polite request. Another useful phrase is, 'Please repeat what you said': **Дахиад нэг давт**! 'again one repeat!', using the present imperative (**давт**) which is the same as the stem (of **давтах**).

Farewells

David replies **баяртай!** (lit. 'with joy', but the usual way of saying 'goodbye') when Sükh says to the Browns **дараа баяртай!** 'afterwards with joy', in the sense 'see you later!' The word **баяр** is also at the root of **баярлалаа! (bayarlaa)** 'thank you!' from **баярлах** 'to thank' also 'to be happy'.

Exercise 7

Choose answers which fit the dialogues:

1 Сүх багш уу?
   (a) Тийм, Сүх багш.
   (b) Биш, Сүх багш биш.
2 Брауныхан саяхан Улаанбаатарт ирсэн үү?
   (a) Тийм, Брауныхан саяхан Улаанбаатарт ирсэн.
   (b) Үгүй, Брауныхан Улаанбаатарт ирэхгүй.
3 Хатагтай Браун монгол хэл мэдэх үү?
   (a) Тийм, Хатагтай Браун монгол хэл мэднэ.
   (b) Үгүй, Хатагтай Браун монгол хэл мэдэхгүй.

4 Сүх зочид буудалд суудаг уу?
 (a) Тийм, Сүх зочид буудалд суудаг.
 (b) Үгүй, Сүх зочид буудалд суудаггүй.

Exercise 8

Translate into Mongolian:

1 We live in London.
2 He is a university lecturer.
3 I am not a translator, I am a schoolteacher.
4 They are in a hurry.
5 This school is a big school.

Exercise 9

Match the response on the right to the question on the left:

(1) Сайн байна уу?	(a) Түүний нэр Оюун.
(2) Сүхийн гэргийн нэр хэн бэ?	(b) Үгүй, тэр Лондонд суудаг.
(3) Жюли багш уу?	(c) Тэд Лондон хотоос ирсэн.
(4) Девид монгол хүн үү?	(d) Сайн. Та сайн байна уу?
(5) Брауныхан хаанаас ирсэн бэ?	(e) Тийм, их сургуульд ажиллаж байна.

Exercise 10

Answer these questions about yourself:

1 Таны нэр хэн бэ?
2 Та Лондон хотод суудаг уу?
3 Та их сургуульд ажиллаж байна уу?
4 Та монгол хэл сайн мэдэх үү?
5 Та монгол гэрт суудаг уу?

Exercise 11

Answer the following questions in the negative:

1 Сүх Лондонд суудаг уу?
2 Девид багш уу?
3 Жюли эмч үү?

4 Оюун их сургуульд ажиллаж байна уу?
5 Брауныхан Москвагаас ирсэн үү?

Dialogue for comprehension 1

Сүх: Ноён Браун, сайн байна уу?
Девид: Сүх ээ! Сайн байна. Та сайн байна уу?
Сүх: Сайн байна аа! Сонин сайхан юу байна?
Девид: Тайван байна. Танайхан сайн уу?
Сүх: Сайн байна аа! Энэ хэн бэ? Энэ Хатагтай Браун уу?
Девид: Тийм ээ, энэ миний гэргий Жюли.
Сүх: Сайн байна уу?
Жюли: Сайн. Та сайн байна уу?
Сүх: Сайн байна аа! Миний нэр Сүх. Энэ миний гэргий Оюун.
Жюли: Оюун, сайн байна уу? Та англи хэл мэдэх үү?
Оюун: Үгүй, би англи хэл мэдэхгүй, харин орос хэл сайн мэднэ.
Жюли: Та юу хийдэг вэ?
Оюуп: Би Улаанбаатарын нэг эмнэлэгт эмч хийдэг. Та хаана ажиллаж байна вэ?
Жюли: Би Лондоны их сургуульд ажиллаж байна.
Оюун: Та нар саяхан ирсэн үү?
Девид: Бид Лондон хотоос өчигдөр ирсэн.
Сүх: Та нар хаана сууж байна?
Жюли: Бид «Улаанбаатар» зочид буудалд сууж байна.
Сүх: «Улаанбаатар» зочид буудал сайн байна уу?
Девид: Муугүй шүү. За, бид яарч байна. Баяртай!
Оюун: Баяртай!

орос	Russian	эмнэлэг	hospital
өчигдөр	yesterday	харин	but

2 Хүүхэдтэй хүний хэл амардаггүй

A parent's tongue never rests

In this lesson you will learn:

- About family relationships
- How to count from 1–30
- Some uses of the accusative (objective) case
- The present and future imperative
- Some other new verb forms

Dialogue 1

Танай байр хэдэн өрөөтэй вэ?
How many rooms in your flat?

David and Julie visit Sükh's brother Bat and sister-in-law Delgermaa in their Ulan Bator flat.

Девид:	Сайн байна уу, Бат аа?
Бат:	Сайн. Та сайн байцгаана уу?
Девид:	Сайн байна аа.
Бат:	За алив ор, ор. Би Сүхийн дүү. Энэ миний гэргий.
Дэлгэрмаа:	Сайн байна уу? Миний нэрийг Дэлгэрмаа гэдэг. Таны алдрыг хэн гэдэг вэ?
Девид:	Намайг Девид гэдэг.
Жюли:	Намайг бол Жюли гэдэг.
Дэлгэрмаа:	За, ийшээ ор. Энэ манай зочны өрөө.
Жюли:	Яасан сайхан өрөө вэ?
Бат:	За сууцгаа. Манай зочны өрөөнд диван, хоёр ширээнээс гадна олон сандал байна.
Жюли:	Танай байр хэдэн өрөөтэй вэ?

Бат:	Манай байр нэг том зочны өрөө, гурван унтлагын өрөөтэй. Бас гал зуухны өрөө, жижиг халуун усны өрөөтэй. Хажууд нь жорлон бий.
Дэлгэрмаа:	Та нар өлсч, ундаасч байна уу? Цай уух уу?
Жюли:	Би сүүтэй цай уумаар байна.

DAVID:	*How are you, Bat?*
BAT:	*I'm well. How are all of you?*
DAVID:	*Fine!*
BAT:	*Well, come on in. I'm Sükh's younger brother. This is my wife.*
DELGERMAA:	*How are you? My name is Delgermaa. What is your name?*
DAVID:	*I'm called David.*
JULIE:	*And I'm called Julie.*
DELGERMAA:	*So, come this way! This is our sitting room.*
JULIE:	*What a nice room!*
BAT:	*Please take a seat. Besides the divan and two tables there are plenty of chairs in our sitting room.*
JULIE:	*How many rooms are there in your flat?*
BAT:	*Our flat has a big sitting room, three bedrooms, as well as a kitchen and a small bathroom. The lavatory is next to it.*
DELGERMAA:	*Are you hungry or thirsty? How about some tea?*
JULIE:	*I would like to drink some milky tea.*

Шинэ Үг
Vocabulary

алдар	name (honorific)	**дүү**	younger sibling
алив	Come on then!	**жижиг**	small
байр	flat	**жорлон(г)**	lavatory
байцгаах	to be (several)	**зуух**	stove
бас	also	**ийшээ**	this way
бий	is, are	**нь**	of him, his, hers
бол	is (emphatic)	**олон**	many
гадна	besides	**орох**	to enter
гал	fire	**өлсөх**	to be hungry
гурав(гурван)	three	**өрөө**	room
гэх	to speak, say	**сандал**	chair
диван	sofa	**суугаах**	to sit (several)

сүү	milk	**халуун**	hot
том	big	**хоёр**	two; and
ундаасах	to be thirsty	**хэдэн**	how many?
унтлага	sleeping	**цай**	tea
ус(усан)	water	**ширээ**	table
уух	to drink	**ясан**	what a . . .
хажуу	side		

Note: Although **сүүтэй цай** is translated as 'milky tea' it is mostly cow's milk boiled together with butter, salt and tea-brick shavings. It is quite tasty, but it is not a cup of tea!

Language points

The accusative case

The accusative case suffix marks the direct object of a verb. Its use is obligatory for persons and deities, but not for animals and objects unless particularly specified: **Та Доржийг үзсэн үү?** 'Did you see Dorj?' Where the suffix is not required, the accusative form is the same as the suffixless: **Та монгол хэл мэдэх үү?** 'Do you speak (know) Mongolian?'

The suffixes are:
-г for stems ending in a long vowel or hidden g:
гэргий – гэргийг, шуудан – шуудaнг
-ыг for back-vowel words:
ном – номыг, **хот – хотыг**
-ийг for front-vowel words and, disregarding vowel harmony, all words ending in **-г**, **-ж**, **-ч**, **ш** and **ь**:
нэр – нэрийг, гэр – гэрийг, **хүн – хүнийг, багш – багшийг**

Final interconsonantal vowels except in proper names are dropped: **алдар – алдрыг**.

The accusative of the personal pronouns is as follows.

	Singular	*Plural*
1st person	**намайг**	**биднийг (маныг)**
2nd person	**чамайг/таныг**	**та нарыг**
3rd person	**(т)үүнийг**	**(т)эднийг**

What's your name?

You can of course just give your name without a verb e.g. **миний нэр Девид**, but in this dialogue Delgermaa gives hers differently: **Миний нэрийг Дэлгэрмаа гэдэг**. There are two points to notice. First, she uses the word **гэдэг** 'called' which is the habitual form (iterative verbal noun) of **гэх** 'to say', and second, the word 'name' attracts the accusative case suffix. Literally, she says 'of me (name + acc) Delgermaa called'. Then, when she asks David his name, she uses a different word for 'name' **алдар** which is an honorific form (used of others but not of oneself): **Таны алдрыг хэн гэдэг вэ?** David's simplified reply is 'me David called': **Намайг Девид гэдэг**.

The comitative case: to have

The comitative case meaning 'together with' has the suffixes:

-тай or **-той** for back-vowel words:

ном - номтой	with a book
юу - юутай	with what? (thing) and

-тэй for front-vowel words:

өрөө - өрөөтэй	with a room

The comitative case helps express the idea of having:

Танай байр хэдэн өрөөтэй вэ?
How many rooms does your flat have?

Манай байр гурван өрөөтэй.
Our flat has three rooms.

Их дэлгүүр олон тасагтай.
The department store ('big shop') has many departments.

The comitative of the personal pronouns is as follows:

	Singular	*Plural*
1st person	**надтай**	**бидэнтэй (мантай)**
2nd person	**чамтай/тантай**	**та нартай**
3rd person	**(т)үүнтэй**	**(т)эдэнтэй**

For the ablative of the personal pronouns see p. 224.

Present imperative

The present tense imperative is the same as the verb stem: **орох** 'to enter' **ор-** (verb stem) **Ор!** 'Come in!' and similarly **суух** 'to sit' **суу-** (verb stem) **Суу!** 'Take a seat!'

For greater politeness you can add an appropriate pronoun: **та ор! та суу!** or you can repeat **ор! ор! суу! суу!**

Participatory verbs

To describe activity of several people or groups of people Mongol has a class of verbs called participatory verbs, formed by adding the derivational suffix **-цгаа-** to the verb stem. For example, Bat asks his visitors **Та сайн байцгаана уу?** (**бай-цгаа-на**) instead of the more usual **Сайн байна уу?** Other users of the participatory form would be teachers to a class of schoolchildren, officers to soldiers, etc. However, it would be quite acceptable to emphasise plurality by saying **Та нар сайн байна уу?** to a small group. Other examples include **явцгаах** 'to all go together' (from **явах**) and **суугцаах** 'to all sit together' (from **суух**).

Cooperative verbs

Mongolian cooperative (or reciprocal) verbs are formed by adding the derivational suffix **-лц-** to the verb stem, to describe activities in which a person joins in with another. Examples: **танилцах** 'to get to know someone' (from **таних**, 'to know'), **ярилцах** 'to converse' (**ярих** 'to speak'), **суралцах** 'to study together' (**сурах**, 'to study').

Would you like to?

The word **уумаар** is formed from the stem **уу-** of the verbal noun **уух** 'to drink' with the suffix **-маар** and combined with the verb 'to be' as **уумаар байна** means 'would like to drink': **Би юм уумаар байна** 'I would like something to drink.' The variants are **-моор**, **-мөөр**, **-мээр**, e.g. **Би юм идмээр байна** 'I would like something to eat.' (from **идэх** 'to eat'). To say you wouldn't want to do something add the negative suffix **-гүй**: **Би уумааргүй байна** 'I don't want to drink.' This **-маар** form can be used attributively: **үзмээр кино** 'a film worth seeing', **уншмаар** 'readable'. There is a parallel form in **-ууштай**: **анхааруууштай асуудал** 'a matter that should be looked into' (from **анхаарах** 'to pay attention to'). Negative adjectives can be formed using the suffix **-шгүй**: **уушгүй** 'undrinkable', **идэшгүй** 'inedible', etc.

Past perfect tense

We noted (page 31) that **баярлалаа!** means 'thank you!' It is an example of use of the past perfect tense, formed by adding the suffix **-лаа** to the stem of **баярлах** 'to thank'. Similarly, **сайхан танилцлаа** 'pleased to meet you' from **танилцах** 'to make someone's acquaintance' means 'pleased to have met you', even when said on first meeting. The sense is a completed act in the speaker's immediate past or future.

The verb яах

Julie comments **яасан сайхан өрөө вэ** 'what a nice room!' in the form of a question where **яасан** is the perfective verbal noun form of the interrogative verb **яах** 'to do what?'. Uses include **Яасан бэ?** 'What happened?' and **яасан том** 'how big!'

Postpositions

Words like **гадна** 'besides' and **хажууд** 'next to' are called postpositions because they follow the nouns they govern; **хажууд** is itself a noun in the dative/locative case meaning 'on the side'. Postpositions put the nouns they refer to into particular grammatical cases: **гудамжны хажууд** 'by the side of the road' and **үүдний дэргэд** 'at the door'; other postpositions attracting the genitive include **дор** 'under', **дотор** 'inside' and **дунд** 'amidst'. The postposition **хамт** 'together with' requires the comitative case **чамтай хамт** 'with you', **гадна** the ablative case **түүнээс гадна** 'besides that' and **дээр** 'on' the suffixless case with fleeting n: **ширээн дээр** 'on the table'.

Postpositional possessive pronouns

Short and unstressed forms of the possessive pronouns are placed after the nouns they refer to: **хажууд** 'side-at' **нь** 'of it (is)' **жорлон** 'the lavatory'. The third-person **нь** is used for both singular and plural: **ном нь** 'book of his/hers/theirs' the words being run together and the linked **нь** pronounced rather like the last syllable of 'salmon'. The first-person forms are **минь** (singular) and **маань** (plural) and the second-person **чинь** (singular) and **тань** (plural).

Sometimes **чинь** does not have its literal meaning 'thine' but is added for emphasis: **тэр чинь** 'that one there'.

Батын байр

] **Батын аав, ээжийн**
] **унтлагын өрөө** ⇑

хүүгийн [
унтлагын өрөө [

⇐ ⇒

]
] **зочны өрөө**
]

охины [
унтлагын өрөө [

⇐ ⇒

]
] **гал зуухны өрөө**

⇐
үүдний
тасалгаа
⇑

халуун усны өрөө ⇒

⇒ **жорлон**

⇒ **үүд**] **цонх**

Note: The words **эх** and **эцэг**, the more formal words for 'mother' and 'father', appear in such terms as **эх орон** 'homeland' and **эх хэл** 'mother tongue', **эцэг эх** (or **аав ээж**) 'parents' and **эцэг мал** 'sire' (**мал** = animal, livestock).

эцэг father	эх mother	аав dad, pa	ээж mum, ma
охин daughter	хүү son	цонх(н) window	
үүд(н), хаалга(н) door or gate		үүдний тасалгаа entrance hall	

Exercise 1

Fill in the missing words:

1 Батын гэргийн _____ Дэлгэрмаа гэдэг.
2 Дэлгэрмаагийн зочны _____ олон сандал байна.
3 Батын байр гурван _____ өрөөтэй юм.
4 Халуун усны өрөөний _____ жорлон байна.
5 Жюли сүүтэй цай _____ байна.

Exercise 2

Translate into Mongolian:

1 I'm called Bat. Pleased to meet you!
2 How many rooms has your hotel?
3 Do you want something to eat?
4 Come into our kitchen.
5 Is there a divan in the big sitting room?

Exercise 3

Look at the plan of Bat's flat and answer the questions:

1 Батын аав ээжийн унтлагын өрөө зочны өрөөний хажууд уу?
2 Охины унтлагын өрөө хэдэн цонхтой вэ?
3 Жорлон цонхтой юу?
4 Гал зуухны өрөө, зочны өрөө хоёр аль нь хоёр үүдтэй вэ?
5 Бат, Дэлгэрмаа хоёр хаана унтдаг вэ?

Dialogue 2

Та хүүхэдтэй юу?
Do you have any children?

David and Julie continue the discussion of Bat and Delgermaa's home and family.

Жюли: Та хүүхэдтэй юу?
Бат: Дөрвөн хүүхэдтэй. Хоёр хүү, хоёр охинтой. Зориг, Басбиш, Хонгорзул, Хулан гэдэг.
Жюли: Хэд хэдэн настай вэ?

Бат:	Зориг арав, Хонгорзул долоо, Хулан зургаа, Басбиш тавтай.
Жюли:	Таны аав ээж хоёр Улаанбаатарт байнга суудаг уу?
Дэлгэрмаа:	Энд суудаг. Энэ байранд бидэнтэй хамт суудаг. Харин тэд манай хоёр хүүхэдтэй хөдөө явсан.
Жюли:	Хэнийх нь аав ээж вэ? Батынх уу, Дэлгэрмаагийнх уу?
Бат:	Миний аав ээж. Бид тэдэнтэй наймуулаа энд суудаг юм.
Девид:	Тэд хаашаа явсан бэ?
Бат:	Өвөрхангай аймаг руу явсан. Аавын ахын зусланд очсон. Бас Сүх миний ах шүү дээ!
Девид:	Та хэдэн настай вэ?
Бат:	Би гучин наймтай. Та хэдтэй вэ?
Девид:	Би гучин гуравтай. Жюли хорин естэй.

JULIE:	*Do you have any children?*
BAT:	*We have four children. We have two sons and two daughters. They are called Zorig, Basbish, Khongorzul and Khulan.*
JULIE:	*How old are they?*
BAT:	*Zorig is ten, Khongorzul seven, Khulan six and Basbish five.*
JULIE:	*Do your parents live permanently in Ulan Bator?*
DELGERMAA:	*Yes, they live here. They live in this flat together with us. But they have gone to the country with two of the children.*
JULIE:	*Whose parents are they? Bat's or Delgermaa's?*
BAT:	*They're my parents. Eight of us live here altogether.*
DAVID:	*Where have they gone?*
BAT:	*They have gone to Övörkhangai province. They are visiting my father's elder brother's summer camp. And Sükh is my elder brother!*
DAVID:	*How old are you?*
BAT:	*I am thirty-eight. How old are you?*
DAVID:	*I'm thirty-three. Julie is twenty-nine.*

Note: **зуслан(г)** is a herdsman's summer camp, where he sets up his **гэр** in his summer grazing area; it is also a small house in the country used in the summer holidays. Övörkhangai is in central Mongolia.

Шинэ Үг
Vocabulary

аймаг	province	**нас(н)**	age
арав(арван)	ten	**очих**	to go to
ах	elder brother	**тав(н)**	five
байнга	permanently	**хаашаа**	where to?
гуч(н)	thirty	**хамт**	together
долоо(н)	seven	**хорь(н)**	twenty
дөрөв(н)	four	**хөдөө**	countryside
даа (дөө, дээ)	emphatic particle	**хүүхэд**	child
ес(н)	nine	**(хэд) хэдэн**	how many?
зургаа(н)	six	**хэний х**	whose?
найм(н)	eight	**энд**	here

Language points

Cardinal numbers 

All numerals except 'two' have fleeting n which is present when counting objects and in compound numbers:

one	**нэг**	**нэгэн**
two	**хоёр**	**хоёр**
three	**гурав**	**гурван**
four	**дөрөв**	**дөрвөн**
five	**тав**	**таван**
six	**зургаа**	**зургаан**
seven	**долоо**	**долоон**
eight	**найм**	**найман**
nine	**ес**	**есөн**
ten	**арав**	**арван**
11 (12, etc.)	**арван нэг** (**арван хоёр**, etc.)	
20	**хорь**	**хорин**
30	**гуч**	**гучин**

Both sets of numerals decline as nouns. The n-stem form is used for counting objects: **арван сандал** 'ten chairs'.

The use of **нэгэн** is irregular: **нэг ширээ** 'one table', **арван нэг сандал** 'eleven chairs' etc. but **нэгэн хамтаар** 'together', **хэн нэгэн** 'a certain (person)', **нэгэн хоёрын хоёр** '$1 \times 2 = 2$'.

The numbers **хоёр** and **гурав** can also be translated as 'and': **Бат Дэлгэрмаа хоёр** 'Bat and Delgermaa', **Зориг**, **Хонгорзул**, **Хулан гурав** 'Zorig, Khongorzul and Khulan'. In principle this could be done with larger numbers, but it isn't practical.

How old are you?

For giving one's age the basic forms of the cardinal numbers are used plus the comitative case suffix **-тай** (**-той**, **-тэй**) as **Зориг аравтай**, **Хонгорзул долоотой**, **Хулан зургаатай**, **Басбиш тавтай**.

However, Mongols try to avoid repeating the same case suffix in one sentence, so that Bat says: **Зориг арав**, **Хонгорзул долоо**, **Хулан зургаа**, **Басбиш тавтай** 'Zorig 10, Khongorzul 7, Khulan 6, Basbish 5-with'.

The comitative case is used to ask 'how old?': **хэдэн настай** 'how many year-with?' or **хэдтэй** 'how many with?' Duplication marks a request for plural information in **хэд хэдэн настай вэ** 'how many how many year-with?' 'How old are they (is each of them)?'

Collective numerals

Bat says: **Бид тэдэнтэй наймуулаа энд суудаг** 'With them we are eight of us living here' using **наймуулаа** which is a collective form of **найм** 'eight'. More examples: **хоёул** or **хоёулаа** 'two together', **гурвуул(аа)** 'the three of them', **дөрвүүл(ээ)** 'four together', etc.

Place and direction

From the demonstrative pronoun **энэ** 'this' we can derive **энд** (**энэ** plus the dative/locative **-д**) 'here' or 'in this place'; the dative/locative of **тэр** 'that' is **тэнд** 'there'. The interrogative adverb **хаана** 'where (at)?' has the form **хаашаа** 'where (to)?'

The suffixless (stem) form is sometimes used for the object of movement in a particular direction: **хөдөө явсан** '(He's) gone to the country.'

нөхөр	husband	нөхөртэй	married
нөхөргүй	unmarried (woman)	эхнэр	wife
эхнэртэй	married	эхнэргүй	unmarried (man)
бүстэй (хүн)	man	бүсгүй (хүн)	woman
бүс	belt or sash	гэрлэсэн	married

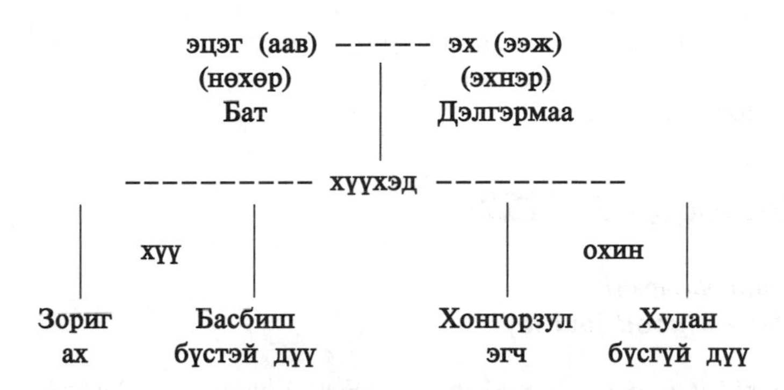

While **хүү** means 'son' **хүүхэн** means 'girl' (you could also say this to call a waitress); **хүүхэд** is 'child' despite its final **-д**.

'Do you have any children?' **Та хүүхэдтэй юү?** in colloquial speech is contracted to **Та хүүхтэй юү?**

Exercise 4

Answer the questions:

1 Зориг хэдэн дүүтэй вэ?
2 Батын аав ээж хоёр хот явсан уу?
3 Өвөрхангай аймаг хаана байдаг вэ?
4 Бат хэдэн настай вэ?
5 Дэлгэрмаа хэдэн настай вэ?

Exercise 5

Answer these questions about yourself:

1 Та хотод суудаг уу?
2 Та аав ээжтэйгээ хамт суудаг уу? (See p.49)
3 Та хэдэн настай вэ?
4 Та хүүхэдтэй юү?
5 Таны аавын нэрийг хэн гэдэг вэ?

Exercise 6

Answer the questions with reference to the diagram above:

1 Хулангийн ахын нэрийг Басбиш гэдэг үү?
2 Хонгорзулын ээжийн нэрийг Бат гэдэг үү?
3 Басбиш Хонгорзулын бүсгүй дүү юү?
4 Басбиш Батын бүстэй дүү юү?
5 Зориг Дэлгэрмаагийн нөхөр үү?

Dialogue 3

Сайн яваарай!
Have a good journey!

David is looking at Bat's books when Khulan and Basbish return home from a visit to Oyuun.

Девид:	Ясан сонин ном бэ? Би энэ орос жуулчдад зориулсан лавлах номыг уншмаар байна.
Бат:	Та энэ номыг уншмаар байна уу? Та орос хэл мэдэх үү? (*хонх дуугарна*)
Дэлгэрмаа:	Оюун?
Оюун:	Сайн байна уу? За ямар олон зочинтой байх юм бэ?
Дэлгэрмаа:	Англиас ирсэн Брауныхан гэдэг улс. Хулан чи гар нүүрээ угаа! Басбиш чи цамцаа хиртүүлсэн байна аа! Нааш ир. Чи өнөөдөр ямар ямар новш гэртээ авчирав?
Оюун:	Басбиш нэг сонин жижиг шавьж олсон.
Бат:	Тэр шавьжаа хогийн саванд хий! Хүүхэдтэй хүний хэл амардаггүй гэж үнэн шүү!
Девид:	За, бид явлаа!
Оюун:	Битгий яв! Жаахан байж бай!
Девид:	Бид одоо явах болсон. Өнөө орой бидэнд зав байхгүй, бас маргааш бид их ажилтай.
Дэлгэрмаа:	Жаал суухгүй нь харамсалтай байна. Та нар хэдий хүртэл Монголд байх вэ?
Девид:	Ирэх сарын эцэс хүртэл.
Дэлгэрмаа:	Тэгвэл улам сайн. За баяртай! Сайн яваарай!
Девид:	Баяртай, сайн сууж байгаарай!
Бат:	Дахиад ирээрэй! Дараа тэр номыг аваарай!
Девид:	Баярлалаа! Баяртай!

DAVID:	*What interesting books! I would like to read this guidebook intended for Russian tourists.*

BAT:	*You want to read that book? Do you know Russian?*
(*the bell rings*)	
DELGERMAA:	*Oyuun?*
OYUUN:	*Hello! Oh, what a lot of visitors you have!*
DELGERMAA:	*They're the Browns from England. Khulan, wash your hands and face! Basbish, you have made your shirt all dirty. Come here! What kind of rubbish have you brought home today?*
OYUUN:	*Basbish found an interesting little insect.*
BAT:	*You put that insect of yours in the dustbin. It's true what they say, a parent's tongue never rests!*
DAVID:	*Well, we have to go.*
OYUUN:	*Don't go! Please stay a bit.*
DAVID:	*Now it's time to go. We have no free time this evening, and tomorrow we have a lot of work.*
DELGERMAA:	*It's a pity you can't stay a bit. How long are you going to be in Mongolia?*
DAVID:	*Until the end of next month.*
DELGERMAA:	*So much the better. Goodbye! Have a good journey!*
DAVID:	*Goodbye! Stay well!*
BAT:	*Come again! Come and collect that book later!*
DAVID:	*Thank you! Goodbye!*

Шинэ Үг
Vocabulary

авчрах	to bring, fetch	**олох**	to find
амрах	to rest	**өнөө орой**	this evening
битгий	Don't!	**өнөөдөр**	today
гар	hand	**сав(н)**	bin, container
дуугарах	to sound, ring	**сар**	month
жуулчин	tourist	**тэгвэл улам сайн**	all the better
зав	free time, leisure	**угаах**	to wash
зориулах	to be intended	**улс**	people, state
лавлах ном	guidebook	**унших**	to read
маргааш	tomorrow	**үнэн**	truth
нааш	(to) here	**харамсал**	regret
новш	rubbish	**хиртүүлэх**	to make dirty
нүүр(н)	face	**хог**	rubbish
одоо	now	**хонх**	bell

хэдий хүртэл	till when?	**эцэс**	end
цамц	shirt	**юм**	is, are
шавьж	insect	**ямар**	what (kind of)?

Language points

Present and future imperatives

There are some more examples here of the present imperative: **ир!** 'come', from **ирэх** and **хий!** 'Do it' or 'Put it' from **хийх**. The negative present imperative is formed by placing **битгий** before the stem: **Битгий хий!** 'Don't do it!'

Mongolian distinguishes between the present imperative (verb stem) and future imperative (stem plus **-аарай**, **-оорой**, **-ээрэй**: **Наашь ир!** 'Come here!', **Дараа ирээрэй!** 'Come (back) later', **Ном ав!** 'Take a book', **Ном аваарай!** 'Take a book (next time you come)', etc. Likewise **Битгий ирээрэй!** means 'Don't come back!' The future imperative is less abrupt than the present imperative, and can be further softened by adding a personal pronoun: **Та суугаарай!** 'Do please take a seat!'

When you leave a Mongolian's home he may say to you **Сайн яваарай!** which means 'Travel well!', 'bon voyage'; the traditional reply is **сайн сууж байгаарай!** meaning 'well staying be!' Both these expressions use future imperatives.

Expressing a wish or need

We have seen (page 38) use of the suffix **-маар** to express a wish: David says: **Би энэ орос . . . номыг уншмаар байна** meaning 'I would like to read this Russian book.' Another way of expressing a wish or need is with the verbal noun plus **гэсэн юм** (**гэсэн** is the perfective verbal noun of **гэх**). Thus David could also have said: **Би энэ орос номыг унших гэсэн юм.** Note the accusative case suffix on the specified object: **энэ орос номыг**.

Future sense of the past perfect

We have seen that **танилцлаа** is the past perfect tense of the verb **танилцах** and expressing a completed action means literally 'pleased to have met (you)'. In this dialogue we have from **явах** 'to go' the form **бид явлаа** meaning 'We have to go.' In the same way, 'Stop or I shoot!' is **Зогс буудлаа!**

Meanings of болох

A colloquial use of **болох** by David **Бид явах болсон** means 'It's time to go.' The verb **болох** has several meanings, including 'to become', and is used with time expressions. With the comitative case it means 'to acquire': e.g. **олон номтой болсон** 'became with many books', 'acquired a lot of books'. Another meaning of **болох** is 'to be permitted', as in **Болох уу?** 'May I?'

Reflexive suffix for nouns

When Delgermaa tells her daughter Khulan **чи гар нүүрээ угаа!** she is telling her to wash her (own) hands and face, and Mongolian has a reflexive suffix **-аа (-оо, -өө, -ээ)** to add to the appropriate noun (**нүүр-ээ**) to express the idea of 'one's own', in the accusative case replacing the usual suffix **-г**, etc. Delgermaa also tells Basbish off for making his shirt dirty **чи цамцаа хиртүүлсэн байна** using the reflexive suffix (**цамц-аа**). Add **-г-** after long vowels.

Note that, when speaking to Khulan, Delgermaa adds the suffix only to the second of the two nouns **гар нүүрээ**: this again shows that Mongolian is sparing in its use of suffixes.

Another example of the reflexive is **гэртээ (гэр-т-ээ)** with the dative/locative case meaning 'at (or to) one's own home'.

Dative/locative of personal pronouns: to have

A common way of saying that you have something is to put the personal pronoun in the dative/locative case. The example in the dialogue is **бидэнд** 'to us'/'we have'. The personal pronouns in their dative/locative case forms are:

	Singular	*Plural*
1st person	**надад**	**бидэнд (манд)**
2nd person	**чамд**	**танд**
3rd person	**(т)үүнд**	**(т)эдэнд**

Other points

Хүүхэдтэй хүний хэл амардаггүй 'child-with person's tongue rests regularly not' is a Mongolian proverb: 'One chick keeps a hen busy.'

Instead of the more usual **Сайн байна уу?** Oyuun might have said **Амар сайн уу?** where **амар** means 'calm, quiet'. The verbal noun **авчрах** 'to bring' is a contraction of **авч** 'taking' (from **авах**) and **ирэх** 'to come'; **авчрах** and **амрах** displace short vowels: compare the forms **авчирсан** and **амардаг**.

Both 'month' and 'moon' are **сар** but 'month' is regular: **сарыг, сарын**, **сард**, **сараас**, **сараар**, **сартай**, while the 'moon' has a fleeting n **сар(н)**: **сарыг**, **сарны**, **саранд**, **сарнаас**, **сараар**, **сартай**.

Delgermaa says **ямар ямар** when asking what Basbish has brought home, in the expectation that he has brought several things. Similar duplication includes **юу юу** i.e. 'what (things)?' The same principle can be applied to nouns:

Хүн хүн өөр өөр өнгөнд дуртай байдаг.
Different people like their own colours.

Exercise 7

Answer the questions:

1 Басбиш гэртээ юу авчирсан бэ?
2 Девид ямар ном уншмаар байсан бэ?
3 Девид Жюли хоёр өнөө орой завтай юу?
4 Бат өнөө орой завгүй юү?
5 Дэлгэрмаа хэдэн хүртэл Монголд байх вэ?

Exercise 8

Translate into Mongolian:

1 Come back next month!
2 Please don't go!
3 Take a seat!
4 Please come in!
5 Have a good trip!

Exercise 9

Translate into Mongolian:

1 Khulan madc hcr shirt dirty.
2 Basbish washed his hands.
3 David and Julie have to go.
4 Did Delgermaa have a lot of visitors?
5 Zorig and Khongorzul went with their father's parents to the country.

Dialogue for comprehension 2

Девид:	Сайн байна уу, Бат аа?
Бат:	Сайн. Та сайн байна уу?
Девид:	Сайн байна аа.
Бат:	Та ор, ор!
Дэлгэрмаа:	Сайн байна уу? Миний нэрийг Дэлгэрмаа гэдэг.
Девид:	Намайг Девид гэдэг.
Жюли:	Намайг Жюли гэдэг.
Дэлгэрмаа:	За, ийшээ ор! Энэ манай гал зуухны дулаахан өрөө.
Бат:	Гал зуухны өрөөнд нэг жижиг ширээ, дөрвөн сандал байна.
Жюли:	Танай байр хэдэн унтлагын өрөөтэй вэ?
Бат:	Манай байр гурван унтлагын өрөөтэй.
Дэлгэрмаа:	Та ундаасч байна уу? Кофе уух уу?
Девид:	Би хүйтэн шар айраг уумаар байна.
Жюли:	Та хүүхэдтэй юү?
Бат:	Дөрвөн хүүхэдтэй. Зориг, Басбиш, Хонгорзул, Хулан гэдэг.
Жюли:	Хэд хэдэн настай вэ?
Бат:	Том хүү Зориг арав, том охин Хонгорзул долоо, бага охин Хулан зургаа, бага хүү Басбиш тавтай.
Жюли:	Таны аав ээж хоёр Улаанбаатарт суудаг уу?
Дэлгэрмаа:	Миний аав нас барсан. Миний ээж Улаанбаатарт суудаггүй. Батын аавын ахтай Өвөрхангай аймагт амьдардаг.
Жюли:	Та хэдэн настай вэ?
Дэлгэрмаа:	Би гучтай.
Девид:	За, бид явлаа!

Дэлгэрмаа:	За баяртай, сайн яваарай!
Жюли:	Баяртай, сайн сууж байгаарай!
Бат:	Дараа дахин ирээрэй!
Девид:	Баярлалаа! Баяртай!

дулаахан	warm	хүйтэн	cold	бага	small	кофе(н)	coffee
шар айраг	beer	нас барсан	has died/is dead	амьдрах	to live		

Note: Beer in Mongolian is **шар айраг** which means 'yellow koumiss'; the real koumiss **айраг** is fermented mare's milk, which is drunk in the countryside during the summer months. Sometimes **пив(н)**, the Russian word **пиво**, is used for beer.

3 Ярихаар яв, хэлэхээр хий

Actions speak louder than words

In this lesson you will learn:

- The instrumental case of nouns and pronouns
- How to find your way and give directions
- The use of some new postpositions
- More verb forms and their correct sequence

Dialogue 1

Хотын дурсгалт газруудаар
Round the city sights

David and Julie discuss with Sükh some of the places in central Ulan Bator that they might visit.

Девид: Улаанбаатар хотын төвд ямар ямар сонирхолтой газар байдаг вэ?

Сүх: Хотын түүхийн дурсгалт газруудын нэг нь Сүхбаатарын талбай. Энэ өргөн талбайн дунд Сүхбаатарын хөшөө бий. Тэр морьтой хүнийг Дамдины Сүхбаатар гэдэг. Тэр хүн манай улсын 21 (хорин нэгэн) оны Ардын Хувьсгалт цэргийн дарга байсан.

Жюли: Сүхбаатарын хөшөөний хойд талд нэг том саарал байшин бий. Тэр юу вэ?

Сүх: Саарал байшин чинь Төрийн ордон шүү дээ. Төрийн ордонд Монгол Улсын Ерөнхийлөгч, Ерөнхий сайд, Улсын Их Хурлын гишүүд ажилладаг.

Девид: Сүхбаатарын талбайн баруун талд дуурь бүжгийн театр бий юү?

Сүх: Үгүй, талбайн баруун талд биш, зүүн талд бий. Харин «Улаанбаатар» зочид буудлын баруун талд байдаг. Талбайн баруун талд Төв шуудан, хөрөнгийн бирж байдаг. Хөрөнгийн бирж хуучин кино театрын байранд байдаг юм.

Жюли: Сүхбаатарын талбайн урд талд жижиг цэцэрлэгийн цаана нэг өргөн гудамж бий. Энэ гудамжийг юу гэж нэрлэдэг вэ?

Сүх: Энэ гудамжийг Энх тайвны гудамж гэж нэрлэдэг. Англи Улсын элчин яам энэ гудамжны зүүн хэсэгт оршдог.

DAVID: *What interesting places are there in central Ulan Bator?*

SÜKH: *One of the historical sights of the city is called Sükhbaatar Square. The Sükhbaatar monument is situated in the middle of this broad square. The man on horseback is Damdiny Sükhbaatar. He was the army commander in our country's People's Revolution of '21.*

JULIE: *There's a big grey building on the north side of the Sükhbaatar monument. What's that?*

SÜKH: *Why, that grey building is the State Palace. The Mongolian President, the Prime Minister and the State Great Khural members work in the State Palace.*

DAVID: *Is the opera and ballet theatre on the west side of Sükhbaatar Square?*

SÜKH: *No, it's not on the west side of the square. It's on the east side. But it's on the west side of the Ulaanbaatar Hotel. On the west side of the square there's the central post office and the stock exchange. The stock exchange is situated in an old cinema building.*

JULIE: *There's a wide street on the south side of Sükhbaatar Square, beyond the gardens. What's that street called?*

SÜKH: *That street is called Peace Street. The British Embassy is situated on the eastern section of this street.*

Шинэ Үг
Vocabulary

ард	people	**бужиг**	dance, ballet
баруун	west	**газар**	place, land

гишүүн	member	**төв**	centre
гудамж(н)	street	**төрийн орд(н)**	state palace
дарга	chief, boss	**түүх**	history
дунд	in the middle	**урд**	south
дурсгал	memorial	**хойд**	north
дуурь	opera	**хөрөнгийн бирж**	stock exchange
ерөнхийлөгч	president	**хөшөө**	monument
ерөнхий сайд	prime minister	**хувьсгал**	revolution
зүүн	east	**хурал**	assembly
кино театр	cinema	**хуучин**	old
нэрлэх	to call, name	**хэсэг**	section
орших	to be situated	**цаана**	beyond
өргөн	wide, broad	**цэрэг**	soldier, army
саарал	grey	**цэцэрлэг**	garden
сонирхолтой	interesting	**шуудан(г)**	post, postage
тал	side	**элчин яам(н)**	embassy
талбай	square	**энх тайван**	peace

Historical Note: Damdiny Sükhbaatar (1893–1923) was Commander-in-Chief and Minister of War and one of the founding members of the Mongolian People's Party which with Soviet help installed the 'People's Government' in July 1921, and was renamed the Mongolian People's Revolutionary Party apparently in 1924, although this is disputed. Some Mongolians now say that calling it a 'revolutionary' party was a Soviet Russian idea.

The **Улсын Их Хурал** or 'great assembly' is the 76-seat Mongolian parliament. The main parties in the assembly elected in 1996 were the Mongolian National Democratic Party (**Монголын үндэсний ардчилсан нам**) and Mongolian Social Democratic Party (**Монголын социал-демократ нам**) forming the 'Democratic Alliance' (**Ардчилсан холбоо**), and the opposition Mongolian People's Revolutionary Party (**Монгол ардын хувьсгалт нам**), a reformed communist party which previously was the ruling party. When written in full, only the first word of most official titles is written with a capital letter. In the Mongolian press the names of the political parties are usually abbreviated – **МҮАН**, **МСДН**, **МАХН**, etc. From 1924–92 Mongolia was the **БНМАУ**, **Бүгд Найрамдах Монгол Ард Улс** or Mongolian People's Republic. **Монцамэ** (**Монгол цахилгаан мэдээний агентлаг**) stands for the Mongolian news agency.

ардчилах	to democratize	үндэс(н)	root, nation
мэдээ	information	холбоо	alliance, union
нам	(political) party	цахилгаан	electric(ity)

Language points

Place and direction

Each of the four major points of the compass has two names: north **хойно/умар**, south **өмнө/урд**, east **зүүн/дорно**, west **баруун/өрнө**. The paired names are mostly interchangeable. However, it is necessary to distinguish between being situated in a place and moving in a direction or from a direction: e.g. **хойд** (sometimes **хойт**) and **умард** mean 'in the north' or attributively 'northern' (any distinction between **хойно** and **хойд**, for example, is not always made); **хойш**, with the **-ш** suffix used for direction towards, means 'northwards', 'to the north'; and **хойноос**, with the ablative case suffix, means 'from the north'.

Another way to indicate place or direction by the compass involves use of the words **тал** 'side' and **зүг** 'direction' e.g. **хойд тал** 'north side' and **хойд талд** 'on the northern side'; **хойд зүгт** (or **хойд зүг рүү**) 'in a northern direction', **хойт зүгээс** 'from the north', etc. The use of compass points for locations and directions is quite usual in Ulan Bator, which has few named streets.

Some compass directions are also used as postpositions: **хойно** 'north', 'behind' and **өмнө** 'south', 'in front', as well as **зүүн** and **баруун** 'east' and 'west', 'left' and 'right', e.g. **их дэлгүүрийн хойно** 'behind the department store', **галт тэрэгний буудлын өмнө** 'in front of the railway station' (**галт тэрэг** 'train'), **зүүнээс баруунаа** 'from left to right', etc.

Nouns as attributives

Attributive use of nouns as adjectives is common, particularly with materials, metals, etc: **мод(н)**: **модон хаалга** 'wooden door', **мөнгө(н)**: **мөнгөн ус** 'silver water', 'mercury', **цаас(н)**: **цаасан шувуу(н)** 'paper bird', 'kite', etc.

Note the variations as different linking vowels are used in the nouns **морь** and **үндэс** which attract fleeting n:

морь (horse) – genitive form **морины** but attributive **морин** e.g. **морин хуур** horse(head) fiddle (a popular musical instrument)

үндэс (root) – genitive form **үндэсний**, attributive **үндсэн** e.g. **үндсэн хууль** basic law, constitution

Compass points

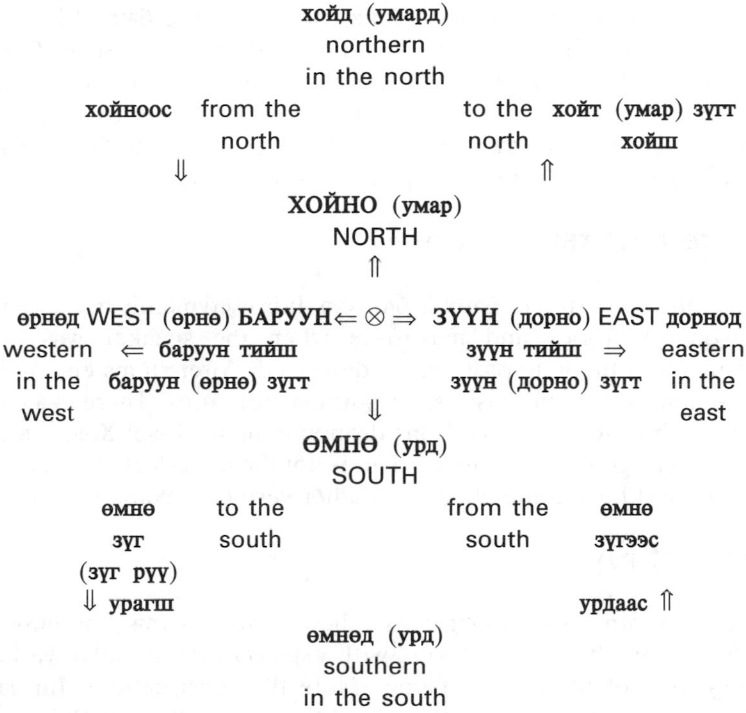

хойд (умард)
northern
in the north

хойноос from the north ⇓ | to the north **хойт (умар) зүгт** **хойш** ⇑

ХОЙНО (умар)
NORTH
⇑

өрнөд WEST **(өрнө) БАРУУН** ⇐ ⊗ ⇒ **ЗҮҮН (дорно)** EAST **дорнод**
western ⇐ **баруун тийш** | **зүүн тийш** ⇒ eastern
in the west **баруун (өрнө) зүгт** | **зүүн (дорно) зүгт** in the east
⇓

ӨМНӨ (урд)
SOUTH

өмнө зүг (зүг рүү) to the south ⇓ **урагш** | from the south **өмнө зүгээс** **урдаас** ⇑

өмнөд (урд)
southern
in the south

Noun suffix -т forming adjectives

The noun suffix **-т** can change a noun into an adjective: e.g. **дурсгал** 'memorial' and **дурсгалт** 'memorable'; **хувьсгал** 'revolution' and **хувьсгалт** 'revolutionary'. Similarly **эрдэмт** 'learned' is derived from **эрдэм**, meaning 'knowledge', and forms the plural **эрдэмтэн**, which however has come to mean 'scholar' (singular).

Numbers for years

A way of counting years is illustrated here, using cardinal numbers plus fleeting n: **манай улсын хорин нэгэн оны Ардын Хувьсгал** 'our country's people's revolution of (19)21'.

The verb 'to be'

The verb 'to be' (verbal noun **байх**, present-future **байна**) is used in Mongolian when the subject is indicated or can be seen: **Сайн байна уу?** The word **бий**, also meaning 'is', has the sense of general existence, when the subject cannot be seen but its existence is known: **Дуурь бүжгийн театр талбайн зүүн талд бий** 'The opera and ballet theatre is on the square's eastern side.'

Finite past tense -жээ

The finite past tense of **байх** is **байжээ.** It is used mainly in the third person, in stories and narratives when the speaker was not a witness of the long-past events described. After stems ending in **-в**, **-г** and **-р** the suffix is **-чээ**: e.g. **өгчээ** from **өгөх**. There is a colloquial short form for questions dropping the final **-ээ: Хөдөө явж уу?** 'Did he go to the country?' This is not the imperfective converb, which must be accompanied by another verb (see example below).

Uses of гэх

The verb form **гэж нэрлэдэг** 'is called' combines **гэж**, the imperfective converb of **гэх**, 'to say', with **нэрлэдэг**, the iterative verbal noun form of **нэрлэх**, 'to name'. Note the constructions: **Би юу гэж тийшээ явах юм?** 'Why should I go there?' and **Юу гэж?** as well as, expressing surprise, **Юу гэнэ ээ?** 'What did you say?'. Also, **гэх мэт** means 'etc'.

Exercise 1

Translate into Mongolian:

1 South of the State Palace.
2 North of Sükhbaatar Square.
3 East of the old cinema.
4 West of the post office.
5 In the middle of the little garden.

Exercise 2

Complete the sentences by adding the correct suffixes to the bracketed words:

1 Улаанбаатар (хот) (төв) олон сонирхолтой (газар).
2 (Морь) (хүн) Сүхбаатар (гэх).

3 (Талбай) зүүн (тал) дуурь (бүжиг) театр бий.
4 (Талбай) өмнө (тал) Орос (Улс) элчин яам (орших).
5 Энэ том (байшин) юу (гэх) (нэрлэх) вэ?

Exercise 3

Translate into English:

1 Сүхбаатарын хөшөөний хойд талд цэцэрлэг байхгүй.
2 Англи Улсын элчин яам Энхтайвны гудамжинд байдаг.
3 Дуурь бүжгийн театр «Улаанбаатар» зочид буудлын хажууд оршдог.
4 Дамдины Сүхбаатар Ерөнхий сайд биш, Хувьсгалт цэргийн дарга байжээ.
5 Бирж талбайн баруун талд, хуучин кино театрт оршдог.

Dialogue 2

Юугаар явах вэ?
How shall we go?

David and Julie decide to visit a museum, but are not sure whether to take a taxi or go by bus.

Сүх: Та Улаанбаатар хотод ирээд музей үзсэн үү?
Жюли: Бид энд ирээд Монголын Үндэсний Түүхийн музейг үзсэн. Өөр музей үзээгүй. Одоо Байгалийн Түүхийн музейг үзмээр байна.
Сүх: Та одоо хаашаа явах гэж байна вэ? Байгалийн Түүхийн музей рүү юу?
Девид: Тийм, Байгалийн Түүхийн музей рүү.
Сүх: Та хэн нэгэн хүнтэй уулзах уу? Та тийшээ юугаар явах вэ?
Девид: Таксигаар явна. Одоо таксины буудал руу очиж тэндээс такси аваад Байгалийн Түүхийн музей рүү явна.
Сүх: Та явган явахгүй юу? Хол биш шүү.
Жюли: Бид тийшээ явган явж болох уу?
Сүх: Болно оо. Бас автобусаар ч явж болно.
Девид: Байгалийн Түүхийн музей рүү явдаг автобусны зогсоол хаана байдаг юм бэ?
Сүх: Зочид буудлын дэргэд байдаг юм.
Девид: Ярихаар яв, хэлэхээр хий гэж за бид явлаа.

SÜKH: *Have you been to any museums since you came to Ulan Bator?*

JULIE: *We've been to the History Museum since we arrived, but we haven't seen any other museums. Now we would like to see the Natural History Museum.*

SÜKH: *Where are you thinking of going now? To the Natural History Museum?*

DAVID: *Yes, to the Natural History Museum.*

SÜKH: *Are you meeting anybody? How are you going to get there?*

DAVID: *We'll go by taxi. We'll go now to the taxi stand, take a taxi from there and go to the Natural History Museum.*

SÜKH: *Won't you walk? It's not far.*

JULIE: *Can we go there on foot?*

SÜKH: *Of course you can. You can go by bus too.*

DAVID: *Where is the stop for the bus going to the Natural History Museum?*

SÜKH: *It's outside the hotel.*

DAVID: *Actions speak louder than words, so let's go.*

Шинэ Үг
Vocabulary

байгаль	nature	**тийшээ**	that way
дэргэд	next to	**уулзах**	to meet
зогсоол	(bus) stop	**хол**	far, quite far
музей	museum	**хэлэх**	to speak, say
өөр	other	**хэн нэгэн хүн**	someone
руу/рүү	to(wards)	**ч**	too, though
такси(н)	taxi	**явган явах**	to walk

Language points

Perfective converbs -аад

The verb forms **ирээд** and **аваад** are perfective converbs, formed by adding the suffix **-аад** (**-оод**, **-өөд**, **-ээд**) to the verb stem. They stand in mid-sentence and indicate the completion of one action before another.

One of the sentences in this dialogue illustrates sequence of tenses using (1) the imperfective converb, (2) the perfective converb and (3) the present-future tense. David says: **Одоо таксины буудал руу очиж** (1), **тэндээс такси аваад** (2) **музей рүү явна** (3). 'Now visiting the taxi stand (and) having taken a taxi from there (we) shall go to the museum.'

Uses of the instrumental

This dialogue contains some examples of use of the instrumental case (suffix **-аар**, **оор**, **-өөр**, **-ээр**):

With adjectives and nouns to say 'by means of' e.g. **автобусаар** 'by bus', **таксигаар** 'by taxi', **юугаар** 'by what means?' (from **юу** 'what?') where the **-г-** separates the vowels; **явгаар** (irregular form) or **явганаар** 'on foot' (**явган явах** means 'to walk'; **явган зорчигч** 'pedestrian', **явган зам** 'pavement').

With verbal nouns, indicating aim or purpose, 'through', 'for the sake of', 'in order to', e.g. **явахаар** as in **Бид музей явахаар такси авсан** 'In order to visit the museum we took a taxi.'

The proverb **Ярихаар яв, хэлэхээр хий!** with **ярихаар** (from **ярих**, 'to talk') and **хэлэхээр** (from **хэлэх**, 'to speak or say') illustrates a form of the comparative through use of the instrumental and means 'better' or 'rather': 'Rather than to talk, go!' (And) 'Rather than to speak, do!'

Instrumental of personal pronouns

The instrumental case forms of the personal pronouns ('by me', etc.) are as follows:

	Singular	*Plural*
1st person	**надаар**	**биднээр** (**манаар**)
2nd person	**чамаар**	**танаар**
3rd person	(**т**)**үүгээр**	(**т**)**эднээр**

Uses of юм

There are two words **юм**. The noun **юм** means 'thing': **уух юм** 'something to drink'. The 'predicate particle' **юм** means 'is'/'are' in affirmation, or in questions: **Тэр яасан юм?** 'What happened to him?' There is a past tense form, verbal noun **-х** plus **юмсан** 'would quite like to . . .'.

Directions from and to

The ablative case (suffix **-аас**) enables us to say **хаанаас** 'where from?' and **тэндээс** 'from there'.

We use the derivational suffix **-ш** plus the reflexive to show direction: **хаашаа** 'where to?' and **тийшээ** '(to) there'. For 'to' and 'towards' the postposition **руу (рүү)** is used with the suffixless case, after final **-р** it becomes **луу (лүү)**: **Улаанбаатар луу**.

Place and Direction

хойно
behind

↗ **хойш** to the back — **хойноос** ↘ from behind

⇐ **баруун тийш** to the right — **баруун** right — ⊗ ⇓ — **зүүн** left — **зүүн тийш** ⇒ to the left

урдаас from in front — ⇓ — **урагш** forward

өмнө
in front

хойт	rear/hind (leg, etc.)
урд	front (wheel, etc.)
хойш урагшаа	back and forth
тэр үеэс хойш	since then
хойшоо (бай)!	'get back!'
хаалгаан хүртэл	as far as the door
одоо хүртэл	until now

Imperfective verbal noun -aa

Used to describe an action which has been started but is unfinished, the imperfective verbal noun is formed by adding a suitable long vowel to the stem (**-аа**, **-оо**, **-өө**, **-ээ**):

гараа going out, **ирээ** coming, **уншаа** reading

To separate long vowels the letter **-г** is inserted:

хийгээ doing, **байгаа** being, **суугаа** sitting

This verbal noun can be combined with the imperfective converb:

хийж байгаа 'is doing'; and may also be used attributively: ... **хийж байгаа хүн** 'the man (who is) doing ...'

Past tense negation

Questions using the perfective verbal noun (suffix **-сан**, **-сон**, etc.) may be answered in the imperfective verbal noun form plus negative suffix (**байгаагүй**, etc.):

Та үзсэн үү?	Have you seen (it)?
Үзээгүй.	(No), I haven't seen (it) (yet).

The suggestion is with **үзээгүй** that the action has not yet taken place, while with **үзсэнгүй** that the action was recent and perhaps even disappointing. **Үзсэнгүй** 'I didn't see it.'

Another example:

Хийсэн үү? Хийгээгүй.
Have you done (it)? No, I haven't done it (yet).

Юу хийж байна вэ?	What are (you) doing?
Юу ч хийгээгүй байна.	(I'm) not doing anything.
Ямар ч ном авсангүй.	(I) didn't buy any books.

One can also ask negative questions, which are considered less direct and more polite: **Та үзсэнгүй юу?** 'Haven't you seen it?'

Uses of гэх

The imperfective converb **гэж** of the verb **гэх** has the colloquial meaning 'with the aim of' thus when Sükh says **хаашаа явах гэж байна вэ?** 'where to go to thinking are?' he asks: 'Where are you thinking of going?'

Other points

The negative suffix **-гүй** is used with nouns to express the idea 'both . . . and':

өглөө үдэшгүй	morning and evening
өдөр шөнөгүй	day and night
энд тэндгүй	here and there

Exercise 4

Translate into Mongolian:

1 Can't one walk there?
2 Delgermaa came from behind the History Museum.
3 Have you seen that new red book?
4 David will take a taxi from the taxi rank and go to the Central Museum.
5 Sükh went behind the Central Palace.

Exercise 5

Translate into English:

1 Худалдагч их дэлгүүрт ороод ажлаа хийнэ.
2 Музей рүү явдаг автобус зочид буудлын дэргэд автобусны буудлаас явна.
3 Девид Жюли хоёр Англиас ирээд Улаанбаатар хотод сууна.
4 Эмч ажлаа хийгээд гэртээ харина.
5 Сүх Дэлгэрмаа хоёр байрандаа ороод цай ууна.

Exercise 6

Rearrange the words to make sentences:

1 юугаар та вэ явах тийшээ
2 түүхийн үзнэ ирээд энд бид музейг
3 байна одоо явах та вэ гэж хаашаа
4 «Баянгол» такси буудал явна зочид руу аваад тэндээс
5 орщдог өмнө автобусны луу галт Улаанбаатар буудал буудлын явдаг тэрэгний

Dialogue 3

Та хаачаад ирэв?
Where have you been?

After walking round town David and Julie meet Sükh again and they tell each other where they have been.

Сүх: Та хаачаад ирэв? Байгалийн Түүхийн музей очсон уу?
Жюли: Очсон. Байгалийн Түүхийн музейгээс саяхан ирлээ.
Сүх: За, Байгалийн Түүхийн музей таалагдав уу?
Жюли: Таалагдлаа. Сайхан музей байна. Девид үлэг гүрвэлийн өндгөнд их дуртай.
Сүх: Та музей үзээд дараа нь хаашаа явсан бэ?
Девид: Байгалийн Түүхийн музей үзээд дараа нь гудамжаар жаал явлаа.
Сүх: Та ямар унаагаар явсан бэ?
Девид: Бид автобусаар явж их дэлгүүрийн өмнө буусан. Тэгээд их дэлгүүрт ойрхон нэг номын дэлгүүрт орсон. Номын дэлгүүр хуучин кино театрын хойно байдаг юм байна.
Жюли: Гэвч ямар ч ном худалдан авсангүй. Номын дэлгүүрээс гараад Төв шуудангийн хажуугаар явж Чойжин ламын сүмд очлоо.
Сүх: Чойжин ламын сүм музейг хуучин шашны музей гэдэг байсан юм. Танд сүм таалагдав уу?
Жюли: Бид цамын баг олныг үзсэн. Гэвч надад «Бэгз», «Их Харын» муухай харц жаахан эвгүй санагдсан шүү.
Девид: Чойжин ламын сүм Сүхбаатарын талбайгаас холгүй учир сүмээс гараад зүүн тийшээ явган явж, зам хөндлөн гараад гэртээ харьсан.

Sükh: *Where have you been? Did you visit the Natural History Museum?*
Julie: *Yes, we've just got back from the Natural History Museum.*
Sükh: *So, did you like the Natural History Museum?*
Julie: *Yes, we did. It's a nice museum. David especially liked the dinosaur eggs.*
Sükh: *Where did you go after you had visited the museum?*
David: *After visiting the Natural History Museum we went round the streets a bit.*
Sükh: *What transport did you take?*
David: *We took a bus and got off in front of the department store.*

	Then we visited a bookshop quite close to the department store. The bookshop is behind the old cinema.
JULIE:	*But we didn't buy any books at all. We left the bookshop, went past the central post office and visited the Choijin Lama temple.*
SÜKH:	*The Choijin Lama temple used to be called the Museum of Religion. Did you like the temple?*
JULIE:	*We saw a lot of* tsam *masks. But the ugly looks of Begtse and Mahakala seemed to me rather nasty.*
DAVID:	*Choijin Lama temple is not far from Sükhbaatar Square, so we left the temple, turned east, crossed the road and walked home.*

Note: The temple of Choijin Lama houses a big collection of colourful papier-mâché masks of Lamaist gods made for performances of the *tsam* or lama dances at religious festivals. Begtse or **Бэгз**, 'coat of mail', is the god of war and protector of horses. Mahakala (Mongol name **Их Хар**) means 'the great black one'; he has three eyes and six arms. In the 16th century the Dalai Lama made Mahakala the protector of Mongol Buddhists.

Шинэ Үг
Vocabulary

баг	lama mask	**тэгээд**	so, then
буух	to get off	**унаа**	transport
гарах	to go out, leave	**учир/учраас**	because
дуртай	like	**үлэг гүрвэл**	dinosaur
зам	road	**хар**	black
лам	lama, monk	**харих**	to return
муухай	ugly	**харц**	look
ойрхон	quite near	**хөндлөн гарах**	to cross
өндөг(н)	egg	**худалдан авах**	to buy
санагдах	to seem	**цам**	lama dance
сүм	temple; church	**эвгүй**	nasty
таалагдах	to please		

Historical Note (see map on page 67): Khorloogiin Choibalsan (1895–1952), whose statue stands outside the Mongolian University, is sometimes called 'Mongolia's Stalin'. Choibalsan purged the country's leadership in the 1930s and as Prime Minister (1939–52) had absolute power. Some Mongols admire him for defending Mongolia's independence.

Anandyn Amar (1886–1941), after whom a street is named, was one of Choibalsan's purge victims. He was head of state 1932–36 and Prime Minister 1928–30 and 1936–39. Choibalsan and Amar were both founder members of the Mongolian People's (Revolutionary) Party.

Dashdorjiin Natsagdorj (1906–37), whose museum lies south of the State Central Library, was Mongolia's first 'socialist classic' writer. He was one of a group of young Mongols educated in Germany between 1926 and 1929 and on return he helped set up what later became the Writers' Union. He wrote stories, plays and poems, including a well-known poem called **Миний нутаг** describing the natural beauty of Mongolia (for extracts from the poem see page 249).

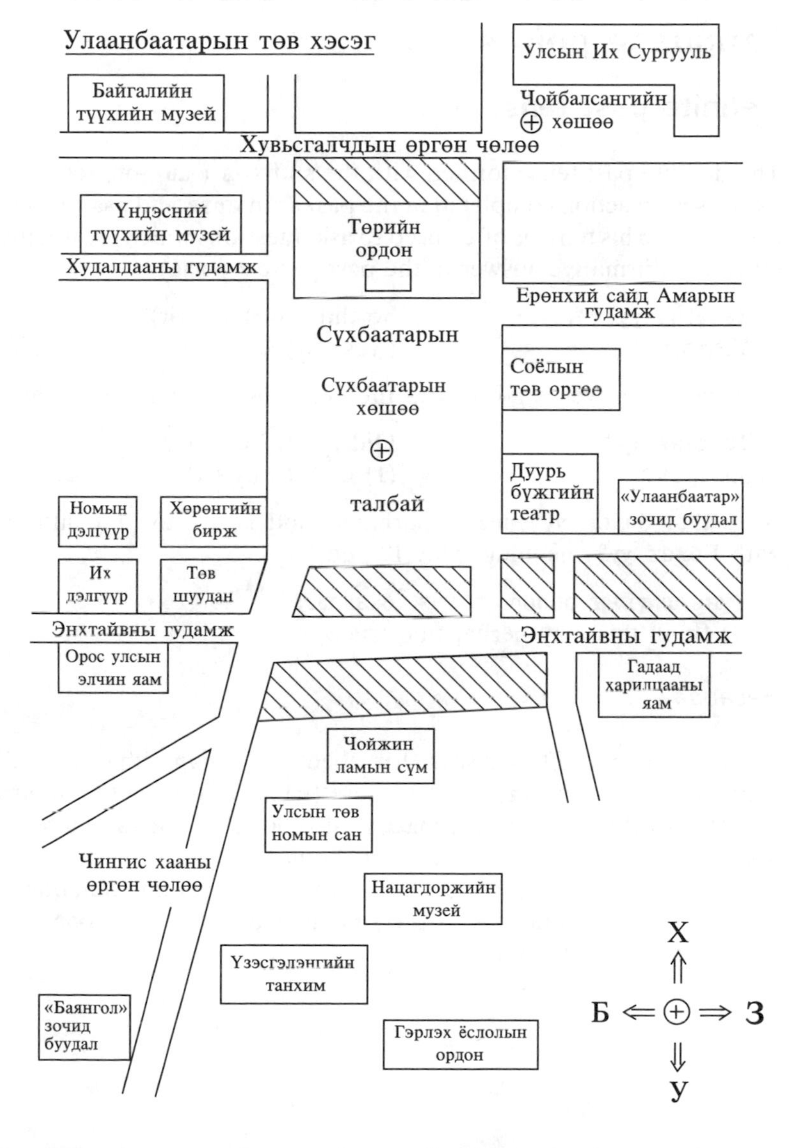

Энхтайвны гудамж is sometimes called **Энхтайвны өргөн чөлөө.**

гэрлэх ёслол	wedding	танхим	hall, chamber
номын сан(г)	library	үзэсгэлэн	exhibition
өргөн чөлөө	avenue	хувьсгалч	revolutionary
соёл	culture		

Language points

Definite past tense -в

The definite past tense formed with the suffix **-в** (**-ав**, **-ов**, **-өв**, **-эв**) expresses an action completed in the past as in **ирэв** and **явав** 'came' and 'went'. This tense is often used to ask questions which are usually given an affirmative answer in the past perfect (**-лаа**):

За үзэв үү?	So did (you) see (it)?
Үзлээ.	(Yes), (I) saw (it).

A negative answer is given with the perfective verbal noun (**-сан**):

Та авав уу?	Did (you) buy (it)?
Авсангүй.	(I) didn't buy (it).

Note that **болов уу** means 'perhaps', and is not to be confused with **Болох уу?** meaning 'May I?', etc:

Үүнийг үнэн болов уу гэж санадаг.
(I) think this may perhaps be true.

Because . . .

In the dialogue David says for 'because' **учир**, 'the reason': **Талбайгаас холгүй учир** . . . 'Because (it) isn't far from the square . . .' The ablative case form **учраас** is also possible: **Би гэртээ хоол идсэн учраас** . . . 'Because I ate at home . . .'

Another way of saying 'because' is to use the verbal noun **болох** plus the instrumental case suffix, **болохоор**: **Хол болохоор** . . . 'Because it was (we were) far away . . .'

More about the instrumental

The dialogue illustrates more uses of the instrumental case:

гудамжаар	around the streets
унаагаар	by (what) means of transport

Literally **унаа** means 'riding animals' but the term is used for transport generally, including Ulan Bator's **ямаан тэрэг** ('goat carts') or trolleybuses, so called because the overhead electricity poles look like goats' horns.

шуудангийн хажуугаар
past (by the side of) the post office

хуучнаар as it used to be (called), old style, in olden times, from the adjective **хуучин** old

Adverbs may be formed from adjectives by adding an appropriate instrumental case suffix:

их	big
ихээр	greatly
чанга	firm
чангаар	firmly

Dative/locative case constructions

To have a liking for something is **дуртай**: **Та юу идэх дуртай вэ?** 'What would you like to eat?' Disliking is **дургүй**. The object liked or disliked is in the dative/locative case: **Та музейд дуртай юу?** 'Did (do) you like the museum?' **Би өндгөнд дургүй** 'I don't like eggs.' **Би чамд хайртай** 'I love you.'

The postposition **ойрхон** '(quite) near' also governs the dative case: **номын дэлгүүрт ойрхон** '(quite) near the bookshop'.

Doing thus and going where?

Like the interrogative verb **яах** 'to do what?' (page 39), **тэгэх** 'to do thus' has no exact equivalent in English but turns up quite frequently in various forms: **тэгээд** 'having done thus' means 'thereupon', 'next', 'then', etc., and **Тэгье** 'Let's (do thus)' is a common voluntative (see page 77). Similarly the interrogative verb **хаачих** (perfective converb **хаачаад**) means 'to go where?': **Та хаачаад ирэв?** means literally 'you having been where have come?'

Note that the interrogative particle is sometimes omitted; in the case of **хаачих** which is an exception it would be **бэ**.

More on the sequence of tenses

In Dialogue 3 we see further examples of the perfective converb being followed by past tense forms:

(1) **Очоод . . . явав: та музей үзээд дараа нь хаашаа явав?**
Where did you go after you had visited the museum?

(2) **Очоод . . . явлаа: музей үзээд бид гудамжаар явлаа.**
After visiting the museum we went round the streets.

(3) **Гараад . . . явж . . . очлоо.**
We left the bookshop, went past the central post office and visited the Choijin Lama temple.

(4) **Гараад . . . явж . . . харьсан.**
We left . . . and walked home.

One of the sentences in this dialogue illustrates the sequence of tenses using (1) the imperfective converb, (2) the perfective converb and (3) the present-future tense. David says: **Одоо таксины буудал руу очиж** (1), **тэндээс такси аваад** (2) **музей рүү явна** (3) 'Now visiting the taxi stand (and) having taken a taxi from there (we) shall go to the museum.'

Exercise 7

Translate into English:

1 Жюли үлэг гүрвэлийн өндгөнд дургүй учраас гэртээ харьсан.
2 Девид их дэлгүүрт ойрхон номын дэлгүүрт ороод хэдэн ном худалдан авсан.
3 Би цамын баг үзмээр байгаа учир Чойжин ламын сүмд очно.
4 Дэлгэрмаа гудамжаар удаан явсан учраас их ядарсан.
5 Сүх ээ! Та гэр лүүгээ ямар унаагаар харих вэ? Ямаан тэргээр шүү дээ!

Exercise 8

Translate into Mongolian:

1 We thought that the looks of Begtse and the Great Black One were rather nasty.
2 Turn right at the central post office and walk along Peace Street.
3 I crossed the road and went into the Bayangol Hotel.
4 Delgermaa walked along the eastern side of Sükhbaatar Square and next to the Central Palace of Culture bought a newspaper from a little shop.
5 Go along Peace Street from the west, turn the corner at the central post office, come as far as the Sükhbaatar monument and meet me there.

Exercise 9

Reverse the sense using 'because' and the negative (e.g. 'Because I didn't go into the shop I didn't buy a book.'):

1 Би дэлгүүрт ороод нэг монгол ном худалдан авсан.
2 Автобус төв талбайгаас зүүн тийшээ гараад зочид буудлын гудамжаар явлаа.
3 Дэлгэрмаа Оюун хоёр Ардчилсан Холбоонд дуртай болохоор холбооны гишүүн болсон.
4 Их Хурал холгүй учраас Ерөнхий сайд явган явж ирлээ.
5 Би гэрээсээ гараад автобусны буудал руу явсан.

Dialogue for comprehension 3

Девид: Улаанбаатар хотын төвд олон сонирхолтой газар бий.

Сүх: Тийм ээ. Сүхбаатарын талбайн дунд Сүхбаатарын хөшөө, Сүхбаатарын хөшөөний хойд талд Төрийн ордон оршдог. Төрийн ордныг «саарал байшин» гэдэг юм.

Жюли: Төрийн ордонд хэн хэн ажилладаг вэ?

Сүх: «Саарал байшин»-д Улсын Ерөнхийлөгч, Ерөнхий сайд, Их Хурал, засгийн газрын гишүүд ажилладаг.

Жюли: Том «саарал байшин»-гийн өмнө бас нэг жижигхэн байшин байдаг. Тэр юу вэ?

Сүх:	Тэр жижиг байшин бол Сүхбаатар, Чойбалсангийн бунхан. Хуучин БНМАУ, «Ху» намын удирдагч жил бүрийн долдугаар сарын арван нэгэнд бунхан дээр гараад цэргийн баярын жагсаал зогсож үздэг байсан.
Дэлгэрмаа:	Долдугаар сарын арван нэгэн бол хорин нэгэн онд ялсан Ардын Хувьсгалын ой.
Девид:	Сүхбаатарын талбайн зүүн талд дуурь бүжгийн театр байхгүй бил үү?
Сүх:	Тийм ээ. «Улаанбаатар» зочид буудлын хажууд байдаг. Хөрөнгийн бирж талбайн баруун талд Төв шуудангийн хажууд хуучин кино театрт байдаг юм.
Дэлгэрмаа:	Сүхбаатарын талбайн өмнө талд цэцэрлэгийн цаана нэг өргөн гудамж бий. Энх тайвны гудамж гэж нэрлэдэг. Англи Улсын элчин яам энэ гудамжинд байдаг.
Сүх:	Та одоо хаашаа явах гэж байна вэ? Гандан хийд рүү юү?
Девид:	Үгүй, Гандан хийд рүү биш, Богд хааны өвлийн ордон музей рүү явах гэж байна. Тийшээ явган явж болох уу?
Сүх:	Холхон болохоор унаагаар явах хэрэгтэй. Богд хааны өвлийн ордон музей рүү явдаг автобусны буудал зочид буудлын дэргэд байдаг юм.
Жюли:	Баярлалаа! Баяртай!

бил үү	isn't it?	ой	anniversary
бунхан	tomb	өвөл	winter
жагсаал	parade	удирдагч	leader
жил бүр	every year	унаа	transport
засгийн газар	government	хийд	monastery
зогсох	to stand; stop	хөдлөх	to set off

Note: Gandan monastery is Mongolia's Buddhist centre, situated on a low hill a mile or so north-west of Sükhbaatar Square. Its temple of Megjid Janraiseg, with a 28-metre gilded brass figure, is a city landmark. The Bogd Khan was Mongolia's religious leader and head of state 1911–24. His winter palace and the temple next door, situated on the south side of Ulan Bator city towards the river Tuul, is a museum.

Улаанбаатар дахь музейнүүд

БАЙГАЛИЙН ТҮҮХИЙН МУЗЕЙ

Самбуу болон Сүхбаатарын гудамжуудын огтлол дээр (Засгийн газрын ордоноос баруун хойш)
Ажиллах: Да 10.00-15.00, Мя-Ня 10.00-16.30
Үнэ: 100 төг (30 төг хүүхэд), 300 төг - гадаадын иргэд Утас: 321716

УЛААНБААТАРЫН ТҮҮХИЙН МУЗЕЙ

Энх тайваны өргөн чөлөө Хөх тэнгэрийн гудамжийн уулзварын хажууд Ажиллах: Да-Ба гаригуудад 09.00-13.00, 14.00-18.00, Бя 09.00-14.00, Нямд амарна.
Үнэ: 45 төг том хүн, 25 төг хүүхэд
Утас: 50960

ЧОЙЖИН ЛАМЫН МУЗЕЙ

Жамъян Гүний гудамж
Пү амарна, бусад өдөр 10.00-17.00 Үнэ: Хүүхэд - 50 төг, том хүн – 100 төг, гадаадын иргэд 1000 төг
Утас: 324788
Буддын шашны ховор нандин бүтээлүүд.

МОНГОЛ АН МУЗЕЙ

Занабазарын гудамж, Гандан сүмийн урд талын 2 давхар шар байшин
Ажиллах: Да-Бя 10.00-17.00
Үнэ: 150 төг
Утас: 363917, 360248

БОГД ХААНЫ МУЗЕЙ

Чингисийн өргөн чөлөө (Танкийн хөшөөний урд)
Өдөр бүр 10.00-17.00 Үнэ: 100 төг (50 төг хүүхэд), 1000 төг - гадаадын иргэд
Утас: 342195
Богд хааны эдэлж хэрэглэж байсан эд юмс, түүний дотор 130 булганы арьсаар хийсэн дээл.

ДҮРСЛЭХ УРЛАГИЙН МУЗЕЙ

Худалдааны гудамж, Барилгачины талбайн зүүн талд
Өдөр бүр 10.00-17.00
Үнэ: 100 төг (том хүн), 500 төг - гадаадын иргэд
Утас: 23986
Занабазарын урласан сонгодог бүтээлүүд, Ногоон дарь эх, язгуурын таван бурхан зэрэг.

НАЦАГДОРЖИЙН МУЗЕЙ

Жамъян Гүний гудамж, Үзэсгэлэнгийн ордоп, Чойжин ламын музей хоёрын хооронд 2 давхар хүрэн байшин
Өдөр бүр 09.00-18.00
Үнэ: Хүүхэд 100 төг, том хүн 50 төг
Утас: 327879

ҮНДЭСНИЙ ТҮҮХИЙН МУЗЕЙ

Худалдааны гудамж (Засгийн газрын ордны баруун талд)
Өдөр бүр 10.00-17.00
Үнэ: 100 төг (том хүн), 200 төг - гадаадын иргэд
Утас: 325656, 326082

Нэмэлт Үг
Additional vocabulary

ан	hunting	**өдөр**	day
булга(н)	sable	**өнцөг**	corner
бүтээл	article	**өргөө**	pavilion
давхар	storey	**утас (утсан)**	telephone
дүрслэх урлаг	fine arts	**үнэт**	valuable
дэнж	terrace	**ховор**	rare
дээл	gown	**хөх тэнгэр**	blue sky
зэрэг	and so on	**хүрэн**	brown
иргэн	person, citizen	**эдлэх**	to use
нандин	precious	**эд юмс**	things
огтлол	intersection	**язгуурын**	original
олдвор	find		

Notes: The Öndör Gegeen 'Lofty Brilliance' Zanabazar (1635–1723) was Mongolia's first **хутагт** or high reincarnated lama. Said to be descended from Genghis Khan and from a Bodhisattva, he was enthroned at the age of five. He studied in Tibet and was a gifted sculptor, painter, architect and poet besides becoming Mongolia's supreme spiritual authority. After long confrontation with the Oirat Mongols, the Khalkha Mongols under his religious and political leadership opted for an alliance with the Manchu rulers of China in 1691. Zanabazar was murdered in 1723 during a visit to Peking soon after the Manchu emperor died, according to a biography published in 1995.

Бурхан is the Buddha, and a **бурхан** is a Buddha image or statue. The **Ногоон Дарь эх** or Green Tara is a statue of the protectress of Mongolia made by Zanabazar.

The **дээл** is the traditional brightly coloured silk gown worn by Mongol men and women with a sash of contrasting colour tied round the waist. It is often worn together with the traditional Mongolian leather boots called **гутал** which have upturned toes.

Days of the week (гариг)

даваа	Monday	мягмар	Tuesday
лхагва	Wednesday	пүрэв	Thursday
баасан	Friday	бямба	Saturday
	ням	Sunday	

Abbreviations may be found at the back of the Mongolian–English vocabulary.

4 Айвал бүү хий, хийвэл бүү ай

Nothing ventured, nothing gained

In this lesson you will learn:

- The voluntative form of the verb (let's)
- The conditional converb (if . . .)
- The comparative and superlative (better, best)
- The names of various kinds of food

Dialogue 1

Нэг ресторанд оръё
Let's go to a restaurant

Bat telephones to invite David and Julie to dinner at an Ulan Bator restaurant.

Бат (*утсаар ярьж байна*): Байна уу?
Девид: Байна аа. Хэн бэ?
Бат: Би Бат байна. Та нар өнөө орой завтай юу?
Девид: Завтай байлгүй яах вэ. Та юу сураа вэ?
Бат: Нэг ресторанд оръё. Хамт явъя.
Девид: За, тэгье. Ямар ресторанд орох вэ?
Бат: «Солонго» юм уу «Туул» ресторанд оръё.
Девид: Аль нь дээр вэ?
Бат: «Солонго» «Туул»-аас дээр.
Девид: Тэндэхийн хоол сайн уу?
Бат: «Солонго» ресторан их сайн хоолтой. Улаанбаатар хотын хамгийн сайн ресторны нэг гэдэг юм.
Девид: Өөртөө үйлчилдэг үү?
Бат: Үгүй, үйлчлэгч үйлчилдэг юм. Хамт явъя.
Девид: «Солонго» ресторан хаана байдаг вэ?

Бат:	Их дэлгүүрийн урд талд байдаг.
Девид:	За, мэдлээ. Хэдэн цагт уулзах вэ?
Бат:	Зургаа хагаст.
Девид:	Одоо хэдэн цаг болж байна?
Бат:	Таван цаг болж байна.
Девид:	Зүгээр, зүгээр. Зургаан цаг хагаст «Солонго» ресторанд уулзъя.
Бат:	За тэгье.

Bat (on the phone): *Hello?*

David:	*Hello! Who is it?*
Bat:	*This is Bat. Are you two free this evening?*
David:	*Certainly we're free. What are you asking about?*
Bat:	*Let's go to a restaurant. Let's go together.*
David:	*OK, let's. Which restaurant shall we go to?*
Bat:	*Let's go to the 'Rainbow' or the 'River Tuul'.*
David:	*Which one is better?*
Bat:	*The 'Rainbow' is better than the 'River Tuul'.*
David:	*Is the food there good?*
Bat:	*The food at the 'Rainbow' restaurant is very good. It is said to be one of the best restaurants in Ulan Bator.*
David:	*Is it self-service?*
Bat:	*No, it's waitress service. Let's go together.*
David:	*Where is the 'Rainbow' restaurant?*
Bat:	*It's south of the department store.*
David:	*I understand. At what time shall we meet?*
Bat:	*Half past six.*
David:	*What's the time now?*
Bat:	*It's five o'clock.*
David:	*Fine. Let's meet at the 'Rainbow' at half past six.*
Bat:	*Let's do that.*

Шинэ Үг
Vocabulary

аль	which	**өөртөө**	oneself
байлгүй яах вэ	sure, why not?	**солонго**	rainbow
бие	body, health	**сурах**	to ask about
дээр	better	**үйлчлэх**	to serve
зүгээр	fine, alright	**үйлчлэгч**	waiter/waitress
одоохон	just a moment	**хагас**	half

цаг time; clock **юм уу** or; either . . . or

Note: The word **ресторан** for 'restaurant' has come via Russian; the best Mongolian equivalent is **зоогийн газар** (**зоог** means 'food').

Language points

Let's do that

To express the idea of wanting to do something or calling on others to join in an action, for the first-person singular and plural Mongolian adds to the verb stem the voluntative suffixes **-ъя**, **-ъё** and **-ье** or **-я**, **-ё** and **-е** according to the following pattern:

Stems ending in a consonant:
back vowels **-а, -у** or **-я** = **-ъя**: **авах - авъя, явах - явъя**
-о = **-ъё: орох - оръё**
front vowels = **-ье: тэгэх - тэгье, үзэх - үзье**

Stems ending in a vowel:
back vowels **-а, -у** or **-я** = **-я: угаах - угаая, суух - сууя**
-о = **-ё: боох - бооё**
front vowels = **-е**: **хийх - хийе, хүлээх - хүлээе**

The verb **боох** means 'to tie' and **хүлээх** 'to receive' and 'to wait'.

Despite the spelling rules, the voluntative suffix is mostly pronounced **-ii** and stressed: **Авъя** (**aw**<u>**ii**</u>) – 'Let me (let us) take', 'Shall we take?' **Үзье** (**üz**<u>**ii**</u>) – 'Let's see, take a look', etc.

The voluntative is very flexible and is used frequently in responses:

Ресторанд оръё. Хамт явъя. За, тэгье.
Let's visit a restaurant. Let's go together. OK, let's.

Certainly, why not?

To express likelihood the suffix **-лгүй** replaces the final **-х** of the present-future verbal noun, e.g. **байлгүй** 'likely to be', **явалгүй**, **оролгүй**, etc.

When combined with the verb **яах** in a question, e.g. **байлгүй яах вэ?** the meaning is 'Why not?', 'How could (one) not?' The **яах вэ** part is pronounced (and sometimes written) **яахав**:

Бололгүй яах вэ? Of course you may.
Би таныг мэдэлгүй яах вэ. Of course I know you.
Хэрэгтэй байлгүй яах вэ? How could I manage without?

The suffix **-лтай** expresses certainty: **байлтай** 'must be'.

Comparative

When things are bigger or smaller, better or worse than others, Mongolian forms the comparative by putting the object compared in the ablative case (suffix **-аас**, etc.) and placing the adjective after it:

Лондон Улаанбаатараас том.

London is bigger than Ulan Bator.

For 'better' we can use **дээр**, meaning 'on', 'over', 'on top of': **аль нь дээр?** 'Which is better?' **«Солонго» «Москва»-гаас дээр.** 'The 'Rainbow' is better than the 'Moscow'.'

Тэмээгээр явснаас мориор явсан нь дээр.
Going on horseback was better than going by camel.

The adjective is unchanged: **Батаас сайн** 'better than Bat', **өнгөрсөн жилээс муу** 'worse than last year' (**өнгөрөх** 'to pass'), **Улаанбаатараас бага хот** 'a town smaller than Ulan Bator', **ахаасаа том** 'bigger than his elder brother', **уулаас өндөр** 'higher than the mountain', **сүүнээс цагаан** 'whiter than milk'.

Another Mongolian proverb for collectors: **Маргаашийн өөхнөөс өнөөдрийн уушиг дээр** 'Today's lungs (**уушиг**) are better than tomorrow's fat (**өөх**).'

Superlative

The superlative is formed with the word **хамгийн**, the genitive case form of **хамаг** 'all', 'everything': **хамгийн сайн** 'best', **хамгийн муу** 'worst', etc.: **Улаанбаатар хотын хамгийн сайн рестораны нэг**, 'one of the best of Ulan Bator's restaurants'.

Telling the time

To ask 'What is the time?' Mongolians use the imperfective converb of **болох: Хэдэн цаг болж байна? Гурван цаг (гурав хагас) болж байна** 'It's three o'clock (half past three).'

To say 'at (a time)' the dative/locative suffix **-т** comes into play: **Хэдэн цагт (вэ)?** 'At what time?' **Гурван цаг хагаст**, 'At half past three.' If you want you can count off the minutes: **Есөн цаг арван минут болж байна** 'It's ten past nine', **Таван цаг дөчин минут болж байна** 'It's five forty or twenty to six', **Дөрвөн цагт таван минут дутуу байна** 'It's five to four', 'five minutes short of four' (**дутуу** 'short of', 'insufficient'), **хоёрт** 'at two', **дөрөв хорьд** 'at four twenty'.

Хархорин хүртэл нэг цаг нисдэг юм.
The flight to Kharkhorin takes an hour.

Other points

The words **юм уу** 'either ... or' between alternatives may be repeated: **Чи хүн юм уу, чулуу юм уу?** 'Are you man or stone?' The postposition **төдийгүй** means 'not only ... but also ...': **Чоно төдийгүй ирвэс шилүүс малын гол дайсан** 'Not only the wolf but also the snow leopard and lynx are the main enemies of livestock.'

Note the colloquial question **юу сураа вэ** meaning 'Why do you ask?' or 'What are you asking about?' (imperfective verbal noun).

Нэмэлт Үг
Additional vocabulary

бэлэн хоол(н)	set dish	**хутга(н)**	knife
захиалга хоол	à la carte	**сэрээ**	fork
оройн хоол	dinner	**халбага(н)**	spoon
өглөөний хоол	breakfast	**таваг**	plate
үдийн хоол	lunch	**тогооч**	cook

Exercise 1

Supply the voluntative suffixes and translate:

1 Нэг ресторанд (орох).
2 Хамт (явах).
3 Дэлгэрмаатай (ярих).
4 Улаанбаатар зочид буудалд (уулзах).
5 Би нэг шил шар айраг (авах). (Тэгэх).

Exercise 2

Translate into English:

1 Улаанбаатарт хэдэн ресторан байдаг вэ? Аль нь хамгийн сайн бэ?
2 «Баян гол» зочид буудлын хоол «Туул» ресторaны хоолноос муу.
3 Миний хар тэмээ чиний саарал мориноос жижиг.
4 Хотын төвөөс галт тэрэгний буудал зочид буудлаас хол.
5 Богд Хааны ордон, Улааанбаатарын хамгийн том хийд Гандан хийдээс сайхан.

Exercise 3

Translate into Mongolian:

1 What's the time? It's half past eleven.
2 When will he come? He will come at four o'clock.
3 When (at what time) does the train go? It leaves (sets off from) the station at 10.20.
4 When do you have breakfast? I eat breakfast every day at 7 o'clock.
5 It's now seven minutes to three. It is seven minutes past three o'clock.

Dialogue 2

Та нар юу авах вэ?
What are you going to have?

David and Julie meet Bat and Delgermaa at the 'Rainbow' restaurant and try to decide what to order.

Бат: Та миний хажууд суухгүй юу?
Жюли: Тэгэлгүй яах вэ?
Бат: Хоолны цэс хаа байна?
Жюли: Энэ байна.
Бат: Та нар юу авах вэ?
Дэлгэрмаа: Би цагаан будаатай шөл авна.
Жюли: Амттай юу?
Дэлгэрмаа: Тийм ч муу биш ээ. Надад аятайхан байдаг юм.

Девид: Тэгвэл би ч бас тийм шөл авна.
Жюли: Таныг цагаан будаатай шөл авбал би ногоотой шөл авна.
Бат: Та өөр юу захиалах вэ?
Девид: Би үхрийн маханд их дуртай.
Бат: Хэрэв тийм бол бид цөм хоёрдугаар хоолонд үхрийн гол мах авъя.
Жюли: Миний бодлоор бол гахайн мах үхрийн махнаас дээр. Би шарсан гахайн мах идмээр байна.
Дэлгэрмаа: Тэгвэл би сайхан монгол хонины мах авъя.
Жюли: Ямар ямар ногоо авах вэ? Төмс, шар лууван, байцаа бий юу?
Бат: Янз бүрийн ногоо бий! Уух юм авах уу?
Девид: Хоёр шил шар айраг захиалъя.
Жюли: Би нэг аяга жимсний ус авъя.

BAT: *Why don't you come and sit next to me?*
JULIE: *Why not?*
BAT: *Where's the menu?*
JULIE: *Here it is.*
BAT: *What are you going to have?*
DELGERMAA: *I'm going to have rice soup.*
JULIE: *Is that tasty?*
DELGERMAA: *Not so bad. I quite like it.*
DAVID: *Then I'm also going to have the same (soup).*
JULIE: *If you're having rice soup I'm having vegetable soup.*
BAT: *What else are you going to order?*
DAVID: *I like beef a lot.*
BAT: *In that case let's all have beef fillets for the second course.*
JULIE: *In my opinion pork is better than beef. I'd like to eat roast pork.*
DELGERMAA: *Then I'm going to have good Mongolian mutton.*
JULIE: *What sort of vegetables shall we have? Are there any potatoes, carrots or cabbage?*
BAT: *There are all kinds of vegetables. Shall we have something to drink?*
DAVID: *Let's order two bottles of beer.*
JULIE: *I'll have a glass of fruit juice.*

Шинэ Үг
Vocabulary

авах	to take	**тэгвэл**	in that case, if so
алга	not, none	**үхэр**	cow, ox
амттай	tasty	**хонь (хонин)**	sheep
аяга(н)	glass, cup	**хоолны цэс**	menu
аятайхан	nice, good	**хэрэв тийм бол**	in that case
байцаа	cabbage	**цагаан будаа**	rice
бодол	opinion	**цөм**	all
гахай	pig	**чадах**	to be able
гол мах(н)	fillet	**шарах**	to roast
жимс(н)	fruit	**шар лууван**	carrot
захиалах	to order	**шил(н)**	bottle
мах(н)	meat	**шөл(н)**	soup
тийм	such	**янз бүрийн**	all kinds
төмс(н)	potato		

Language points

The conditional converb -вал

The 'if' (or 'when') form of the Mongolian verb is the conditional converb suffix **-вал** (**-вол**, **-вөл**, **-вэл**); after stems ending in **-в**, **-л** and **-м** the **-вал** becomes **-бал** (**-бол, -бөл, -бэл**):

орвол 'if (they) enter', **үзвэл** 'if (he) sees', **өгвөл** 'if (you) give', **тэгвэл** 'if so', **явбал** 'if (you) go', etc.

бороо орвол би явахгүй 'I'm not going if it rains.'

одоо асуулт байвал асуу 'any questions?' ('Now if there are questions ask.')

бороо	rain	бороо орох	to rain
асуулт	question	асуух	to ask

The negative particle **эс** is used with the conditional:

Эс гарвал. If (he) doesn't go out.

If the subjects of the clauses are different, the subject of the conditional clause is in the accusative case:

Таныг цагаан будаатай шөл авбал би ногоотой шөл авна.
If you're having rice soup, I'm having vegetable soup, Julie says.

Би ирвэл чамд мөнгө өгнө.
If (when) I come, I'll give you money.

Чамайг ирвэл би чамд мөнгө өгнө.
If (when) you come, I'll give you money.

The conditional particle **бол** may be used with verbal nouns:

Чи явах бол надад хэлээрэй.
Tell me if you go (if you go let me know).

Note the regular formation of the negative present-future verbal noun with **-хгүй бол**:

Би ирэхгүй бол чамд захиа явуулна.
If I don't come, I'll send you a letter.

Чамайг ирэхгүй бол би чамд захиа явуулна.
If you don't come, I'll send you a letter.

Conditional sentences may begin with **хэрэв** (**хэрвээ**), meaning 'if':

Хэрвээ тийм бол надад аргагүй.
I can't help it if that's how it is (it is so).

Why not thus?

This dialogue includes another negative imperfective verbal noun with the verb **яах**, but this time the question **тэгэлгүй яах вэ?** 'why not thus?' is formed from the verb **тэгэх** 'to do thus'. Likewise **тэгсэн ч яах вэ** means 'agreed!', 'how else?'

Modal particle ч

The particle **ч** plays the role of 'and', 'too', 'also', 'even', 'although', etc. according to context:

уулаас өндөр	higher than the mountain
уулаас ч өндөр	even higher than the mountain
цай, сүү ч алга.	there is neither tea nor milk.
энд ч тэнд ч	here and there
тийм ч муу биш	not so bad
би ч бас	me too

Similarly **ямар ч** 'whatever' and **хэзээ ч** 'whenever': **хэзээ ч авч болно** meaning '(You can) fetch (it) whenever (you like).' Also **юу ч биш** 'nothing', **хэн ч биш** 'nobody':

юу ч мэдэхгүй	doesn't know anything
юу ч хийдэггүй	never does anything
хэн ч мэдэхгүй	doesn't know anybody (or, no one knows.)

Нэмэлт Үг
Additional vocabulary

бургер	burger	**поваарь**	pepper
давс(н)	salt	**сонгино**	onion
жигнэх	to roast, bake	**тахиа**	chicken
уураар жигнэх	to steam	**улаан лооль**	tomato
цай жигнэх	to brew tea	**цуу**	vinegar
загас(н)	fish	**чанах**	to boil
компот	stewed fruit	**элсэн чихэр**	sugar
мөхөөлдөс	ice cream	**тосонд шарах**	to fry
өргөст хэмх	cucumber	**шницель**	schnitzel

Exercise 4

Insert the correct personal pronouns and conditional forms:

1 Оюун өнөөдөр ир _____ (we) кинонд явна.
2 Хүйтэн бол _____ (you) энд ирэх үү?
3 (You) будаатай шөл ав _____ (I) махтай шөл авна.
4 (I) сүүтэй цай уу _____ (to you) кофе өгнө.
5 (You) ирж чадахгүй _____ (I) (you) утсаар ярина.

Exercise 5

Translate into Mongolian:

1 If you have potatoes, I'll have carrots.
2 If Bat orders pork, Delgermaa will eat mutton.
3 If that man doesn't come, the doctor's going to town.
4 If you come at three o'clock, I'll give you some sweets.
5 If it snows, Bat will not be able to return home.

Exercise 6

Translate into English:

1 Цайны газарт цай ч байхгүй, сүү ч байхгүй байсан.
2 Тэр их сургуулийн шинэ багш чинь юу ч мэддэггүй.
3 Би хоёрдугаар хоолонд шарсан төмстэй гахайн махны шницель авъя.
4 Зочид буудлын мөхөөлдөс компотоос амттай юу?
5 Би шарсан загасанд дуртай учраас хонь, үхрийн чанасан мах иддэггүй.

Dialogue 3

Ерөөлөөр болтугай!
May it be so!

With help from Genghis Khan, the Browns, Bat and Delgermaa drink to each other's health.

Бат: Эрхэм хүндэт ноён Браун, хатагтай Браун, Та бүхэн Монгол оронд тавтай сайхан зочилж, Монгол орон, монголчуудын тухай сонин сайхан юм бичиж гаргахыг бид хүсэж байна. [*«Чингис Хаан» архи хундагалав*]

Девид: Ерөөлөөр болтугай!

Бат: За эрүүл мэндийн төлөө!

Девид: Эрүүл мэндийн төлөө! [*архи тогтооцгоов*] За, гэргийн хамт сайхан танилцсан найз Бат минь ээ! Их баярлалаа! Бид Улаанбаатарт долоо хонолоо. Их ч юм үзлээ. Бас цаана нь үзэх юм зөндөө. Танай Нацагдоржийн төрсөн нутаг Монгол орон үнэхээр сайхан орон билээ! Эрүүл энхийн төлөө! энэ хундагыг өргөе.

Бат: Эрүүл мэндийн төлөө! [*архи тогтоов*] Өө дуусчихлаа! За, бас нэг шил «Чингис Хаан» задлая. Энийг.

Девид: За. Айвал бүү хий, хийвэл бүү ай!

Жюли: Архи одоо болно оо! Девид хоёр аягыг уухад л «Чингис Хаан» түүнийг унтуулчихдаг юм.

Бат: Гэргий тань үнэхээр чанга хүн юм аа!

Девид: Яахын ч аргагүй!

Дэлгэрмаа:	Та хоёр ирэх долоо хоногоос хөдөө явах гэж байгаа гэл үү?
Жюли:	Тийм ээ, аль аймгаар явахаа одоохондоо товлоогүй л байна.

BAT:	*Dear Mr and Mrs Brown, we hope that you will have a pleasant visit to Mongolia and that you will publish interesting and nice things about Mongolia and the Mongols.* (He pours some 'Genghis Khan' (Chinggis) vodka)
DAVID:	*May it be so!*
BAT:	*To* (your) *health!*
DAVID:	*To* (your) *health!* (they drink up (vodka) together) *Well, it has been good to get to know you and your wife, my friend Bat! Thank you! We have spent a week in Ulan Bator. We have even seen a lot of things. Further on there are plenty more things to see. Your Natsagdorj's homeland, Mongolia, is indeed a beautiful country! Let's raise our glasses to* (your) *health!*
BAT:	*To* (your) *health!* (they drink up) *Oh, it's finished! Well, let's open another bottle of 'Genghis Khan'. This one.*
DAVID:	*Fine. Nothing ventured, nothing gained!*
JULIE:	*Now that's enough vodka! When David drinks two glasses, 'Genghis Khan' sends him straight to sleep!*
BAT:	*Your wife is certainly* (a) *strict person!*
DAVID:	*Can't be helped!*
DELGERMAA:	*The two of you are thinking of going to the country from next week, is that so?*
JULIE:	*Yes, only at the moment we just haven't decided which provinces we'll be going round.*

Шинэ Үг
Vocabulary

айх	to fear	**долоо хоног**	week
архи(н)	vodka	**дуусах**	to finish
гаргах	to publish	**ерөөл**	wishes, hopes
гэл үү	Is that so?	**задлах**	to open
гэргий	wife	**зочлох**	to visit

зөндөө	plenty	**унтах**	to sleep
найз	friend	**үнэхээр**	indeed, truly
өргөх	to raise	**хонох**	to spend a night
тавтай	pleasant	**хундага(н)**	glass, goblet
товлох	to decide	**хундагалах**	to pour
тогтооцгоох	to drink up together	**хүндэт**	respected
төлөө	for the sake of, to	**хүсэх**	to wish
төрсөн нутаг	homeland	**эрүүл мэнд/энх**	health
тухай	about	**эрхэм**	honoured, dear

Language points

Intensive verbs -чих-

The meaning of a verb may be intensified by the addition of the derivational suffix **-чих-** to the verb stem: **Дуусчихлаа** '(We've) completely finished (it)!' derived from **дуусах** plus **-чих-** and **-лаа**, and **Унтуулчихдаг** 'Usually is sent straight off to sleep.' from **унтуулах**. Similarly, **босов** 'got up' and **босчихов** 'sprang up' (from **босох**). The action is complete and unexpected: **Бат явчихсан** 'Bat went off' (from **явах**).

The stem of intensive verbs is sometimes used as an imperative: **энэ гарын үсгээ зурчих** 'Sign here' (from **зурчихах**) and **захиалчих** 'Give your order' (from **захиалчихах**).

Concessive verb forms

This third-person form with suffixes **-г** (singular) and **-тугай** (plural) translates the idea 'May he . . .' or 'May they . . .'. Thus **Болог!** and **Болтугай!** derived from **болох** 'to become' and meaning 'May it be so!' ('May your wishes come true') are perhaps the most common examples. Political slogans used to say: **Мандтугай!** 'Long live!' from the verb **мандах** 'to flourish'.

From imperative to voluntative

From 1990–96, while the Mongolian People's Revolutionary Party was the elected ruling political party, the government newspaper ***Ардын Эрх*** 'People's Power' carried the front-page slogan **Хайрт Монгол оронoo мандуулъя!** 'Let us make our (own) beloved

Mongolia flourish!' where **мандуулъя** is the voluntative form of **мандуулах** which is the causative (see below) derived from **мандах**. The introduction of a voluntative slogan after the reforms of 1990 was in marked contrast to the imperative used during the preceding 69 years of communist rule: **Орон бүхий пролетари нар нэгдэгтүн!** 'Proletarians of all lands, unite!' where **нэгдэгтүн** is a second-person plural imperative **-гтүн** of **нэгдэх** 'to unite', 'become one'. Other common uses of this imperative form include **Орогтун!** 'Come in!' and **Суугтун!** 'Sit down!'; when addressed to only one person the form is more polite 'Please come in!', etc.

Causative verbs -уул-

Verb forms in which someone causes an action to take place are called causative. The derivational suffixes for the causative include **-уул-** (**-үүл-**):

унтуулах	to send to sleep, from **унтах** to sleep

Similar examples based on verbs we came across earlier:

байгуулах	to organize, from **байх** to be
явуулах	to send, from **явах** to go

Other derivational suffixes used to form the causative will be reviewed later.

Modal particle л

This particle is used for emphasis – 'really', 'certainly', 'just', 'still', etc. As Julie says, **товлоогүй л байна**. 'We just haven't decided.' It follows the word it qualifies. There are many colloquial uses: **нэг л** 'only one'; **Тэг л дээ** 'Do so then', 'Why not (do that)?'

Сүх л мэднэ.	Sükh knows all right.
оросоор л ярьдаг	certainly speaks Russian

Дэлгэрмаа номоо үзэж л байна уу?
Is Delgermaa still reading her book?

Contracted form of past perfect tense

In asking questions expressing hesitation or uncertainty or reminding someone about something the contracted form **-л** of the past perfect tense in **-лаа** may be used:

Тийм бил үү?	Is that so? or Really?
Та надтай уулзлуу?	Have we met before?

Delgermaa asks **Хөдөө явах гэж байгаа гэл үү?** 'You are thinking of going to the country, is that so?' where **явах гэж байгаа** means 'are thinking of going', 'planning to go' and **гэл үү?** 'Is it so?', 'Are you saying?'

Uses of болох

The verb **болох** is very versatile and appears in many contexts: (1) 'to be' in time expressions, as we have seen (page 78); (2) 'to become' as in **эрүүл болох** 'to grow healthy'; (3) 'to acquire' with the comitative case **тэрэгтэй болсон** 'got a cart'; (4) 'to decide' as in **явах болсон** 'decided to go'; and (5) 'to be enough', 'sufficient' as in Dialogue 3 **Архи болно!** 'That's enough vodka!'

Other points

We saw earlier some participatory verbs (derivational suffix **-цгаа-**) where the action is carried out in a group. Here we have **Тогтоолцгоов** '(They) drank up together' derived from the participatory form **тогтоолцгоох** 'to drink up together' of **тогтоох** 'to drink up' (and also 'to establish' and 'to memorize').

The verb **яах** and **ч** combine in the expression **Яахын ч аргагүй!** 'There's nothing to be done! Can't be helped!'

Julie says **Аль аймгаар явахаа товлоогүй** 'We haven't decided yet which provinces we'll be going round' where **явахаа** is the present-future verbal noun **явах** plus the reflexive (accusative) ending **-аа**: 'our going round'.

Exercise 7

Translate into Mongolian:

1 Oyuun certainly speaks Russian.
2 Is Sükh still working at the Ministry of External Relations?
3 I went to the central post office to send something to my elder brother.
4 Mr Brown plans to go to the country with his wife next week.
5 Bat jumped up and went off.

Exercise 8

Supply the causative forms of the following verbs and translate them into English:

1 явах 2 орох 3 бичих 4 үзэх 5 гэрлэх

Exercise 9

Translate into English:

1 Ерөөлөөр болог! Ерөөлөөр болтугай!
2 Яахын ч аргагүй.
3 Тэгэлгүй яах вэ.
4 Бололгүй яах вэ.
5 Байлгүй яах вэ.

Dialogue for comprehension 4

Бат:	Та нар маргааш орой завтай юу?
Девид:	Завтай байлгүй яах вэ. Юу гэж?
Бат:	Нэг сайхан ресторанд оръё. Бидэнтэй хамт явна уу?
Девид:	За, тэгье. Хотын аль ресторан хамгийн сайн бэ?
Бат:	«Мандухай», «Улаанбаатар» зочид буудлын ресторан хоёр хамгийн сайн.
Девид:	«Мандухай» ресторан их сайн хоолтой.
Бат:	Хэрэв тийм бол «Мандухай» явъя.
Девид:	За, маргааш хэдэн цагт вэ?
Бат:	Долоон цаг арван таван минутад.
Девид:	Болно. Зочид буудлын ресторанд уулзъя?
Бат:	Тэгье.
(*дараа өдөр нь*:)	
Жюли:	Та нар юу авах вэ?
Дэлгэрмаа:	Би улаан лоолийн шөлөнд их дуртай.
Жюли:	Улаан лоолийн шөл байна уу?
Үйлчлэгч:	Байхгүй, дуусчихсан. Харин будаа, ногоотой шөл байна.
Жюли:	Та нарыг будаатай шөл авбал би ногоотой шөл авна.
Девид:	Би ногоон хоолтон биш, ногоотой шөлөнд дургүй, хонины маханд дуртай.

Дэлгэрмаа: Хэрэв тийм бол хоёр будаатай шөл бас нэг ногоотой шөл авъя.
Үйлчлэгч: Тэгье.
Жюли: Би хоёрдугаар хоолонд шарсан гахайн мах авмаар байна.
Дэлгэрмаа: Бат бид хоёр тахианы шарсан мах авъя.
Жюли: Ямар ямар ногоо байна?
Үйлчлэгч: Чанасан төмс, сонгино, шар лууван бий.
Девид: Тэрнээсээ бидэнд авчираарай!
Үйлчлэгч: Та нар уух юм юу авах вэ?
Жюли: Би «Русское шампанское» уумаар байна. Шилээрээ их хямдхан. Таныг надтай хамт уувал би их жаргалтай байна. Уулзсаны баяр хийе.

рашаан ус	mineral water	хар цай	black tea
шүүс(н)	juice	пив(н)	beer
ногоон хоолтон	vegetarian	дарс(н)	wine
нимбэгний ундаа	lemonade	оргилуун дарс	sparkling wine
шампанск	champagne	чацаргана	sea buckthorn

Note: «**Русское шампанское**» or 'Russian champagne', formerly «**Советское шампанское**» 'Soviet champagne' is a sparkling wine still bottled with this label in Odessa, Riga and elsewhere. The yellow berries of sea buckthorn are used to make two drinks, a thick sweet juice and a white fruit wine.

Улаанбаатарын хэдэн ресторан

ЖАЛСРАЙ РЕСТОРАН
Сөүлийн гудамж (Оросын элчиний урд залуу техникчдын ордонд) Утас: 314304
Өдөр бүр 12.00-22.00
Гал тогоо: Хот дог, кекс, саалад, пицца, тахиа

ЖАРГАЛАН РЕСТОРАН
Ард Аюушийн гудамж (Монгол эмэгтэйн сүү самарч байгаа хөшөөний хажууд)
Утас: 368035
Өдөр бүр 12.00-01.00
Гал тогоо: Хятад болон европ хоол

НЬЮ КАПИТАЛ РЕСТОРАН
Энх тайваны өргөн чөлөө Нью Капитал зочид буудал
Утас: 358235
Өдөр бүр 09.00-01.00
Гал тогоо: Монголын болон европийн хоол

ПИЦЦА ФАСТ ФООД
Энх тайваны өргөн чөлөө (Оросын элчин сайдын яамаас урагш)
Утас: 322859
Өдөр бүр 10.00-01.00
Гал тогоо: Төрөл бүрийн пиццагаар гээрээр үйлчилнэ

МАРКО ПОЛО РЕСТОРАН
Дөрвөн уул захын урд 4 давхар зочид буудалд
Утас: 310783
Өдөр бүр 12.00-21.00
Европийн 20 төрлийн хоол

МОСКВА РЕСТОРАН
3-р хороолол шанага барьсан монгол эмэгтэйн хөшөөн урд
Утас: 360361
Өдөр бүр 10.00-22.00
Гал тогоо: Орос болон европ хоол

СӨҮЛ РЕСТОРАН
Хүүхдийн найрамдал парк, хуучин Туяа ресторан
Утас: 326554
Өдөр бүр 12.00-22.00
Солонгос тогоочдийн бэлтгэсэн олон орны төрөл бүрийн хоол

ПРАГА РЕСТОРАН
Амарсанаагийн гудамж (Гандангийн баруун талд)
Утас: 366218
Өдөр бүр 10.00-20.00
Чех болон олон улсын хоол

СОЛОНГО РЕСТОРАН
Сөүлийн гудамж, Хүүхэд залуучуудын театрын урд
Утас: 329675
Мягмараас бусад өдөр 12.00-22.00
Европ болон монгол хоол

СЭЛЭНГЭ РЕСТОРАН
Сансарын Жинпан дэлгүүрээс зүүн тийш 2 давхар байшин
Утас: 56935
Өдөр бүр 08.00-04.00
Орос болон европ хоол

гал тогоо	cuisine	самрах	to stir, ladle
гэрээр үйлчлэх	home delivery	солонгос	Korea(n)
жаргалан(г)	happiness	төрөл	kind
залуу	young	шанага(н)	ladle

Note: The **эмэгтэйн сүү самарч байгаа** 'stirring milk' **хөшөө** and **шанага барьсан** 'holding a ladle' **эмэгтэйн хөшөө** are the same. **Сансар** 'Cosmos' is a district.

5 Давс хийвэл уустал, ажил хийвэл дуустал

Never do things by halves

In this lesson you will learn:

- How indirect speech is structured
- Ordinal numbers and days of the week
- Another form of the imperative
- The terminal converb (until)
- The continuous converb (keeps on)

Dialogue 1

Жуулчид их очдог гурван газар
Three places much visited by tourists

Bat tells David and Julie about three places tourists visit in the Mongolian countryside.

Бат: Би жуулчдад зориулсан нэгэн сонирхолтой лавлах ном уншиж байна.

Девид: Түүнийг над үзүүлээч!

Бат: Жаахан жүлээж бай! Энэ номд «Жуулчид их очдог говь нутгийн нэгэн сайхан газар нь Гурван Сайхан уулын Ёлын ам гэдэг дархан цаазат газар билээ» гэж байна. Энэ газар Өмнөговь аймагт байдаг юм.

Девид: Алив надад өг дөө наад номоо!

Бат: Та сонсооч. «Жуулчдын анхаарлыг их татдаг хоёр дахь газар бол Хангайн уулархаг орон юм. Дэлхий дахинд нэрд гарсан Хар Хорумыг хуучин балгасын хамт үзэж сонирхсон хүн маш олон байна».

Жюли: Ойлголоо. Жуулчид их цугладаг гуравдахь газар хаа байна вэ?

Бат: Жуулчид их цугладаг гурав дахь нутаг бол «Хэнтий уулархаг бүсэд хамаарах Тэрэлж билээ» гэж бичсэн байна. Тэрэлж эндээс хол биш. Улаанбаатараас зүүн хойд зүгт оршдог юм.

Девид: Тэрэлж рашаантай юу гэж асуувал болохсон болов уу?

Бат: Энэ лавлахад «Тэрэлжийн нэг онцлог бол энэ хавийн геологийн тогтоц тун өвөрмөц байгаад оршино» гэж бичжээ. Бас зарим хаданд агуй ч байдаг гэж бичсэн байна. Гэвч Тэрэлжийн рашааны тухай юу ч бичээгүй байна.

Жюли: Бид Хар Хорум руу яаж явах вэ?

Бат: Та УАЗ машин юм уу онгоцоор Хархорин хот руу явж болно. Бас өдөр бүр автобус явж байгаа. Энэ автобус Тээврийн товчоо гэдэг газраас явдаг юм. Миний бодлоор Хар Хорум руу очилгүй бол болохгүй.

BAT: *I'm reading an interesting guidebook for tourists.*

DAVID: *Show it to me!*

BAT: *Wait a bit! This book says, 'One of the places in the Gobi much visited by tourists is the Yolyn Am* (Vulture Gorge) *reserve in the Gurvan Saikhan* (Three Beauties) *mountains.' This place is in South Gobi province.*

DAVID: *Come on, give me this book!*

BAT: *Listen: 'The second place to which tourists' attention is greatly attracted is the Khangai mountain area. Very many people have been interested in seeing world-famous Karakorum with the old city ruins.'*

JULIE: *I understand. Where is the third place that tourists gather a lot?*

BAT: *The third place where tourists gather a lot is 'Terelj, which is part of the Khentii mountain zone'. Terelj is not far from here, it is north-east of Ulan Bator.*

DAVID: *I wonder if perhaps I could ask you whether there is a spring at Terelj.*

BAT: *This guidebook says that 'one of the features of Terelj is the peculiar geological structure situated nearby'. It says also that in some cliffs there are even caves. But it doesn't say anything about a Terelj mineral spring.*

JULIE: *How can we get to Karakorum?*

Bat: *You can go to Kharkhorin town by UAZ* [Russian-made four-wheel drive cross-country vehicle] *or by plane. There is also a daily bus. The bus goes from the Transport Office* [Ulan Bator]. *In my opinion one really must visit Karakorum.*

Note: The Gobi zone, on the border between Mongolia and China, comprises South Gobi (**Өмнөговь**), Middle Gobi (**Дундговь**) and East Gobi (**Дорноговь**) provinces (see map). Gobi is mostly not desert but defined as 'steppe plain where vegetation is sparse, trees and flowing water are very rare, the topsoil is sandy or gravelly, and no marmots (**тарвага**) live' (quotation from Tsevel, Y. (1966) *Concise Explanatory Dictionary of the Mongolian Language*, Ulan Bator: State Publishing Committee). Gobi terrain also extends across Gobi-Altai (**Говь-Алтай**) province, named after the mountain range. The Khangai mountains give their name to the central Mongolian provinces of Arkhangai (**Архангай**) and Övörkhangai (**Өвөрхангай**), meaning literally the 'back' (**ар**) and 'breast' (**өвөр**) of the Khangai, i.e. the northern and southern slopes. Karakorum (marked on the map) and nearby Kharkhorin town are in Övörkhangai. The Khentii mountains are to be found in Central (**Төв**) and Khentii (**Хэнтий**) provinces, while Terelj is an hour's drive from the capital.

Шинэ Үг
Vocabulary

автобус(н)	bus	**нутаг**	territory
агуй	cave	**нэрд гарсан**	famous
ам(н)	mouth; gorge	**онцлог**	feature
анхаарал	attention	**өвөрмөц**	peculiar
балгас(н)	ruin(ed town)	**сонирхох**	to take interest
болов уу	perhaps	**сонсох**	to listen
бүс	zone, belt	**татах**	pull, attract
геологийн	geological	**товчоо**	office, bureau
дархан цаазат газар	nature reserve	**тогтоц**	structure
		тун	very
дэлхий(дахин)	world(-wide)	**тээвэр**	transport
зарим	certain	**уулархаг**	mountainous
ёл	vulture	**хавь**	vicinity
маш	very	**хад(ан)**	rock, cliff
наад	this here	**хамаарах**	to belong to
онгоц(н)	vessel, ship	**цааш**	further
нисэх онгоц(н)	aeroplane	**цуглах**	to gather

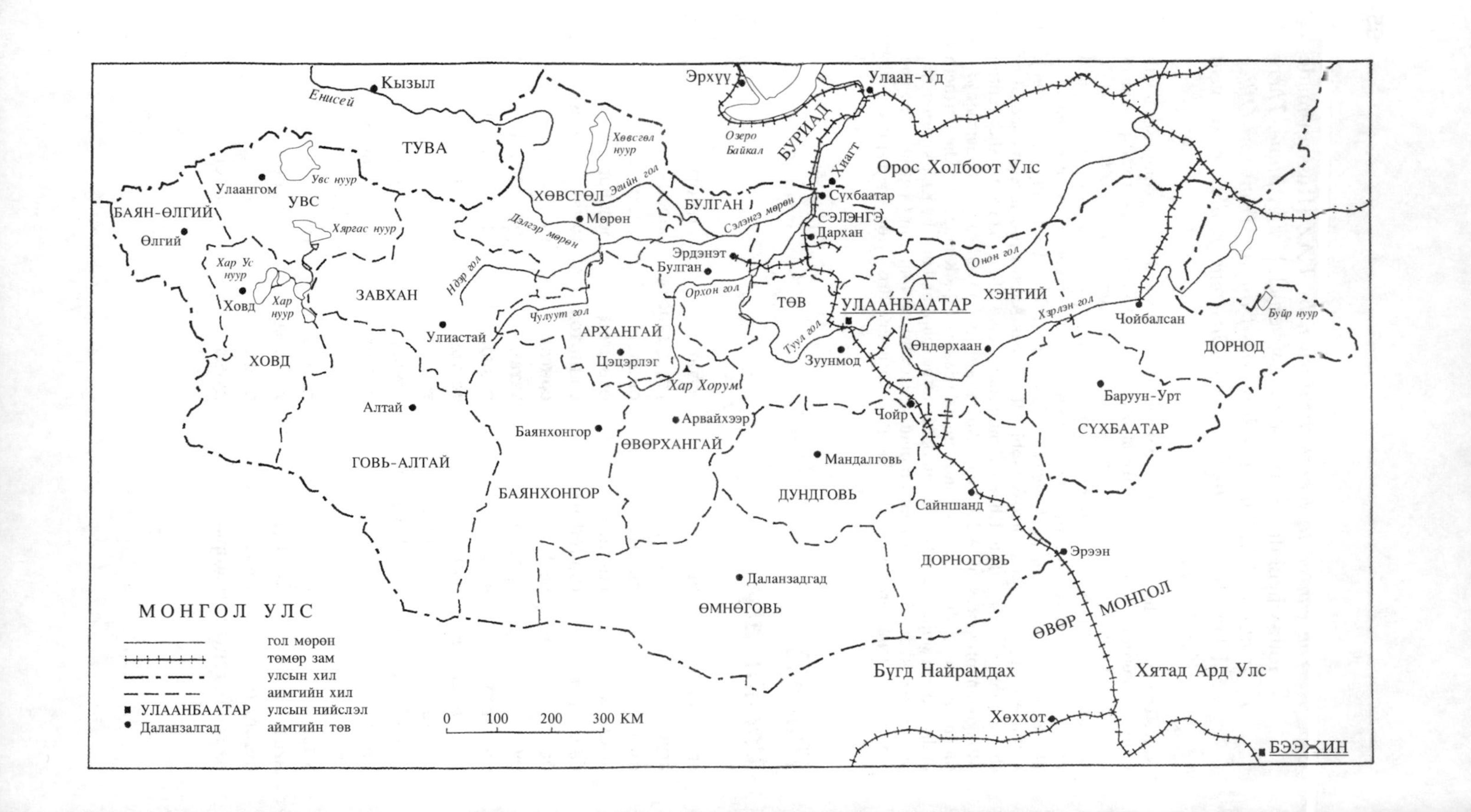
МОНГОЛ УЛС
гол мөрөн
төмөр зам
улсын хил
аимгийн хил
УЛААНБААТАР улсын нийслэл
Даланзалгад аймгийн төв
0 100 200 300 КМ
Кызыл
Енисей
ТУВА
Эрхүү
Озеро Байкал
БУРИАД
Улаан-Үд
Хиагт
Орос Холбоот Улс
Хөвсгөл нуур
Увс нуур
Улаангом
УВС
БАЯН-ӨЛГИЙ
Өлгий
Хяргас нуур
Хар Ус нуур
Ховд
Хар нуур
ЗАВХАН
Улиастай
ХОВД
Алтай
ГОВЬ-АЛТАЙ
ХӨВСГӨЛ
Эгийн гол
Мөрөн
Дэлгэр мөрөн
Идэр гол
Чулуут гол
АРХАНГАЙ
Цэцэрлэг
Хар Хорум
БУЛГАН
Сэлэнгэ мөрөн
Эрдэнэт
Булган
Орхон гол
Сүхбаатар
СЭЛЭНГЭ
Дархан
ТӨВ
Туул гол
Зуунмод
УЛААНБААТАР
ХЭНТИЙ
Онон гол
Хэрлэн гол
Өндөрхаан
Чойбалсан
Буйр нуур
ДОРНОД
Баруун-Урт
СҮХБААТАР
Чойр
Баянхонгор
БАЯНХОНГОР
Арвайхээр
ӨВӨРХАНГАЙ
Мандалговь
ДУНДГОВЬ
Сайншанд
Даланзадгад
ӨМНӨГОВЬ
ДОРНОГОВЬ
Эрээн
ӨВӨР МОНГОЛ
Бүгд Найрамдах
Хятад Ард Улс
Хөххот
БЭЭЖИН

Note: The towns of Darkhan, Erdenet and Choir (**Дархан**, **Эрдэнэт**, **Чойр**) shown on the map in Selenge, Bulgan and East Gobi provinces (**Сэлэнгэ**, **Булган**, **Дорноговь**), are the centres of three other provinces, formed in 1994, which are too small in size to mark clearly: Darkhan-Uul, Orkhon and Gobi-Sümber provinces (**Дархан-Уул**, **Орхон**, **Говь-Сүмбэр**) respectively. For more detail see the Central Zone map on page 180.

гол мөрөн	rivers	хил	border
төмөр зам	railway	нийслэл	capital

Language points

Direct speech

Direct speech is the words actually spoken by a speaker, or quotations from written texts, which in English are normally placed within quotation marks. In Mongolian dialogues, quotations usually begin with a dash:

—Та дахиад нэг хэлээд өгөөч?
'Would you repeat that?'

However, quotation marks (« and ») are used around quotations and proper names:

«Бид маргааш хөдөө явна» гэж дүү надад хэллээ.
'We are going to the country tomorrow,' (my) younger brother said to me.

«Баян гол» зочид буудал.
The Bayan Gol Hotel.

Indirect speech

Indirect (reported) speech is a third-person account of what a speaker (or quotation) said; it includes a verb indicating speech, and the speaker's words are contained in a subordinate clause. In English the subordinate clause usually begins with 'that'; first- and second-person pronouns change to third-person; and the tenses are back-shifted:

Direct: 'The second place to which tourists are greatly attracted is the Khangai mountain area.'

Indirect: After that Bat said that the second place to which tourists were greatly attracted was the Khangai mountain area.

In Mongolian the subordinate clause is cited as spoken (quoted), without change of persons or tenses, the verb indicating reported speech coming at the end of the sentence. The subject of the main clause may be separated from the subordinate clause by a comma:

Direct: **«Жуулчдын анхаарлыг их татдаг хоёр дахь газар бол Хангайн уулархаг орон юм».**
Indirect: **Дараа нь Бат, жуулчдын анхаарлыг их татдаг хоёр дахь газар бол Хангайн уулархаг орон юм гэсэн.**
Дулмаа надад: «Энэ пальто чамд зохихгүй байна» гэсэн учир авсангүй.
Because Dulmaa said to me, 'This overcoat does not suit you,' I didn't buy it. (Dulmaa told me that the overcoat did not suit me so I didn't buy it.)

Separation of verb from subject

The subject (the speaker) may be separated from the verb indicating speech ('said', 'remarked', etc.) by more than one sentence of the words spoken:

Энэ долоо хоногт цаг агаар ямар байхыг цаг уурч Сарантуяагаас өчигдөр асуухад,
—Хоёрдугаар сарын 19-нд төв, зүүн зүгийн нутгаар цас бударна. Бусад хугацаанд цас орохгүй, зөөлөн салхитай. Хугацааны эцсээр ихэнх нутгаар хүйтний эрч 3-5 хэмээр суларна гэв.

When weather forecaster Sarantuyaa was asked yesterday what the weather would be like this week, (she) said: 'On 19th February there will be snow flurries in central and eastern regions. For the rest (other) of the period it will not snow (and there will be) a gentle wind. Around the end of the period over most regions the intensity of cold will decline by 3–5 degrees.'

The subject (speaker) may also be separated from the words spoken:

Тэгээд хэлмэрчээр дамжуулан хүнээс:
—Та нар явах уу гэж асуув. Тэр хүн:

—Явахгүй гэж байна. Дараагийн хүнээс:
—Явах уу? гэж асуув.
—Явна гэж байна.

So relaying through the interpreter (I) asked the man , 'Are you going?' That man says, '(We) are not going.' (I) asked the next man, 'Are you going?' '(We) are going,' (he) says.

цаг агаар	weather	цаг уурч	weather forecaster
цас(н)	snow	будрах	to flurry
хугацаа	period	зөөлөн	gentle
салхи(н)	wind	ихэнх	most
эрч	intensity	сулрах	decline
хэлмэрч	interpreter	дамжуулах	to relay

Imperative in -аач

A polite imperative in the second-person singular and plural is formed by adding **-аач** (**-ооч**, **-өөч**, **-ээч**) to the verb stem e.g.

сонсооч (please) listen
дахиад хэлээд өгөөч (please) repeat for me.

Түүнийгээ над үзүүлээч!
Please show it (that thing of yours) to me!

Та энэ сониноо надад өгөөч! Би уншаад өгье.
Give me this paper (of yours)! I'll give (it) when I've read (it).

Галт тэрэг явах цаг боллоо, та нар вагондаа суугаач!
It's time for the train to leave, please board your carriage!

Verbal noun plus -сан

The suffix **-сан** (**-сон**, **-сөн**, **-сэн**) added to the verbal noun **болох** introduces a wish or want: **Тэрэлж рашаантай юу гэж асуувал болохсон болов уу?** 'I wonder if perhaps I could ask you whether there is a spring at Terelj.' This construction is quite common in combination with the conditional converb e.g. **Бид мөнгөтэй бол шинэ гэр авахсан** 'If we had some money (lit. 'If we were with money') we would like to buy a new *ger.*'

Ordinal numbers

One way of turning cardinal numbers (page 43) into ordinal numbers is to add to the stem without fleeting n the suffix **-дэх** (for front vowels) or **-дахь** (for back vowels):

нэгдэх 'first', **хоёрдахь** 'second', **гуравдахь** 'third', **дөрөвдэх** 'fourth', etc.; the stem and suffix are sometimes written separately (**нэг дэх**, **хоёр дахь**, etc.).

Days of the week

Ordinal numbers in **-дэх/-дахь** are used for five days of the week, the numbering beginning from Monday: **нэгдэх өдөр** 'first day':

нэгдэх өдөр	Monday
хоёрдахь өдөр	Tuesday
гуравдахь өдөр	Wednesday
дөрөвдэх өдөр	Thursday
тавдахь өдөр	Friday

Saturday and Sunday however are not 'sixth' and 'seventh' days but **хагас сайн өдөр** 'half good day' and (**бүтэн**) **сайн өдөр** '(whole) good day', no doubt reflecting the five-and-a-half-day working week which has been in force for many years. These names are used in parallel with the Tibetan-based names (page 74).

Taking one's bearings

Reflecting the duplication of the principal compass points (see page 56), some main subdivisions have multiple forms including the following:

баруун хойно/баруун умар/умар өрнө	north-west
зүүн хойно	north-east
баруун өмнө/баруун урд	south-west
зүүн өмнө/зүүн урд	south-east

As with the principal points, case suffixes indicate location or direction: **зүүн хойшоо** 'to the north-east', **зүүн хойноос** 'from the north-east', **зүүн урагшаа** 'to the south-east', **баруун урд зүгт** 'to the south-west', **баруун өмнөд** 'in the south-west', etc.

Use of ablative case

Note that we ask a question 'from' someone, using the ablative (**-аас**, **-оос**, etc.):

Би танаас нэг юм асуумаар байна.
I would like to ask you something.

Бат надаас, чи энэ номыг уншсан уу гэж асуув.
Bat asked me whether I had read this book.

Noun plurals

For the plural of **уул** 'mountain' the text cited gives **уулс**, but some speakers prefer **уулнууд** with fleeting n: (**ууланд** 'in the mountains').

The word Gobi (**говь**) has a plural too (the Mongols say there are 33 different Gobis), but there is no agreement on which plural form is correct: **Говьнууд**, **Говинууд** or **Говиуд**.

Topic indicators

The dialogue contains several examples of the use of the topic indicator or emphatic particle **бол**: **хоёр дахь нутаг бол** . . . **гурав дахь нутаг бол** . . . **амралтын нэг онцлог бол** . . . Its purpose is to emphasise the topic, usually the subject, and in some circumstances to identify it; **бол** may be translated 'as for': **одоо бол** 'nowadays'.

The particles **болбол** and **нь** are used for the same purpose, except that **нь** also suggests belonging to or being part of something: **маргааш** 'tomorrow', **маргааш нь** 'the next day'.

Double negatives

The negative present-future verbal noun **болохгүй** has double negative combinations: **Би явалгүй (бол) болохгүй** 'I must go.' **Би ирэлгүй (бол) болохгүй** 'I must come' where the literal meaning is 'Not going is not allowed', etc. Hence **очилгүй бол болохгүй** 'not visiting not permitted', means '(You) really must visit!'

Sometimes the present-future verbal noun suffix **-хгүй** may replace **-лгүй**:

Арга хэмжээ авахгүй бол болохгүй.
Measures must be taken. 'Not taking is not allowed.'

Exercise 1

Translate the following direct speech into Mongolian:

1 JULIE: 'Did you understand?'
BAT: 'Yes, I understood.'
2 DAVID: 'What book are you reading?'
JULIE: 'I'm reading a guidebook for tourists in Mongolia.'
3 DAVID: 'Show me that!'
BAT: 'Wait a bit!'
4 JULIE: 'How does one go to Karakorum?'
DELGERMAA: 'One can go by car or by plane.'
5 The guidebook says: 'The Gurvan Saikhan mountains are situated in South Gobi province.'

Exercise 2

Translate the following indirect speech into Mongolian:

1 Julie asked whether he had understood. Bat replied that he had understood.
2 David asked what book she was reading. Julie answered that she was reading a guidebook for tourists in Mongolia.
3 David asked Bat to show him that. Bat told him to wait a bit.
4 Julie asked how one could go to Karakorum. Delgermaa said one could go by car or by plane.
5 The guidebook said that the Gurvan Saikhan mountains were in South Gobi province.

Exercise 3

Pair off the days of the week:

пүрэв хоёрдахь өдөр бүтэн сайн өдөр
бямба тавдахь өдөр гуравдахь өдөр ням
дөрөвдэх өдөр мягмар нэгдэх өдөр лхагва
даваа хагас сайн өдөр баасан

Exercise 4

Translate the following sentences using the polite imperative:

1 Please show it (that) to us!
2 Give Bat this book of yours!

3 Please say that again!
4 Please board the bus!
5 Please go by air! (Take a plane!)

Dialogue 2

Та хэдий хүртэл Хархоринд байх вэ?
How long will you stay in Kharkhorin?

Without Bat's guidebook the Browns cannot make up their minds about their trip to Mongolia's ancient capital.

Бат: Та нар Монголд ирсээр удаж байна уу?
Девид: Бид Улаанбаатарт ирсээр гурван долоо хоног гаран болж байна. Ажил хэргээр Монголд удаа дараа ирж байна. Энэ удаа зургадугаар сарын хоринд ирсэн.
Бат: Та ирсээр ямар ажилд голлон анхаарч байна?
Жюли: Би он гарсаар Монгол улсын тухай нэг ном хийж байна. Манай оюутнуудад хэрэгтэй юм!
Дэлгэрмаа: Лут их ажил болно доо!
Жюли: Тийм ээ! Би хэдэн сар номоо бичсээр шөнө орой болтол суув. Би арван нэгэн сарын эцсээр номоо бичиж дуусах хэрэгтэй байна.
Дэлгэрмаа: Та нар Хархорин руу хэзээ явахаар шийдээд байна?
Жюли: Шийдээгүй байна. Тапыг амралтад яваад иртэл бид хотод хүлээж байя.
Бат: Та тэнд аль хэр удаан суух вэ?
Девид: Сайн мэдэхгүй. Энэ номд юу гэж бичсэн байна вэ?
Бат: Тодруулбал аль ном?
Девид: Таны лавлах номд үзье. Бид өнөөдөр шийдэх хэрэгтэй байна.
Бат: Тэгье, тэгье. Май. Та үнэнээсээ хэлж байна уу?
Девид: Үнэнээсээ хэлэлгүй яах вэ. Давс хийвэл уустал, ажил хийвэл дуустал гэдэг биз дээ?

BAT: *How long have you been staying in Mongolia?*
DAVID: *We came to Ulan Bator more than three weeks ago. I come to Mongolia on business quite often. This time I arrived on 20th June.*

BAT:	*What work have you been concentrating on since you came?*
DAVID:	*Since the beginning of the year I have been writing a book about Mongolia. My students need it!*
DELGERMAA:	*That's a big job!*
DAVID:	*Yes indeed! For several months I have sat writing my book until late at night. I must finish writing my book by the end of November.*
DELGERMAA:	*Have you decided when you are going to Kharkhorin?*
JULIE:	*We haven't decided yet. We wanted to stay in town until you return from holiday.*
BAT:	*How long will you stay there?*
DAVID:	*I don't know exactly. What does that book say?*
BAT:	*Which book? Explain.*
DAVID:	*Let me have a look at your guidebook. We must decide today.*
BAT:	*Yes, yes. Here you are. Are you serious?*
DAVID:	*Of course I'm serious. Don't they say, never do things by halves?* (lit. 'If you add salt let it dissolve; if you do work finish it!')

Шинэ Үг
Vocabulary

ажил хэргээр	on business	**тодруулах**	to make clear
амралт	holiday	**удаа дараа**	repeatedly
анхаарах	to pay attention	**удах**	to stay, take time
гаран	over, more than	**уусах**	to dissolve
голлон	mainly	**хүрэх**	to reach, arrive
лут их	huge, immense	**хэрэг**	business
май	here you are	**шийдэх**	to decide
оюутан	student	**шөнө орой**	late at night

Language points

Continuous converb -саар

The converb adding **-саар** (**-соор**, **-сөөр**, **-сээр**) to the verb stem describes a continuous action going on from the beginning of the main action ('since'):

Та Монголд ирсээр удаж байна уу?
How long have you been staying in Mongolia?
(How long is it that you are staying since you came to Mongolia?)
он гарсаар since the beginning of the year

Би Улаанбаатарт ирсээр гурван жил гаруй боллоо.
It's more than three years since I came to Ulan Bator.

Combined with **байх** the continuous converb means 'keeps on . . .':

ирсээр байна
keeps on coming

Би түүнийг хүлээсээр байна.
I have been waiting for him.

Долларын ханш өссөөр байх уу?
Will the dollar exchange rate keep on growing?

Туул голын усны түвшин нэмэгдсээр байна.
Level of Tuul river still rising (newspaper headlines).

Terminal converb -тал

The converb in **-тал** (**-тол**, **-төл**, **-тэл**) describes an action which limits another action, 'until':

Би хэдэн сар номоо бичсээр шөнө орой болтол суув.
'For several months I have sat writing my book until late at night.' ('. . . sat going on writing my book until it became late . . .')

Давс хийвэл уустал, ажил хийвэл дуустал!
If you add salt let it dissolve; if you do work finish it!
(Never do things by halves!)

If the two subjects are different, the first is in the accusative case.

Таныг амралтад яваад иртэл ...
Until you return from holiday ...

Намайг иртэл хүлээж байгаарай.
Please wait until I come.

Further examples:

Намар болтол тэд энд ажиллана.
They'll work here till autumn (comes).

Сүх далайтал үхэр амар.
The ox is calm until the axe is brandished.
(the lull before the storm)

The word **хүртэл** meaning 'up to', 'as far as', although used independently, is evidently a terminal converb of the verb **хүрэх** 'to reach':

Хэдий хүртэл тэнд байх вэ?
How long (up till when) will you stay there?

Нэрээ хүртэл солив.
(I) even changed (went so far as to change) my name:

Similarly **удтал** 'for a long time' may derive from **удах** 'to stay'.

Ordinal numbers

Another way of turning cardinals into ordinals is to add to the cardinal numbers (stem without fleeting n) the suffix **-дүгээр** (for front vowels) or **-дугаар** (for back vowels): **нэгдүгээр** 'first', **хоёрдугаар** 'second', **гуравдугаар** 'third', **дөрөвдүгээр** 'fourth', etc.; 'sixth' and 'seventh' (**зургадугаар**, **долдугаар**) are slightly irregular, dropping vowels: **арван зургадугаар зуун** 'the 16th century'.

Months of the year

Ordinal numbers in **-дугаар/-дүгээр** are used for months of the year, the numbering beginning from **нэгдүгээр сар** 'first moon/month' or 'January' and ending with **арван хоёрдугаар сар** 'December'.

Alternatively, the months can be counted with cardinal numbers (with fleeting n): **нэг сар**, **хоёр сар**, **гурван сар**, **арван нэгэн сар**.

Days of the month

Cardinal numbers (with fleeting n) plus the dative/locative suffixes **-т/-д** are used to indicate on which days of the month an event took place: **энэ сарын нэгэнд** 'on the first of this month', **хоёрт** (or **хоёронд**) 'on the second', **гурванд** 'on the third', **хоринд** 'on the 20th', **гучинд** 'on the 30th'.

Other points

Confused about which book Julie is speaking of, Bat says: **Тодруулбал?** 'Explain?' He is using the conditional converb (page 82) of the causative verb (page 88) **тодруулах** 'to clarify' (from **тод** 'clear'), 'if made clear?'

Exercise 5

Translate the following sentences into Mongolian using the continuous converb:

1 How long has he been staying in Mongolia?
2 The ambassador has been in Ulan Bator more than four years.
3 It's been snowing since the beginning of the year.
4 They have been waiting for me.
5 Delgermaa has been reading her guidebook.

Exercise 6

Translate the following sentences into Mongolian using the terminal converb:

1 Please wait until she comes.
2 How long shall we stay here?
3 Bat will stay in London until the spring.
4 We worked together until Bat went home.
5 When I left home it was snowing.

Exercise 7

Translate the following dates into Mongolian:

1 My birthday is 24th June.
2 Monday is the first day of the week.

3 They are coming on Wednesday 3rd October.
4 People's Revolution Day is 11th July.
5 The 13th December was a Sunday.

Dialogue 3

Одоо яах билээ?
What's to be done now?

Bat uses the guidebook to persuade David that there might be something to see at Karakorum after all.

Девид: За, лавлах номд «Хархорины дэргэд 1220 (мянга хоёр зуун хорин) онд Алс Дорнод, Дундад Ази, Дорнод Европын худалдааны замын уулзвар дээр худалдаа, гар үйлдвэрийн томоохон хот Хархорум байгуулагджээ» гэж бичжээ.

Бат: Тэр бүлэгт, Өгөөдэй хааны үед Хархорумыг улсын нийслэл болгож 1235 (мянга хоёр зуун гучин таван) он хүртэл өргөжүүлэн барилгажуулсаар байв гэж үргэлжлүүлэн бичсэн байна.

Девид: Гэвч лавлах ном, Хархорум хот XVI (арван зургадугаар) зуунд аян дайнд сүйдэж одоо түүний орд харшаас ганцхан суурь чулуу нь л үлджээ гэж тэмдэглэсэн байна. Тэнд юу ч байхгүй!

Дэлгэрмаа: Харин дараагийн бүлэгт, 1585 (мянга таван зуун наян таван) онд Хархорум хот байсан газрын дэргэд монголын шарын шашны анхны сүм хийдийн нэг Эрдэнэ-Зууг байгуулав гэж бичсэн байна.

Бат: Зөв. Өндөр цагаан хэрмэн хашаанд гурван сүм бий гэж бичжээ. «Тэдгээр сүмд алт мөнгөөр урлаж хийсэн суварга, цамын баг хувцас, эрдэнийн чулуу шигтгэж алт мөнгөөр хийсэн гоёл чимэглэлийн зүйл олон бий». Ёстой сайхан!

Жюли: Одоо яах билээ? Хархорин руу явах билетээ одоо бүртгүүлэх үү?

DAVID: *Ah, the guidebook says, 'Near Kharkhorin a big town of trade and handicrafts named Karakorum*

	was founded in 1220 at the junction of trade routes from the Far East, Central Asia and Eastern Europe.'
Bat:	*That chapter continues, saying that Karakorum became the country's capital in the times of Ögedei Khan and went on growing and developing until 1235.*
David:	*But the guidebook emphasizes that in the 16th century Karakorum town was destroyed in a* (military) *campaign and now all that remains of its palaces is the foundation stones! There's nothing there!*
Delgermaa:	*On the other hand the next chapter confirms that in 1585 one of the Mongolian 'yellow faith's' first monasteries called Erdene-Zuu was built near the place where Karakorum had been.*
Bat:	*Correct. It says that there are three temples inside a white high-walled compound. 'In these temples are many artistically made gold and silver stupas,* tsam *dance masks and costumes, and gold and silver ornaments set with precious stones.' Wonderful!*
Julie:	*What's to be done now? Shall we get our tickets to Kharkhorin booked now?*

Note: The 'yellow faith' is the Gelugpa or 'yellow hat' form of Tibetan Buddhism which was encouraged in Mongolia after Altan Khan was converted in 1578 by the Tibetan leader Sonam Gyatso, to whom Altan Khan accorded the title Dalai Lama.

Шинэ Үг
Vocabulary

алс	far	**дайн**	war
алт(ан)	gold	**аян дайн**	campaign
анх(ны)	first	**ёстой**	truly, really
байгуулах	to build	**зөв**	correct
барилгажуулах	to develop	**зүйл**	object
билет	ticket	**зуун**	century
бүлэг	chapter	**орд харш**	palaces
бүртгүүлэх	to get booked	**өргөжүүлэх**	to broaden
ганцхан	only	**өндөр**	high
гоёл чимэглэл	ornament	**суварга**	stupa, shrine

суурь (суурин)	foundations	**үлдэх**	to stay, remain
сүйдэх	to be destroyed	**хашаа**	enclosure
томоохон	big, important	**хувцас(н)**	clothing
тэдгээр	those	**хэрэм(н)**	wall, fortress
тэмдэглэх	to emphasize	**шашин**	religion
урлах	to make artistically	**шигттэх**	to inlay
үе	time, period	**эрдэнэ**	jewel

Language points

Modal converb -ан

The modal converb is formed by adding **-н** to the verb stem. Stems ending in a consonant or soft sign need a linking vowel: **-ан**, **-он**, **-өн**, **-эн**. It is widely used in various combinations to express an action occurring simultaneously or merging with that of the main verb. Previous examples we have seen include **худалдан авах** 'to buy', 'selling take', where **худалдан** is the modal converb of the verb **худалдах** 'to sell'; and **хүлээн авах** 'to receive', 'receiving take', **хүлээн** coming from **хүлээх** 'to receive', 'wait for'. The combinations create new words in English: another example is **хамтран ажиллах** 'to cooperate', 'acting jointly work' where **хамтрах** means 'to act jointly'. In the case of **зохион байгуулах** 'to organize', 'composing build' the modal converb **зохион** is derived from **зохиох** meaning 'to compose'.

A particularly polite verb **морилох** 'to deign to' is combined in its modal converb form **морилон** with other verbs to make requests e.g. **Морилон орно уу?** 'Would you be so kind as to enter?' Don't confuse this converb in vowel plus **-н** with the present-future tense in **-н** plus vowel: **Тавтай морилно уу?** is translated as 'Welcome!' (**тавтай** means 'pleasant', 'undisturbed').

Causative verbs

We saw (page 88) that the derivational suffix **-уул-** attached to the verb stem created a class of causative verbs, indicating that an action was caused (or permitted). In this dialogue there is a more complex example: **өргөжүүлэн барилгажуулсаар байв** meaning 'went on growing and developing'. Here **өргөжүүлэн** is the modal converb of the causative **өргөжүүлэх** 'to grow', 'broaden' from **өргөжих** 'to expand'; and **барилгажуулсаар** is the continuous converb of the causative **барилгажуулах** 'to build up, develop', from **барилгажих** 'to become developed'.

Passive verbs -гд-

The derivational suffix **-гд-** is the usual one for forming the passive, e.g. in Dialogue 3 **байгуулагджээ** 'was founded', from **байгуулагдах** 'to be founded', from **байгуулах** 'to build', also 'to found, organize'. Other examples: **нээх** 'to open,' **нээгдэх** 'to be opened', **таалах** 'to like', **таалагдах** 'to please'.

The agent of a passive verb is in the dative/locative case: **нохойд нээгдсэн хаалга** 'the door opened by the dog'.

A few passives are formed with the derivational suffixes **-д-** e.g. **олдох** from **олох** 'to find' and **-т-** e.g. **автах** from **авах** 'to take'.

More about cardinal numbers

The cardinal numbers (page 43) for 40 to 90 are as follows:

40	**дөч(ин)**	50	**тавь(тавин)**
60	**жар(ан)**	70	**дал(ан)**
80	**ная(н)**	90	**ер(эн)**

Used together with **зуу(н)** 'hundred' and **мянга(н)** 'thousand' we can indicate the year (the fleeting n is present when counting objects, but not for **мянга** when counting years):

1220: **мянга хоёр зуун хорин он**
in 1997: **мянга есөн зуун ерэн долоон онд**

Cardinal numbers (without fleeting n) plus the dative/locative suffix **-т/-д** indicate in which year, or at which number room or house e.g. **арвад** 'at No. 10', **хорин нэгд** in '(19)21', **гучид** 'in '30', etc.

Exercise 8

Translate the following sentences using modal converbs:

1 The khan received him on Sunday.
2 The Great Khural organized a new government.
3 The teacher will buy a new book on Monday.
4 Mongolia and Great Britain are cooperating.
5 Julie was looking in fright at Begtse.

Exercise 9

Create the passive forms of the following active verbs:

1 мэдэх 'to know' 2 алах 'to kill', 3 идэх 'to eat'
4 сонсох 'to hear' 5 нээх 'to open'

Exercise 10

Translate the following sentences with numbers into Mongolian:

1 Temüjin became Genghis Khan in 1206.
2 My birthday is 22nd April 1989.
3 You should travel by train No. 103.
4 Our university has ten thousand students.
5 Bat has four thousand six hundred and fifty sheep.

Dialogue for comprehension 5

Девид: Чи ямар ном уншиж байна вэ?
Жюли: Би Монголд байгаа жуулчны нэг лавлах ном уншиж байна.
Девид: Түүнийг над үзүүлээч!
Жюли: Жаахан хүлээж бай! Лавлах номд, «Говь нутгийн жуулчид их очдог газрын нэг нь Гурван сайхан уулсын Ёлын ам дархан цаазат газар байна» гэж бичсэн байна.
Девид: Жуулчдыг их татдаг өөр газар хаа байна вэ?
Бат: Жуулчдыг их татдаг өөр нутаг бол Хангайн уулархаг орон юм. Дэлхий дахинд нэрд гарсан Хархорумын балгас, Эрдэнэ-Зуу хийд тэнд оршдог.
Жюли: Жуулчид их цугладаг гурав дахь нутаг бол Хэнтийн уулархаг оронд хамаарах Тэрэлж билээ гэж бас бичсэн байна. Тэрэлж эндээс холгүй юу?
Бат: Холгүй. Улаанбаатарын зүүн хойд зүгт машинаар нэг цаг явах газар оршдог юм.
Девид: Хархорум руу яаж явах вэ?
Бат: Автобус, нисэх онгоцоор Хархорин хот руу явж болно. Та нар Хархорин руу хэзээ явахаар шийдэв?
Дэлгэрмаа: Та хэдий хүртэл тэнд байх вэ?

Жюли:	Та бидэнд олон асуулт тавилаа шүү дээ! Одоохондоо шийдээгүй л байна. Таны лавлах номыг үзье.
Девид:	Харин лавлах номд, «Хархорум хот XVI зуунд дайнд сүйдэж одоо түүний орд харшаас ганцхан суурь чулуу нь үлджээ» гэж бичсэн байна. Тэнд үзэх юм юу ч байхгүй юу?
Дэлгэрмаа:	Харин энэ номын дараагийн бүлэгт, 1585 онд Хархорум хот байсан газрын дэргэд монголын шарын шашны анхны сүм хийд Эрдэнэ-Зууг байгуулав гэж бичжээ.
Девид:	За, Хархорин руу нисэх билетээ бүртгүүлэх үү?

машин	car, vehicle	одоохондоо	for the moment

Crossword

босоо	down	заг	saxaul shrub
хөндлөн	across	нуруу	mountain range
даваа	mountain pass	нуур	lake

clues:

хөндлөнгөөр:

3 Mongolian for ‘mountain pass’
6 Дархан-Уул аймгийн төв
8 River on which Ulan Bator stands
10 Mongolian for ‘river’
12 Арвайхээр төвтэй аймаг
15 Мөрөн төвтэй аймаг
16 Abbreviation for Mongolia’s capital city
17 Монголын хамгийн том мөрөн; Сүхбаатар төвтэй аймаг
18 Mongolian for ‘gorge’ or ‘mouth’
21 Баянхонгор төвтэй аймаг
23 Mongolian for ‘mountain range’
24 Чойбалсан төвтэй аймаг
25 Mongolian for ‘town’
26 Архангай аймгийн төв

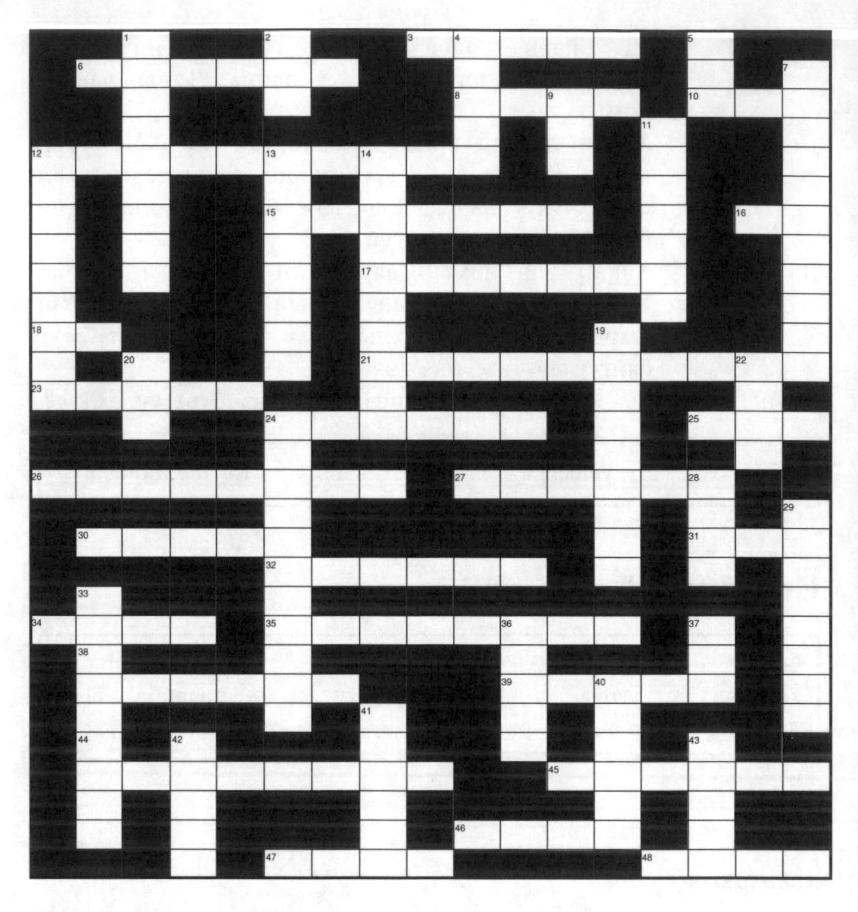

27 Big river in eastern Mongolia
30 Хөвсгөл аймгийн төв
31 Mongolian for ‘mountain’
32 Улиастай төвтэй аймаг
34 Ховд төвтэй аймаг
35 Мандалговь төвтэй аймаг
38 Булган төвтэй аймаг
39 Salt lake in western Mongolia
44 Дорноговь аймгийн төв
45 Mongolian for ‘west’
46 Mongolian for ‘east’
47 Хятадтай хиллэдэг том нуур
48 Mongolian for ‘cave’

босоогоор:

1 Өлгий төвтэй аймаг
2 Mongolian for ‘snow’
4 Говь-Алтай аймгийн төв
5 A desert shrub
7 Монгол улсын нийслэл
9 Монголын баруун хойд аймаг, том нуур хоёр
11 Том хот, Орхон аймгийн төв
12 Хэнтий аймгийн төв
13 Цэцэрлэг төвтэй аймаг
14 Чойр төвтэй аймаг
19 Алтай төвтэй аймаг
20 Mongolian for ‘south’
22 Зүүн хойно Монголын нэг гол
24 Өмнөговь аймгийн төв
28 Mongolian for ‘lake’
29 Увс аймгийн төв
33 Дорнод аймгийн төв
36 Монголын хамгийн урт гол, Эрдэнэт төвтэй аймаг
37 Mongolian for ‘state’ or ‘nation’
40 Mongolian for ‘mineral spring’
41 Монголын зүүн хойд аймаг
42 Mongolian for ‘province’
43 Mongolian for ‘homeland’

6 Өргөстэй болович өөрийн нутаг

There's no place like home

In this lesson you will learn:

- About buying air tickets
- About booking into a hotel
- Use of the concessive converb (although)
- Use of the optative converb (if only)

Dialogue 1

МИАТ-ийн билетийн касс дээр
At the MIAT ticket office

David and Julie go to the Mongolian airlines office in Ulan Bator to buy their tickets for Kharkhorin.

Девид:	«МИАТ» гэж энэ юу гэсэн утгатай үг вэ?
Жюли:	МИАТ бол «Монголын иргэний агаарын тээврийн» компанийн нэр.
Девид:	Одоо чиний оочир боллоо!
Үйлчлэгч:	Танд яаж тус болохсон бол?
Жюли:	Бид Хархорин хүртэл хоёр хүний суудал захиалмаар байна.
Үйлчлэгч:	Та хэдийний онгоцоор явах санаатай байна?
Жюли:	Нөгөөдөрийн онгоцоор явах уу?
Үйлчлэгч:	Явна аа! Онгоц Буянт-Ухаагаас өглөөний найман цаг арван таван минутад ниснэ.
Жюли:	Нэг билет ямар үнэтэй вэ?
Үйлчлэгч:	Нэг талын билет арван мянган төгрөг гэвч гадаадынхан «ногооноор» төлөх хэрэгтэй.
Жюли:	За, хэдэн доллар вэ?

Үйлчлэгч:	Хоёр талын билет хоёр зуун доллар.
Жюли:	Өө за. Хоёр билет авъя. Май дөрвөн зуун доллар энэ байна.
Девид:	Онгоцонд хэдэн кило ачаа авч явж болдог юм бэ?
Үйлчлэгч:	Нэг хүн 20 кило ачаа авч явж болдог.
Жюли:	Хэдийд онгоцны буудалд очсон байх учиртай вэ?
Үйлчлэгч:	Онгоц нисэхээс нэг цагийн өмнө буудалд очсон байх хэрэгтэй.

Note: Buyant-Ukhaa is the location of Ulan Bator airport, 20 minutes' drive south-west of the town centre.

David:	*What does this word 'MIAT' mean?*
Julie:	*MIAT is the name of the Mongolian civil air transport company.*
David:	*Now it's your turn.*
Assistant:	*How may I help you?*
Julie:	*We would like to book two seats to Kharkhorin.*
Assistant:	*Which day are you thinking of flying?*
Julie:	*Can we take* (go by) *the plane the day after tomorrow?*
Assistant:	*Certainly. The plane leaves Buyant-Ukhaa at 8.30 am.*
Julie:	*How much does a ticket cost?*
Assistant:	*A single ticket is 10,000 tögrög, but foreigners have to pay in greenbacks.*
Julie:	*Well, how many dollars?*
Assistant:	*A return ticket is 200 dollars.*
Julie:	*OK, let me have two tickets. Here are 400 dollars.*
David:	*How many kilos of baggage can you take on the plane?*
Assistant:	*Twenty kilos per person.*
Julie:	*What time should we be at the airport?*
Assistant:	*You must be at the airport an hour before departure time.*

Шинэ Үг
Vocabulary

агаар	air	**касс(ан)**	cash desk
ачаа (тээш)	baggage	**кило**	kilo(gram)
доллар	dollar	**компани**	company
иргэний	civil(ian)	**нисэх**	to fly

нөгөөдөр	the day after tomorrow	**төлөх**	to pay
оочир	queue; turn	**тус**	assistance
өглөө	morning	**утга**	meaning
санаа	intention	**учиртай**	should (do)
суудал	seat	**үг(н)**	word
төгрөг	tugrik (Mongol currency, see note below)	**хэдийний**	of which date?
		хэрэгтэй	necessary

Note: Although tögrög is the correct transliteration from the Mongolian Cyrillic, the spelling tugrik, derived earlier via Russian, is still found in English publications which avoid the use of diacritics. Both forms are used interchangeably in this book.

Language points

Multiple imperfective converbs

The MIAT assistant asks Julie **Танд яаж тус болохсон бол?** 'How may I help you?' In the first part of this question **яаж** is the imperfective converb of **яах** 'to do what?' and **тус** means 'help' or 'assistance'. Alternatively, **Танд яаж тусалж болохсон бол?** uses two imperfective converbs (**туслах** means 'to assist'). Towards the end of the dialogue there is another example of multiple use of imperfective converbs: **(ачаа) авч явж болдог**. In this case **авч** from **авах** 'to take' and **явж** from **явах** 'to go' are combined with **болдог** from **болох** 'to become', 'be permitted' to mean 'taking/going is regularly permitted'.

Verbal noun plus -сан

In the MIAT assistant's question the addition of the suffix **-сон** (page 99) to the verbal noun **болох** (**болохсон**) modifies the meaning: 'would like to have done'.

Final particle бол

The **бол** at the end of the assistant's question plays a different role from the conditional **бол** (page 83). Ending a sentence, **бол** is a final particle expressing uncertainty – 'perhaps?'

Therefore **Танд яаж тус болохсон бол?** breaks down as 'To you doing what assistance (I) would like to render perhaps?' expressing a polite but tentative interest.

Colours

The MIAT assistant asks for **ногоон** 'greens', a slang term meaning dollars. For the Mongols colours (**өнгө**) have important traditional associations. We have already noted **шарын шашин** 'the yellow faith' (Lamaism), and a Mongolian lama is still sometimes called **шар малгайтан** 'person with a yellow hat' (**малгай** is 'hat'), to distinguish him perhaps from an **улаан малгайтан** 'person with a red hat' or unreformed Buddhist. During the communist years there were **ногоон малгайтнууд** too – the security police. Black **хар** means 'lay' or 'secular' (as opposed to **шар**) or 'hard', 'heavy': **хар ажил** 'hard work'. On the other hand **харын шашин** the 'black faith' is shamanism.

The red of the communist revolution is reflected in **Улаанбаатар хот** 'town of the red hero' (or possibly 'heroes'), the Mongolian capital **Нийслэл хүрээ** 'capital monastery' renamed in 1924 after the **улаантан** or **улааныхан** 'the Reds' had beaten 'the Whites' or **цагаантан**. The Altai mountains are the 'golden' mountains from **алт(н)**, and the first settlement on Mongolian soil to be captured by the revolutionaries in 1921 is now called Altanbulag (**Алтанбулаг** 'golden spring'). The word for 'silver', **мөнгө** gave its name to 'money' and to what used to be Mongolia's smallest coins: 100 **мөнгө** = 1 **төгрөг**. The word **төгрөг** means 'round'.

Returning to traditional themes, **улаан идээ** 'red food' is meat, in contrast to **цагаан идээ**, which is what the Mongols call butter, cheese, cream and other milk products including **айраг**, koumiss or fermented mare's milk; these are mostly consumed in the summer months. There are secondary meanings for **цагаан** too: 'pure' e.g. **цагаан сэтгэл** or **цагаан санаа** 'good nature', also 'flat', e.g. **цагаан зам** 'a smooth road' or 'bare', 'open', e.g. **цагаан газар** 'open country'.

To describe the colour of something, you may say that it is 'with . . . colour' using the comitative case: **Миний малгай хар өнгөтэй** 'My hat is black.'

More about numerals

To express the idea of 'so many times' the cardinal numbers may be used (without fleeting n) or the suffix **-таа** added to the n-stem form e.g.

гурвантаа	three times
дөрвөнтөө	four times
арвантаа	ten times, etc.
гурвантаа буудсан	fired three times

Addition of the suffix **-т** means 'with the number x':

аравт	with the number 10
аравтын дэвсгэр	10-tögrög banknote

Note however **нэг номерын троллейбус** 'a No. 1 trolleybus'.

Other points

The multiple compound **гадаадынханд** breaks down as follows: **гадаа** 'outside', **гадаад** 'external', 'foreign', **гадаадын** 'of the foreign', **гадаадынхан** 'people of the foreign (parts)', **гадаадынханд** 'to people of foreign parts' (dative/locative case).

The word **оочир** is from the Russian **очередь** meaning both 'turn' and 'queue'; there is also a Mongol word for queue: **дараалал** (verbs: **дараалах, дараалан зогсох**).

Нэмэлт Үг
Additional vocabulary

зохицуулалт	check, regulation	**улирал**	season
зун	summer	**хоёр талын үнэ**	return fare
мөрдөх	to follow	**хөдлөх**	to move
нислэг	flight	**хуваарь/хувиар**	timetable
олон улсын	international	**хэлтэс**	department
тасалбар	ticket	**чиглэл**	direction

Орон нутагт ямар хуваариар нисэх вэ?

Чиглэл (Аялал, Онгоц)	Өдрүүд	Нисэх
УБ–Өндөрхаан–Дадал–Биндэр (337, Ю-12) Биндэр-Дадал-Өндөрхаан-УБ (338, Ю-12)	.2...6. .2...6.	09 40
УБ–Баруун-Урт (331, АН-24) Баруун-Урт-УБ (332, АН-24)	1.3.5.. 1.3.5..	08 40 11 25
УБ–Чойбалсан (333, АН-24) Чойбалсан-УБ (334, АН-24)	1.3.5.. 1.3.5..	08 20 10 50
УБ–Мандалговь (451, Ю-12) Мандалговь-УБ (452, Ю-12)	.2..5.. .2..5..	09 50 11 35
УБ–Даланзадгад (447, АН-24) Даланзадгад-УБ (448, АН-24)	.2..5.. .2..5..	09 20 11 35
УБ–Баянхонгор (553, АН-24) Баянхонгор-УБ (554, АН-24)	1..4.6. 1..4.6.	10 00 12 20
УБ–Өвөрхангай–Хархорин (555, АН-24) Хархорин-Өвөрхангай-УБ (556, АН-24)	1..4...	08 30
УБ–Цэцэрлэг (453, Ю-12) Цэцэрлэг-УБ (454, Ю-12)	..3..6. ..3..6.	09 20 11 35
УБ–Булган–Тэшиг (443, Ю-12) Тэшиг-Булган-УБ (444, Ю-12)	1..4... 1..4...	09 20
УБ–Мөрөн (557, АН-24) Мөрөн-УБ (558, АН-24)	1.3.5.. 1.3.5..	09 05 11 20
УБ–Алтай (551, АН-24) Алтай-УБ (552, АН-24)	.2.4.6. .2.4.6.	09 05 11 50
УБ–Улиастай (567, АН-24) Улиастай-УБ (568, АН-24)	.2.4.6. .2.4.6.	08 40 11 25
УБ–Тосонцэнгэл (563, АН 24) Тосонцэнгэл-УБ (564, АН-24)	1.3.5.. 1.3.5..	09 40 12 20
УБ–Ховд (571, АН-24) Ховд-УБ (572, АН-24)	.2.4.6. .2.4.6.	08 20 12 45
УБ–Ховд–Булган (571, АН-24) Булган-Ховд-УБ (572, АН-24)	....5.. ....5..	07 50
УБ–Өлгий (561, АН-24) Өлгий-УБ (562, АН-24)	.2.4.6. .2.4.6.	08 00 12 45
УБ–Улаангом (573, АН-24) Улаангом-УБ (574, АН-24)	1.3.5.. 1.3.5..	08 00 12 35
УБ–Эрдэнэт (457, Ю-12) Эрдэнэт-УБ (458, Ю-12)	.....6. .....6.	08 50 16 00
УБ–Өмнөговь Тур. бааз* (447, АН-24) Өмнөговь Тур. бааз–УБ (448, АН-24)	1234567 1234567	07 40 09 50

* Тур. бааз ‘tourist base’ (Russian)

ОЛОН УЛСЫН НИСЛЭГИЙН ӨВЛИЙН ХУВААРЬ

Чиглэл	Хөдлөх	Буух	No.
УБ/Бээж*	Дав/Бям 10.30	12.30	OM223
УБ/Бээж	Лхаг 15.00	17.00	OM223
УБ/Бээж	Мя/Ба 14.35	15.25	CA902
УБ/Бээж	Мяг 13.35	14.35	CA902
Бээж/УБ	Дав/Бям 14.30	16.30	OM224
Бээж/УБ	Лхаг 18.00	20.00	OM224
Бээж/УБ	Мя/Ба 10.35	12.45	OM224
Бээж/УБ	Мя/Ба 10.35	13.35	CA901
Бээж/УБ	Пүр 10.35	12.45	CA901
УБ/Сөүл	Ба 09.00	13.20	OM8027
УБ/Сөүл	Мя 14.30	17.40	KE6605
Сөүл/УБ	Ба 15.00	17.30	OM8028
Сөүл/УБ	Мя 10.00	13.30	KE6605
УБ/Москва	Пү/Ня 08.05	11.35	OM135
УБ/Москва	Мя 12.00	15.00	SU563
Москва/УБ	Мя/Ня 08.10	08.40	OM136
УБ/Иркутск	Лх/Бя 09.00	10.30	–
Иркутск/УБ	Лх/Бя 12.30	14.00	–
УБ/Хөх хот	Да/Пү 08.00	10.40	–
Хөх хот/УБ	Да/Ням 12.20	15.00	–
УБ/Берлин	Ням 08.05	14.15	OM135
Берлин/УБ	Ням 15.50	08.40	OM136

*Бээж is short for Бээжин – Beijing

OM=МИАТ CA=Айр Чайна SU=Аэрофлот KE=Кореан Айр

Тасалбарын үнэ: УБ - Бээжин 100.000Төг, хоёр талын үнэ 190.000Төг
УБ - Москва 189.000Төг, хоёр талын үнэ 379.000Төг
УБ - Сөүл зөвхөн хоёр талын үнэ 385.000Төг
УБ - Иркутск 34.650Төг, хоёр талын үнэ 69.300Төг
УБ - Хөх хот 47.950Төг, хоёр талын үнэ 95.900Төг
УБ - Берлин 292.500Төг, хоёр талын үнэ 540.000Төг

Энэ үнэ нь зөвхөн Монголын иргэдэд л хамаарна.

Exercise 1

Translate into Mongolian:

1 I don't know how to ask him.
2 If we had a car we would like to go to Kharkhorin.
3 You cannot take your dog on the bus.
4 Is Bat coming the day after tomorrow perhaps?
5 Foreigners also have to queue.

Exercise 2

Which colours are you reminded of? Give their Mongolian names:

1 The name of Mongolia's capital?
2 Mongolian Buddhism?
3 Hard work?
4 Dairy produce?
5 Mongolian and US money?

Exercise 3

Translate the following conversation into English (check new words in the main vocabulary):

—Хайрт минь, чи өчигдөр шөнө хэдэн цагт гэртээ ирсэн бэ?
—Яг арван цагт.
—Битгий худлаа ярь! Яг чамайг ирэхэд манай цаг нэг удаа дуугарсан.
—Тэгэлгүй яахав дээ. Тэг дуугардаг цагийг хүмүүс одоогоор хийгээгүй байгаа шүү дээ, хонгор минь.

Exercise 4

Answer the questions:

1 Only one internal air service operates daily; where to?
2 On which days are there flights to Khovd?
3 Which flights from Ulan Bator go to the Lake Khövsgöl area?
4 When do flights leave Altai for Ulan Bator?
5 When could you fly from Ulan Bator to the Karakorum area?
6 On which days does MIAT fly from Beijing to Ulan Bator?
7 On which days are there flights from Ulan Bator to Moscow?

Dialogue 2

Санаа зоволтгүй!
Don't worry!

David and Julie arrive at the hotel in Kharkhorin.

Девид: Танайд сул өрөө байна уу?
Жижүүр: Та урьдчилан захиалсан уу?
Девид: Чулууны Бат нэг хоёр хүний өрөө утсаар захиалсан. Миний нэр Браун.
Жижүүр: Та өрөө захиалсан боловч би захиалгын бичгийг тань олохгүй байна.
Девид: Лав уу?
Жижүүр: Санаа зоволтгүй! Манайд сул өрөө олон байна.
Жюли: Танайд сул өрөө олон боловч халуун ус байна уу?
Жижүүр: Халуун ус элбэг дэлбэг! Өрөө тань тавдугаар давхарт байгаа 501-дүгээр өрөө. Түлхүүр нь энэ байна.
Жюли: Би өрөөгөө үзэж болох уу?
Жижүүр: Бололгүй яах вэ. Манайд арай хямдхан өрөө байгаа гэвч арай сайхан өрөө байхгүй.
Жюли: Энэ өрөө хоногт ямар үнэтэй вэ?
Жижүүр: Хоногт тавин доллар. Урьдаар төлөх!
Девид: Бид авъя. Гурав хономоор байна.
Жижүүр: Бүртгэлийн хуудсыг бөглөөд өгнө үү?
Девид: За. Та Өвөрхангай аймагт суух дуртай юу?
Жижүүр: Танай Бат бид хоёр нэг нутгийнх. Өргөстэй боловч өөрийн нутаг!

David: *Do you have any rooms available?*
Receptionist: *Have you booked?*
David: *Chuluuny Bat booked a double room by phone. My name is Brown.*
Receptionist: *You may have booked a room but I can't find the booking form.*
David: *Are you sure?*
Receptionist: *Don't worry! We've lots of rooms available.*
Julie: *You may have lots of rooms available but is there any hot water?*
Receptionist: *Plenty! Your room is room 501 on the fifth floor. This is the* (its) *key.*

JULIE:	*May I see our room?*
RECEPTIONIST:	*Of course you may! We have some rooms a bit cheaper but we don't have any better rooms.*
JULIE:	*How much is this room per night?*
RECEPTIONIST:	*Fifty dollars a night. Pay in advance.*
DAVID:	*Let's take it. We would like to stay for three nights.*
RECEPTIONIST:	*Please fill in the registration form.*
DAVID:	*OK. Do you like living in Övörkhangai?*
RECEPTIONIST:	*Your Bat and I are from the same locality. It's our own locality, thorns and all!*

Шинэ Үг
Vocabulary

арай	a bit (more etc.)	**сул**	available, free
бөглөх	to fill in	**түлхүүр**	key
бүртгэл	registration	**урьдаар**	in advance
бүү	don't . . .	**урьдчилах**	to do beforehand
жижүүр	receptionist	**хоног**	night, 24 hours
зовох	to worry	**хуудас(н)**	form, sheet
лав	sure	**хямд**	cheap
өөрийн	one's own	**элбэг дэлбэг**	plenty
өргөс(н)	thorn		

Language points

Concessive converb in -вч

The concessive converb, formed with the suffix **-вч** (**-авч**, **-овч**, **-өвч**, **-эвч**) added to the verb stem, means 'although': the forms **боловч** from **болох** and **гэвч** 'but' or 'although' (said) from **гэх** are the most common – we have already seen **гэвч** in earlier lessons:

Миний гэргий эмч, гэвч англи хэл мэдэхгүй.
My wife is a doctor, but she doesn't speak English.

Сул өрөө байгаа боловч халуун ус байна уу?
There are rooms available but is there any hot water?

Combined with the perfective verbal noun in **-сан** we can create compounds like **захиалсан боловч** 'although you have booked':

Гэрт орвоч суусангүй *or* **гэрт орсон боловч суусангүй.**
Although he entered the yurt he didn't sit down.
(*or*, He went into the yurt but didn't sit down.)

Зун боловч хүйтэн байна.
Although it's summer it's cold.
(*or*, It's summer but it's cold.)

Өргөстэй боловч өөрийн нутаг.
Although with thorns it's our own locality.
(There's no place like home or East, west, home's best.)

Verbal suffixes in -лтгүй, -лтай, -лгүй

You might use the imperative **та бүү зов** (**зовох** 'to worry'), but a common way of saying 'Don't worry!' is **Санаа зоволтгүй** where **зоволтгүй** is formed with the suffix **-лтгүй** 'shouldn't', 'needn't'. The suffix may also appear attributively e.g.

машинаар явалтгүй зам an undrivable road

The suffix **-лтай** means 'must be', 'must have . . .' e.g.

байлтай	must be
явсан байлтай	must have gone
биш байлтай	can't be

Note that **бололтой.** means 'it looks as if' (**Цас орох бололтой.**). However it can be negated with the word **янзгүй** 'unlikely':

Цас орох янзгүй бололтой. It doesn't look like snowing.

In attributive use:

машинаар явалтай зам a drivable road

The suffix **-лгүй** means 'likely to . . .' e.g.

байлгүй	likely to be
биш байлгүй	unlikely to be

More about colours

The Mongols are attached to **хөх** or dark blue. Since the beginning of their history they have called themselves the 'Blue Mongols' and their sky god was **мөнх хөх тэнгэр** 'Eternal Blue Heaven'. The Inner Mongolian capital, founded by Altan Khan, is **Хөххот** 'Blue Town'.

There is a separate word for 'light blue', **цэнхэр**. 'Grey', **саарал**, came up earlier with reference to the 'grey building' **саарал байшин** or state palace (page 53), but grey-haired is **буурал**.

There is a wide range of verbs dealing with colours e.g. 'to turn red' **улайх**, etc., and special forms for the colours of female animals e.g. **улаагч үнээ** 'a red cow', **цагаагчин гахай жил** 'year of the white sow'; **хөхөгчин** for an animal's coat means 'grey'.

Adjectival ending -втар

The suffix **-втар** (**-втор**) modifies the names of colours to indicate an approximate shade e.g. 'reddish', 'yellowish', etc.:

хар - харавтар	blackish
улаан - улаавтар	reddish
шар - шаравтар	yellowish
ногоон - ногоовтор	greenish

Other suffixes play a similar role: **цагаан - цагаахан** 'whitish' **хөх - хөхдүү** '(dark) bluish' **цэнхэр - цэнхэрдүү** '(light) bluish'. The form **улбар** for 'reddish' also exists, and with **шар** 'yellow' produces **улбар шар** 'orange'. The fruit is **амтат жүрж** (or **зүрж**).

The suffix **-втар** can be used with other adjectives, e.g. **дулаан - дулаавтар** 'warmish', **нарийн - нарийвтар** 'thinnish', 'semi-fine' (fleece).

Зочид буудал

УЛААНБААТАР
Сүхбаатарын талбайн зүүн талд 280 ор
Нэг хоногийн үнэ: US$60-100
Утас: 320620

ЗАЛУУЧУУД
Сүхбаатар дүүрэг 6 хороо
120 ортой
Үнэ: 2200-3000Төг
Утас: 324594

БАЯНГОЛ
Чингисийн өргөн чөлөө
418 ор
Үнэ: US$72-144
Утас: 328869

ЧИНГИС ХААН
Хөх тэнгэр-5
45 ортой
Үнэ: US$90-140
Утас: 313380

МАНДУХАЙ
Энх тайваны өргөн чөлөө-5
72 ортой
Үнэ: 1200-1800Төг
Утас: 321578

НЬЮ КАПИТАЛ
Энх тайваны өргөн чөлөө
(Английн элчин сайдын
яамны баруун талд) 38 ортой
Үнэ: US$55-110
Утас: 358235

ГАН ЗАМ
Баянгол дүүрэг 3-р хороо
48 ортой
Үнэ: US$40-55
Утас: 311479

БАЙГАЛ
Баянгол дүүрэг 2-р хороо

60 ортой
Үнэ: US$10-30
Утас: 365267

хороо(н)	district	дүүрэг	district, suburb

Adjectival intensifiers

Intensifiers are placed before adjectives (repeating the first syllable plus **-в**) e.g. 'deep blue', 'bright green', etc.

хав хар	pitch black
ув улаан	deep red
шав шар	bright yellow
нов ногоон	bright green
хөв хөх	deep blue
цэв цэнхэр	intense pale blue
цав цагаан	pure white

Intensifiers may be used with other adjectives besides colours, e.g. **цэв цэвэр** 'quite clean', **хав хатуу** 'very hard, 'strong', **шив шинэ** 'brand new', etc.

The two words өөр

There are two words **өөр**, meaning 'self' and 'other':

өөр 'self', also 'oneself', is found in such constructions as **өөртөө** 'to oneself', **өөрийгөө** 'oneself', **өөрийн** 'one's own', in expressions like **өөрсдийн хүчээр** 'unaided' (i.e. 'by means of one's own power'), and the verb **өөриймсөх** 'to feel at home'.

өөр 'other' has the form **өөр өөр** 'various' (doubling to indicate plural), also as a postposition 'apart from' as in **түүнээс өөр** 'other than that', and there is a verb **өөрчлөх** 'to change', 'to make other'.

Word-pairs and echo words

We looked briefly at word-pairs (page 29) in which two nouns with different meanings when combined create a third (usually collective) meaning:

аяга халбага	glass spoon = tableware
гал зуух	fire stove = kitchen

Some further examples:

аав ээж	father mother = parents
газар ус	land water = place

The components of other word-pairs however have more or less the same meaning: **хог новш** 'rubbish' **ид шид** 'magic', etc.

Some apparent word-pairs result from unexpected combinations e.g. with **үхэр** as an attributive:

үхэр хулгана	ox mouse = rat
үхэр буу(н)	ox gun = artillery
тарваган морь	marmot horse = pony

Echo words, as the name suggests, are the second halves of the word-pairs which reflect the sound of the noun they follow (the opposite of intensifiers). The initial consonant changes to **м** (or if it is **м** to **з**). The meaning is 'and suchlike', 'that sort of thing':

аяга маяга	cups and suchlike
сандал мандал	chairs and the like
одон модон	medals, decorations
мах зах	meat and similar

Кино мино үзэх завгүй гарахгүй л байна.
(I) am just too busy to go to see films and things.

Other points

The form **хономоор байна** is the feasibility, 'would like' form (**-маар**, **-мээр**, etc.) of **хонох** 'to spend the night': **Гурав хономоор байна** 'I would like to stay three nights.'; a **хоног** is 24 hours and **долоо хоног** a week.

Derived from the word **нутаг** 'locality' or 'home territory', **нутгийн** is 'of the locality' and **нутгийнх** 'locals'.

Exercise 5

You are booking into a Mongolian hotel. How would you ask:

1 Do you have a single room?
2 What is the number of my room?
3 What floor is it on?
4 Please give me some toilet paper.
5 What time does the dining room open?

Exercise 6

1 How much is the cheapest room at the Ulaanbaatar Hotel?
2 Which hotel is near the British Embassy?
3 Which hotel has the most beds?
4 Which hotels have the cheapest rooms?
5 Which hotels are in Genghis Avenue?

Exercise 7

Translate into English:

1 Сүх МИАТ-ийн кассаас нэг талын билет авсан боловч нисэх онгоцоор ниссэнгүй.
2 Дэлгэрмаа галт тэрэгний буудалд удаан хүлээсэн боловч Бат ирсэнгүй.
3 Даваа гариг боловч хогийн машин өнөөдөр ирэхгүй.
4 Арван цаг хагас болсон боловч автобусны жолооч ажлаа эхлээгүй.
5 Девид хэлмэрч биш бизнесмен боловч монгол хэл сайн мэднэ.

Exercise 8

Which intensifiers and shade suffixes do you associate with the following colours?

1 white? 2 red? 3 dark blue? 4 black? 5 yellow?

Dialogue 3

Жолооч ирээсэй!
If only the driver would come!

David and Julie set out from the Kharkhorin hotel for sightseeing at Erdene-Zuu monastery.

Девид:	Би Эрдэнэ-зуу хийд Хархорумын балгасын дэргэд байгаа гэж бодож байна.
Жюли:	Батын жуулчдад зориулсан лавлах ном хаа байна вэ?
Девид:	Бат лавлах номоо «Улаанбаатар» зочид буудалд авчирсан боловч би мартжээ.
Жюли:	Би түүнийг Батын байранд уншиж байсан боловч санахгүй байна.
Девид:	Хамаагүй, Хужирт, Хархориноор явбал хуучин дурсгал нь зүгээр юм. Хаагуур явбал дээр вэ?
Жюли:	Эхлээд машинаар Хархорум очно, тэгээд тэндээсээ Эрдэнэ-Зуу руу явганаар явна.
Девид:	Өглөөний есөн цаг өнгөрсөн боловч жолооч ирэхгүй байна. Одоо ирээсэй!
Жюли:	Дулаан болоосой! Өнөөдөр хүйтэн байна.
Девид:	Бид жолоочоо ирэхлээр Эрдэнэ-Зуу хийд рүү явъя.
Муунохой:	Сайн байна уу? Та нар Брауныхан биз дээ. Би таны жолооч. Би Муунохой гэдэг хүн.
Жюли:	Сайн байна аа! Бид таныг хүлээсээр байна.
Муунохой:	Уучлаарай! Би машиндаа шатахуун авахаар явсан боловч бензин байхгүй байсан.
Девид:	Одоо бензин байна уу?
Муунохой:	Байна аа! Явах уу?

David:	*I think that Erdene-Zuu monastery is near the ruins of Karakorum.*
Julie:	*Where is Bat's guidebook?*
David:	*Although Bat brought his guidebook to the Ulan Bator hotel I forgot it.*
Julie:	*I read it at Bat's flat but I don't remember.*
David:	*It doesn't matter. Wherever you go around Khujirt and Kharkhorin there are plenty of old monuments. Which is the best way to go?*

JULIE:	*First we shall go to Karakorum by car, and then from there to Erdene-Zuu on foot.*
DAVID:	*It's gone nine o'clock and the driver hasn't come yet. If only he would come now!*
JULIE:	*If only it would get warmer! It's cold today.*
DAVID:	*As soon as our driver comes let's go to Erdene-Zuu monastery.*
MUUNOKHOI:	*Hello! You must be the Browns. I'm your driver. My name is Muunokhoi.*
JULIE:	*Hello! We have been waiting for you.*
MUUNOKHOI:	*Sorry! I went to fuel the car but there was no petrol.*
DAVID:	*Is there petrol now?*
MUUNOKHOI:	*Yes. Shall we go?*

Note: Muunokhoi 'vicious dog' may seem a strange name, but Mongolians have traditionally been given such taboo names to avoid misfortune and confuse evil spirits. Other examples include **Нэхийт** 'sheepskin', **Нэргүй** 'no name' and **Мэдэхгүй** 'don't know'. There is a range of names ending in the negative **биш**: **Хүнбиш** 'not a human being', **Хэнчбиш** 'nobody', **Огтбиш** 'not at all', **Энэбиш** 'not this one' and **Тэрбиш** 'not that one'.

Шинэ Үг
Vocabulary

бензин	petrol	**хаагуур**	which way?
бодох	to think	**хамаагүй**	it doesn't matter
жолооч	driver	**шатахуун**	fuel
мартах	to forget	**эхлэх**	to begin
санах	to remember		

Language points

More concessive converbs

Dialogue 3 contains further examples of concessive converb constructions (**-вч**), some with the perfective verbal noun:

Бат лавлах номоо зочид буудалд авчирсан боловч би мартжээ.
Although Bat brought his guidebook to the hotel I forgot it.
or, Bat brought his guidebook to the hotel but I forgot it.

Есөн цаг өнгөрсөн боловч жолооч ирэхгүй байна.
Although it has gone nine o'clock the driver still hasn't come.

Би түүнийг уншиж байсан боловч санахгүй байна.
I was reading it but can't remember.

The optative converb -аасай

The optative converb meaning 'if only', expressing a wish for the third person, is formed by adding to the verb stem the suffix **-аасай** (**-оосой**, **-өөсэй**, **-ээсэй**) according to the stem vowel:

Ирээсэй! (I) wish he/she/it/they would come!
Болоосой! If only he/she/it/they would become . . . !

Би аавтайгаа уулзмаар байна аав өнөөдөр ирээсэй!
I should like to meet my father. I wish (he) would come today!

Цанаар гулгамаар байна цас их ороосой!
I should like to go skiing. If only it would snow a lot!

For the negative add **битгий** before the optative:

Тэр битгий ирээсэй! I hope he doesn't come!

The temporal converb -хлаар

The temporal converb translated 'when' in the sense of 'as soon as' means that one action is followed closely by another. It is formed by adding the suffix **-хлаар** (**-хлоор**, **-хлөөр**, **-хлээр**) to the verb stem; if the two clauses have different subjects the subject of the subordinate clause will attract the accusative-case ending:

Бат номын сан нээгдэхлээр тэнд орж сэтгүүл уншив.
As soon as the library was opened Bat went in and read magazines.

Түүнийг Лондонд ирэхлээр би түүнтэй уулзана.
I'll meet him as soon as he comes to London.

Хичээл завсарлахлаар уулзая.
Let's meet at break (as soon as there is a break).

– Та хэзээ сэрэх вэ?
– Өөрчлөн байгуулалт өнгөрөхлзэр
Ц. Байды

When are you going to wake up?
As soon as 'perestroika' has passed.

сэрэх	to wake up	өнгөрөх	to pass
өөрчлөн байгуулалт		perestroika (economic renewal)	

Alternatives to the temporal converb

Because the meaning of the temporal converb in **-хлаар** is much the same as the verbal noun in **-х** plus the instrumental case ending in **-аар**, the latter construction is sometimes used instead:

Нар гарахлаар дулаан болдог.
It grows warm when/as soon as the sun rises.

Нар гарахаар дулаан болдог.
It grows warm by means of/through the sun rising.

Alternatively, in colloquial speech the construction **-хтай зэрэг** is found (**зэрэг** meaning 'as soon as', 'the moment that'):

Хичээл завсарлахлаар уулзая. Let's meet at break.
Хичээл завсарлахтай зэрэг уулзая.

Another temporal converb, adding the suffix **-магц** (**-могц**, **-мөгц**, **-мэгц**) to the verb stem, also has much the same meaning:

Цаг сайхан болмогц хөдөө явна.
(We) shall go to the country as soon as the weather is fine.

Түүнийг ирмэгц бид кинонд явсан.
As soon as (he) came we went to a film.

АНУ-аас ирмэгцээ Завханыг зорилоо.
As soon as he arrived from the USA (he) set off for Zavkhan.

нар(н)	sun	хичээл	lesson
завсарлах	to have a break	кино(н)	film
зорих	to set off		

Other points

Note that **хаагуур** meaning 'which way?' i.e. 'by what route?' comprises **хаа** 'where?' and the suffix **-уур** linked by the consonant **-г-** to separate the two long vowels. Similar constructions include **гадуур** 'outside' (external) and **дотуур** 'inside' (internal).

Exercise 9

Translate into Mongolian:

1 If only he would go and put some petrol in the car!
2 I hope it won't snow a lot!
3 If only David wouldn't drink vodka!
4 If only the weather would improve!
5 If only the new shop would open!

Exercise 10

Use the alternative forms described to translate four different ways of saying: 'I'll meet Bat as soon as the train comes.'

Exercise 11

Translate into English:

1 Өнөөдөр нартай боловч хүйтэн байна.
2 Биднийг ормогц концерт эхэллээ.
3 Намайг явахлаар номоо уншаарай!

4 Энэ номыг уншаагүй бол одоо уншаарай!
5 Би түүнийг яаж мэдэх бол?

Dialogue for comprehension 6

Үйлчлэгч: Танд яаж тусалж болохсон бол?
Жюли: Би Ховд хот хүртэл гурван хүний суудал захиалмаар байна.
Үйлчлэгч: Та хэдийд явах санаатай байна?
Жюли: Маргааш онгоц нисэх үү?
Үйлчлэгч: Үгүй. Ховд хүртэл дараагийн онгоц нөгөөдрийн арван таван цаг дөчин минутад ниснэ.
Жюли: Гурван билет ямар үнэтэй вэ?
Үйлчлэгч: Таваас дээш, арван зургаагаас доош насны хүүхэд хагас төлбөртэй. Гурван билет зургаан зуун хорин таван доллар.
Жюли: За, зургаан зуун хорин таван доллар энэ байна.
Үйлчлэгч: Та нар паспортоо үзүүлнэ үү?
Жюли: Тэгнэ. Тамхи татдаггүй.
Үйлчлэгч: Май билет тань энэ байна. Онгоц нисэхээс нэг цаг хагасын өмнө буудалд очсон байх хэрэгтэй. Ховд хотод очоод буцах рейсээ баталгаажуулахаа бүү март!

(*Ховд хотын зочид буудалд*)

Жижүүр: Сайн байна уу, ноён Браун! Таны захиалсан өрөө дөрөвдүгээр давхарт байгаа 411-дүгээр өрөө.
Девид: Энэ өрөө хоногт ямар үнэтэй вэ?
Жижүүр: Хоногт дөчин таван доллар.
Девид: Хэтэрхий үнэтэй байна. Өрөө цэвэрлээгүй байна. Гэрэл ажиллахгүй байна. Гурван хүний өөр өрөө байна уу?
Жижүүр: Байлгүй яах вэ! 401-дүгээр арай сайхан өрөө хоногт тавин доллар.
Девид: Хоёр хономоор байна. Бид авъя.
Жижүүр: Тэгье. Ховдод сайхан аялаарай!
Жюли: Ховдоор явбал дурсгалт газар нь зүгээр юм. Хаагуур явбал дээр вэ?
Жижүүр: Эхлээд хуучин манж хотоор явганаар явж, Шар сүм үзээд, тэгээд машинаар Хар Ус нуур очоорой!

дээш	above	доош	below
зүгээр	plenty	төлбөр	payment
тамхи татах	to smoke tobacco	буцах рейс	return trip
баталгаажуулах	confirm	аялах	to travel
хэтэрхий	too much	цэвэрлэх	to clean
гэрэл	light	манж	Manchu

7 Ус уухгүй үхрийн толгойг бүү дар

You can lead a horse to water

In this lesson you will learn:

- About country life and the weather
- Simple arithmetic
- About noun formation
- The traditional animal calendar
- The imperative 'let it be so'
- The converb 'as soon as . . .'

Dialogue 1

Өнөөдөр тэнгэр ямар байна?
What's the weather like today?

As David and Julie drive out into the countryside with their local guide Boroo they discuss the weather.

Жюли: Өнөөдөр тэнгэр ямар байна?
Бороо: Тэнгэр сайхан байна. Монголд жилийн ихэнх өдөр тэнгэр цэлмэг байдаг юм.
Жюли: Тэгээд Монголыг хөх тэнгэрийн орон гэдэг юм уу?
Девид: Өчигдөр хүйтэн салхитай, шороон шуурга тавьж байсан. Өнөөдөр салхи тогтлоо.
Бороо: Хэдий хавар боловч зун шиг дулаахан байна. Өнөөдөр арван таван хэм дулаан.
Жюли: Та цаг уурын мэдээ сонссон уу? Маргааш ямар байна гэсэн бэ?
Бороо: Тэнгэр муухайрна гэсэн. Дуу, цахилгаантай бороо орох гэсэн.
Девид: Хойноосоо хар үүл гарч байна.

Жюли: Тэнгэр цэлмэх бол уу?
Бороо: Магадгүй. Долоо, наймдугаар сар л их хур бороотой байдаг юм.
Девид: Хүйтэн өвөл болох шинжтэй.
Жюли: Хэдэн сард их хүйтрэх вэ?
Бороо: Ес эхлэхээр их хүйтэрнэ дээ. Гурван есийн хүйтэн тун амаргүй! Хасах дөчин хэм хүрч, гол хөлддөг.
Девид: Өвөл цас их ордог уу?
Бороо: Монгол орны ихэнх нутагт унаган туруу цастай байдаг. Зарим өвөл хар зуд болдог.
Жолооч: Миний дуртай улирал бол алтан намар.

жилийн дөрвөн улирал		the four seasons of the year	
хавар spring	зун summer	намар autumn	өвөл winter

JULIE: *What's the weather like today?*
BOROO: *The weather is fine. The sky is clear* (cloudless) *most days of the year in Mongolia.*
JULIE: *Isn't that why Mongolia is called the land of blue skies?*
DAVID: *Yesterday there was a cold wind and dust storms. Today the wind has dropped.*
BOROO: *Although it's spring it's quite warm like summer. Today it's plus 15 degrees.*
JULIE: *Did you listen to the weather forecast? What did they say it would be like tomorrow?*
BOROO: *They say the weather will turn bad. There's going to be a thunderstorm* (rain with thunder and lightning).
DAVID: *Black clouds are gathering from the north.*
JULIE: *Is the weather going to clear up?*
BOROO: *Perhaps. It's only in July and August that it rains heavily.*
DAVID: *The signs are that a cold winter's coming.*
JULIE: *Which month does it get very cold?*
BOROO: *It gets very cold at the beginning of the 'nines'. The cold in the* [middle] *three 'nines' is very difficult. It reaches minus 40 and the rivers freeze.*
DAVID: *Does it snow a lot in winter?*
BOROO: *Over most of the territory of Mongolia there's little snow* (only 'a foal's hoof'). *Some winters there is black* zud.
DRIVER: *My favourite season is 'golden autumn'.*

Note: The 'nines' are the 81 days after the winter solstice **өвлийн нар буцах өдөр**. Mongol herdsmen use the word *zud* to describe conditions which prevent their livestock from grazing normally. The animals may starve if not moved elsewhere or fed from fodder reserves. There is 'black *zud'* when there is little snow in winter and the pastures are too dry. Other kinds of *zud* are caused by ice formation, for example, or overgrazing.

Questions: (a) If there is 'black *zud*' when there is little snow, what does it mean when there is 'white *zud*'? (b) Why did the driver describe Mongolian autumn as 'golden'?

Шинэ Үг
Vocabulary

амаргүй	difficult	**хур бороо**	rain
дуу	voice; thunder	**хүйтрэх**	to grow cold
зуд	*zud* (see note)	**хэдий боловч**	although
муухайрах	to worsen	**цас орох**	to snow
тавих	to blow (storm)	**цэлмэг**	clear, cloudless
тогтох	to stop (rain)	**цэлмэх**	to clear up
туруу	hoof	**шиг**	like
унага(н)	foal	**шинж**	sign
үүл(н)	cloud	**шороо**	earth, dust
хасах	to deduct; minus	**шуурга(н)**	wind storm
хөлдөх	to freeze		

Language points

Verbs to use with weather terms

For rain and snow 'to fall' the verb **орох** 'to enter' is used:

Өнөөдөр тэнгэр ямар байна?
What's the weather like today?

Бороо (цас) орж байна.
It's raining (snowing).

Бороо орно гэсэн.
They say (said) rain is going to fall.

Өвөл цас их ордог.
There is heavy snowfall *or* it snows a lot in winter.

Similarly the verb **тавих** 'to put, place' is used for wind 'to blow':

Шороон шуурга тавьж байсан.
There were dust storms (blowing).

For wind and rain 'to stop' the verb is **тогтох** 'to stay, fix':

Салхи тогтлоо. The wind dropped.

Of clouds one can say they are 'coming out' (**гарах**):

Үүл гарч байна. Clouds are gathering.
Тэнгэр цэлмэх (арилах) болов уу? Perhaps it will clear up.

ЦАГ АГААР

Өнөөдөр баруун зүгийн нутгийн зарим газраар бороо орно. Салхи буруунаас 4–9 м/сек, Баян-Өлгий, Говь-Алтайн зарим нутгаар 12–14 м/сек хүрч ширүүснэ. Уулархаг нутгаар 16–21, говийн нутгаар 27–32, бусад нутгаар 20–25 хэм дулаан.

Улаанбаатар хотод бороо орохгүй, салхи баруунаас 4–9 м/сек, 20–22 хэм дулаан байна.

There is a saying in Mongolian about the foreshadowing of events: **борооны түрүү салхи, боохойн түрүү хэрээ** 'the wind before the rain, the crow before the wolf' (**боохой** is a taboo name for wolf).

хүрэх	to reach	ширүүсэх	to grow stronger
м/сек	metres per second: 1m/sec = approx. 2.25 mph		

Plus and minus

In giving a temperature above freezing it is usual to say 'so and so many degrees warm':

арван таван хэм дулаан plus 15 degrees

If the temperature is below freezing the verb **хасах** 'to subtract' plays the part of 'minus':

хасах дөчин хэм minus 40 degrees

Note that the weather forecaster was reported to say (page 98) that 'the intensity of cold will decline by 3–5 degrees':

Хүйтний эрч 3-5 хэмээр суларна.
i.e. it would be 3–5 degrees warmer (but still below freezing).

Simple arithmetic

The basic verbs of arithmetic are as follows:

нэмэх to add	**хасах** to subtract
үржүүлэх to multiply	**хуваах** to divide

When you add to these the word **арга** 'method' you obtain the noun forms: **нэмэх арга** 'addition' **хасах арга** 'subtraction', etc. When you add the word **тэмдэг** 'sign' you create the mathematical signs: **үржүүлэх тэмдэг** 'multiplication sign', etc.

The verb **тэнцэх** means 'to equal', but 'equal' is **тэнцүү** and the equals sign is **тэнцүүгийн тэмдэг**; **үлдэх** is 'to remain'.

Various constructions are used for simple arithmetic:

$3 + 4 = 7$:

Гурав дээр дөрвийг нэмэхэд (or **нэмбэл**) **долоо болно** (or **болдог**).

or **Гурав дээр нэмэх нь дөрөв тэнцүү** (or **тэнцэх нь**) **долоо.**

$10 - 6 = 4$:

Арваас зургааг хасахад (or **хасвал**) **дөрөв үлдэнэ** (or **болно**).

or **Арваас хасах нь зургаа тэнцүү** (or **тэнцэх нь**) **дөрөв.**

$3 \times 4 = 12$:

Гурвыг дөрвөөр үржүүлэхэд (or **үржүүлвэл**) **арван хоёр болно.**

or **Гурвыг үржих нь дөрөв тэнцүү** (or **тэнцэх нь**) **арван хоёр.**

Simplest of all, you can say **Гурван дөрвийн арван хоёр.**

$14 \div 7 = 2$:

Арван дөрвийг долоод хуваахад (or **хуваабал**) **хоёр болно.**

or **Арван дөрвийг хуваах нь долоо тэнцүү** (or **тэнцэх нь**) **хоёр.**

To divide into four is **дөрөв болгон хуваах**. However **болгон** can also mean 'each', 'every': **сар болгон** 'every month', **хүн болгон** 'everyone' as well as 'in the role of', 'as', in expressions like **жишээ болгон** 'as an example'.

Distributive numerals

The Mongolian equivalent of 'one each', 'two each', etc. is **нэг нэгэн**, **хоёр хоёр** and so on. When distributive numerals are used attributively (before a noun) the object noun may be in the instrumental case:

нэг нэг(эн) зүсмээр (**номоор**, etc.) one piece (book, etc.), each

хоёр хоёр дэвтэр two notebooks each

Хүүхдэдээ зуу зуун төгрөг(өөр) өгчээ.
(He) gave (his) children 100 tögrög each.

If the distributive numeral itself is the object it takes the accusative case suffix:

Хоёр хоёрыг аваарай. Take two each.

Use of шиг

The postposition **шиг** has the sense of 'as', 'like': **Зун шиг дулаахан байна** 'It's as warm as summer.' Similar constructions include **бүгд нэг хүн шиг** 'all as one man', and **өдөр шиг саруулхан шөнө** 'night as bright as day'. In other constructions it implies some uncertainty e.g. **сайн хүн шиг байна** 'seems like a decent chap' and **Тэр маргааш нь ирэх шиг байна** 'It seems he'll come tomorrow.'

Ахын морь чиний морь шиг хурдан.
Your horse is as fast as (like) elder brother's.

When **шиг** is used with personal pronouns it attracts their 'oblique stem' forms: **над шиг** 'like me', **чам шиг** 'like you'. Another postposition which does the same is **тийш** 'towards', **түүн тийш** 'towards him'.

The variant **юм шиг л** means 'as if . . . didn't . . .' e.g. **мэдэхгүй юм шиг л хариулсан** 'answered as if (he) didn't know'.

The postposition should not be confused with the diminutive suffix in **-шиг** e.g. **урт** 'long', **уртшиг** 'longish'.

Verbs ending in -рах and -тгах

Some of the verbs we have used in this lesson are derived from adjectives and share the same ending in **-рах**:

муухайрах 'to worsen' from **муу** 'bad' and **муухай** 'ugly'
сайжрах 'to improve' from **сайн** 'good'
хүйтрэх 'to grow cold' from **хүйтэн** 'cold'
дулаарах 'to grow warm' from **дулаан** 'warm'

Another group of verbs derived from adjectives end in **-тгах**: e.g. **уртаттах** 'to lengthen' (from **урт** 'long') and **богинотгох** 'to shorten' (from **богино** 'short').

Exercise 1

Translate into English:

1 Тэнгэр сайжирч байна.
2 Бага цастай өвөл бол хар зуд болох уу?
3 Салхи гараад шороон шуурга тавив.
4 Ес өвлийн нар буцах өдрөөр эхэлдэг.
5 Хавар шиг нартай боловч хасах хорин хэм хүрсэн.

Exercise 2

Translate into Mongolian:

1 5 + 10 = 15 (When you add 10 to 5 it becomes 15.)
2 9 × 9 = 81 (9 multiplied by 9 is equal to 81.)
3 21 – 10 = 11 (If you subtract 10 from 21 11 remains.)
4 16 ÷ 4 = 4 (When you divide 16 by 4 it becomes 4.)
5 When (if) I divide the cake (торт) into eight everyone will be able to have one piece each.

Exercise 3

Match up the pairs appropriately in Mongolian:

1 дулаан, шороо
2 дулаарах, бороо
3 зун, сар
4 цас, хуваах
5 нар, хасах арван хэм
6 арван хэм дулаан, өвөл
7 хавар, над шиг
8 тэнгэр, хүйтрэх
9 үржих, намар
10 тан шиг, хүйтэн

Dialogue 2

Та монгол гэрт орж үзсэн үү?
Have you had a look inside a Mongol yurt?

David and Julie visit a herdsman's family home.

Девид:	Зогс, зогс! Бид малчны гэрт орж үзмээр байна.
Жолооч:	Тэгье, тэгье. [*малчинд*] Нохой хорио!
Девид:	Сайн байна уу?
Малчин Балжинням:	Сайн. Та сайн байна уу?
Девид:	Сайн байна аа! Таны гэрт орж үзэж болох уу?
Балжинням:	Болно оо! Морилон орно уу?
Жюли:	Гэрт даардаггүй юу?
Балжинням:	Гэрт зун сэрүүхэн байдаг. Гэрийг зун нэг дан эсгий бүрээстэй барьдаг.
Жюли:	Гэрт өвөл дулаахан байдаг уу?
Балжинням:	Өвөл дөрвөн давхар бүрдэг юм. Гэр бол нүүхэд тохиромжтой. Гэр бол малчин хүнд чухам тохирсон сууц.
Девид:	Гэрт ямар халаалга байдаг вэ?
Малчны эхнэр Мөнхөө:	Зуухыг аргал түлшээр халаадаг. Гэр дотроо галын байр, орны байр, авдар сав зэрэг тогтсон байртай байдаг.
Балжинням:	Гэрийн хаалга хэзээ ч урагшаа хардаг.
Девид:	Та хэдэн малтай вэ?
Балжинням:	Би зуугаад хонь, жар шахам ямаа, цөөн үнээ, ганц нэг тэмээ, тавхан хайнаг, тав илүү морьтой.
Жюли:	Малаас юу гарах вэ?
Балжинням:	Малаас ноос, ноолуур, арьс шир гэх мэт гардаг.

David:	*Stop, stop! We would like to have a look inside a herdsman's* ger.
Driver:	*OK.* (to the herdsman) *Secure your dogs!*
David:	*How are you?*
Herdsman Baljinnyam:	*Fine. How are you?*

DAVID:	*I'm fine too. May we have a look inside your* ger*?*
BALJINNYAM:	*You may! You are welcome!*
JULIE:	*Doesn't it get cold in a* ger*?*
BALJINNYAM:	*In the summer it's cool in the* ger*. In the summer the* ger *has only one layer of felt covering.*
JULIE:	*Is it warm inside the* ger *in winter?*
BALJINNYAM:	*In the winter there are four layers. The* ger *is suited to nomadic movement. The* ger *is actually a suitable dwelling for the herdsman.*
DAVID:	*What heating does the* ger *have?*
HERDSMAN'S WIFE, MÖNKHÖÖ:	*We heat the stove with dried dung fuel. Inside the* ger *there's a place for the fire, places for the beds, and the chests, trunks and so on have their fixed places.*
BALJINNYAM:	*The* ger *door always faces south.*
DAVID:	*How many livestock do you have?*
BALJINNYAM:	*I have around a hundred sheep, almost sixty goats, several cows, just one camel, only five* khainag*, and more than five horses.*
JULIE:	*What do you get from the livestock?*
BALJINNYAM:	*I get wool, cashmere, skins and hides, etc., from the livestock.*

Шинэ Үг
Vocabulary

авдар	chest, box	**сэрүүхэн**	cool
аргал	dried dung	**тогтох**	to fix
арьс(н) шир	skins and hides	**тохирох**	to be suited
барих	to pitch a *ger*	**тохиромж**	suitability
бүрэх	to cover	**түлш(н)**	fuel
бүрээс(н)	covering	**тэмээ**	camel
даарах	to feel cold	**үнээ**	cow
давхар	layer	**хайнаг**	yak–cow cross
дан	single; simple	**халаалга**	heating
илүү	more, over	**халаах**	to heat

малчин	herdsman	**харах**	to look, face
ноолуур	cashmere hair	**хорих**	to secure
ноос(н)	wool	**цөөн**	several
нохой	dog	**чухам**	actually
нүүх	to nomadise	**эсгий**	felt
сууц	dwelling	**шахам**	almost

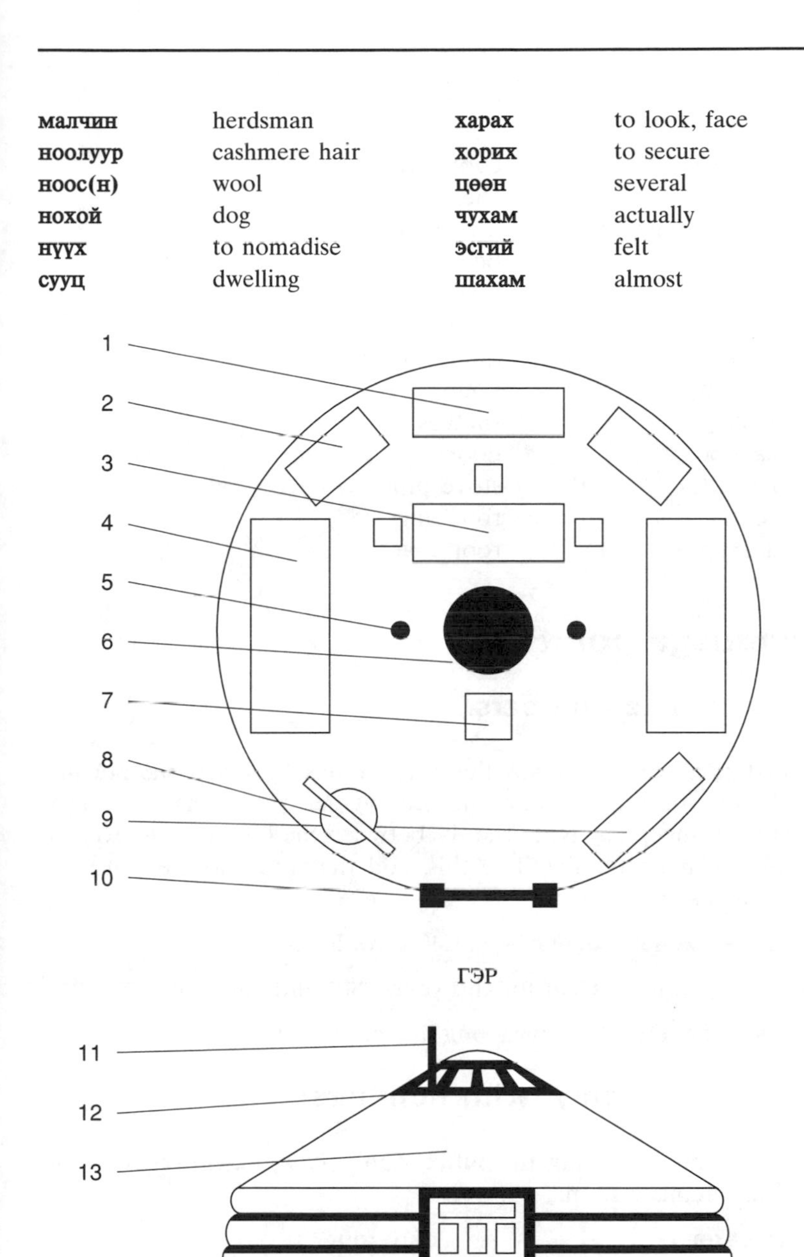

The *ger* walls are made of wooden lattice sections (**хана**) – five of them for the standard-sized *ger* (**таван ханатай гэр**); the **хана** support the roof poles or rafters (**унь**). For key see p. 148.

Key to drawings:

1	**шуугээ**	cupboard
2	**авдар**	chests
3	**явган ширээ сандал**	low table and stools
4	**ор(н)**	beds
5	**багана**	roof posts
6	**зуух**	stove
7	**аргалын дөрвөлж**	dung box
8	**хөхуур**	koumiss bag
9	**тавиур**	shelves
10	**хаалга**	door
11	**яндан(г)**	stove pipe
12	**тооно**	roof ring
13	**дээвэр**	roof cover

Language points

Approximate numbers

Asked by David how many livestock he has **Та хэдэн малтай вэ?** the herdsman Baljinnyam replies **Би зуугаад хонь(той)** . . . 'I have about 100 sheep . . .' Note the **-г-** between the long vowels. To give an approximate number like this, add the suffix **-аад**, etc., to the numeral's stem:

дөчөөд хоног болоод some 40 days later

The same suffix is used for the years '80s and '90s, etc.:

наяад он the '80s **ерээд онд** in the '90s

How to say 'only' with numbers

This is done by adding the suffix **-хан**, (**-хон**, **-хөн**, **-хэн)** to the cardinal number stem:

дөрөвхөн	only four
аравхан	only ten

The same suffix may also be added to the approximate numbers for the tens:

арваадхан	only about ten
хориодхон	only about twenty

Similarly the suffix modifies the collective numerals (page 44):

долуулханаа only seven together

Verbal nouns of agent

Mongolian has regular ways of forming nouns from verbs or other nouns to describe the work or activity of individuals. Nouns may be formed by adding **-гч** to the verb stem:

орчуулах	to translate	**орчуулагч**	translator
сурах	to study	**сурагч**	student, pupil
үйлчлэх	to serve	**үйлчлэгч**	waiter
худалдах	to sell	**худалдагч**	shop assistant
эрхлэх	to be in charge	**эрхлэгч**	manager

Nouns may also be derived from noun stems by adding **-ч**(**ин**):

жолоо	reins, steering wheel	**жолооч**	driver
наймаа	trade	**наймаач**	trader
тогоо	cauldron	**тогооч**	cook
хувьсгал	revolution	**хувьсгалч**	revolutionary
эм	medicine	**эмч**	doctor
мал	livestock	**малчин**	herdsman
нүүдэл	migration	**нүүдэлчин**	nomad

A little caution is necessary, because the nouns in **-гч** are not always people: **тоглуулагч** is a record player and **хөргөгч** is a refrigerator!

Other methods of noun derivation

Some other groups of nouns are formed similarly:

nouns in **-лга**:
халаалга heating, from **халаах** to heat
унтраалга light switch, from **унтраах** to turn off

nouns in **-вч**:
бугуйвч bracelet, from **бугуй** wrist
бэлгэвч condom, from **бэлэг** genitals

nouns in **-уур**:
залгуур electric plug, from **залгах** to connect
тооцоолуур computer, from **тооцоолох** to calculate
хувилуур duplicator, from **хувилах** to multiply

The stove and hearth

Most of the **гэр** these days have a stove (**зуух**), a round metal box with a place for a large basin on top for boiling water, a small door below for adding fuel, and a chimney pipe which runs out through the **тооно** in the roof (see p. 147). The fuel for the stove in the north may be local firewood, in the south saxaul or other Gobi shrubs, and in urban settlements coal or split logs, but over much of Mongolia the stove fuel is **аргал** or dry animal dung. It is gathered from the open steppe where it has dried naturally. It burns with a great heat like coke and is odourless. To gather *argal* is **аргал түүх**, and this is done with a wooden pitchfork and special basket on the gatherer's back.

In the old days the *ger* had an open hearth (**гал голомт**) crafted from iron by a local blacksmith (**дархан**), and the hearth is the symbol of Mongol tradition; the youngest son was the guardian of the hearth, that is, the home territory.

There are various constructions to do with fire: **гал авах** 'to catch fire', **гал түлэх** 'to fuel (feed) a fire', **гал гаргах** 'to make a fire'; one can also say **гал галлах** 'to make a fire', but this also means 'to shoot', and **гал нээх** is 'to open fire'.

Нэмэлт Үг
Additional vocabulary

With their orientation towards traditional practices and the natural cycle of animal life, country folk have different household equipment and foodstuffs from their town cousins. The herdsman's basic equipment is for horse management:

хазаар	bridle	уяа	hitching line
чөдөр	hobble	уурга	lasso pole
эмээл	saddle	дөрөө	stirrup
ташуур	whip		

The nomad's main summer food, or **цагаан идээ** as it is called, consists of a variety of home dairy produce:

ааруул	dried curd	аарц	sour milk curd
бяслаг	cheese	өрөм	clotted cream
тараг	sour milk	тос(н)	butter
цөцгий	cream		

Several other kinds of homemade food are also a regular feature of *ger* life:

банш	boiled meat dumplings for soups		
боов	fried pastry	борц	air-dried meat strips
бууз	steamed meat dumplings	хуушуур	fried meat dumplings

Other points

The names of the seasons, like 'yesterday' or 'today', are used without case suffixes: **зун** means 'summer' or 'in summer'.

The Mongols use the term **таван хошуу мал** 'five kinds of livestock' to describe their main flocks and herds (**хошуу** actually means 'muzzle').

Mongol guard dogs can be fierce, and it is a wise precaution to get the owner to tie them up before you get out of the car – hence the call **Нохойгоо хорь** or **Нохой хорио!**

Exercise 4

Translate into Mongolian:

1 I have only two children.
2 Delgermaa has almost ten dogs.
3 Bat has only about 70 cows.
4 Tömör has fewer than 30 sheep.
5 Mongolia has more than 29 million livestock.

Exercise 5

Translate into English:

1 Морь, тэмээ, хонь, ямаа, үхрийг таван хошуу мал гэдэг.
2 Морь, хонийг халуун хошуутай мал гэдэг.
3 Үхэр, тэмээ, ямааг хүйтэн хошуутай мал гэдэг.

4 Гахай, тахиа хоёр таван хошуу малд ордоггүй.
5 Таван хошуу малын алинаас нь ноолуур гардаг вэ?

Exercise 6

Identify these ten articles and list them in Mongolian as (a) *ger* equipment or (b) herding equipment:

хазаар, яндан, багана, уурга, хөхүүр, тооно, эмээл, ташуур, чөдөр, хана

Dialogue 3

Малаар баян, мөнгөөр ядуу
Rich in livestock, poor in cash

David and Julie continue their chat with herdsman Baljinnyam and discuss some of the hardships of country life.

Девид:	Та ямар жилтэй вэ?
Балжинням:	Би морьтой. Хаврын тэргүүн сард төрсөн. Миний эхнэр нохойтой. Гурван ихэр хүүхэд үхэртэй.
Жюли:	Олуулаа болохоор их мөнгө орно биз?
Девид:	Та сард ямар цалинтай вэ?
Балжинням:	Би цалингүй. Би малчин хүн, ардын аж ахуйтан. Малаар баян гэвч мөнгөөр ядуухан хүн байна.
Жюли:	Өвөрхангай аймагт нэг морь ямар үнэтэй вэ?
Балжинням:	Нэг морь зургаан хоньтой тэнцэнэ. Нэгдлийн гишүүн байхдаа бага цалин авч байсан боловч одоо гурван жил надад ямар ч мөнгө байхгүй байна. Харин шагналын мөнгө нэг удаа авсан!
Девид:	Тийм үү? Ямар шагнал?
Балжинням:	Би тэргүүний малчин цолтой, бас 93 онд Монгол Улсын Ерөнхийлөгч намайг «Алтан гадас» одонгоор шагнасан. Танд Ерөнхийлөгчийн зарлиг үзүүлье?
Жюли:	Алив тэгээч. Зарлигт тань юу гэж бичсэн байна?
Балжинням:	Зарлигт, мал аж ахуйн үйлдвэрлэлийг хөгжүүлэхэд чухал хувь нэмэр оруулсан Даваажавын Балжиннямыг Алтан гадас одонгоор шагнасугай гэж бичээд.
Жюли:	Гэргий тань юу гэсэн гэлээ?

Балжинням: Эхнэр зарлигийг радиогоор сонсонгуут надад нэг хачин үг хэллээ: «Ус уухгүй үхрийн толгойг бүү дар, үг мэдэхгүй хүний толгойг бүү илбэ» гэж.

David: *What year were you born in?*

Baljinnyam: *I was born in the horse year, in the first month of spring. My wife was born in the dog year. The triplets are 'oxen'.*

Julie: *Since there are many of you it must cost a lot surely?*

David: *What's your monthly salary?*

Baljinnyam: *I don't have a salary. I am a herdsman, an independent herder. I am rich in livestock but I am quite a poor man in money terms.*

Julie: *How much is a horse worth in Övörkhangai province?*

Baljinnyam: *A horse is worth six sheep. Although I used to get a small wage when I was a* negdel *member I have now had no money for three years. But I did get some prize money once!*

David: *Really? What prize?*

Baljinnyam: *I have the title 'front-ranking' herdsman, and in 1993 the Mongolian President awarded me the Order of the Pole Star. Let me show you the president's decree.*

Julie: *Please do! What does your decree say?*

Baljinnyam: *The decree says that for making an important contribution to the development of livestock production Davaajavyn Baljinnyam is to be awarded the Order of the Pole Star.*

Julie: *What did your wife say?*

Baljinnyam: *As soon as she heard the decree on the radio the wife said to me something strange: 'You can lead a horse to water . . .'*

Notes: The proverb in full says: 'Don't press the head of an ox that doesn't drink, don't stroke the head of a man that doesn't know.'

The *negdel* or herding cooperatives were the basic structure for collective animal husbandry from the 1950s until they were disbanded in the 1990s. The independent herders are **ардын аж ахуйтан** or 'people's enterprise persons'. The Order of the Pole Star (**Алтан гадас**, the 'golden stake') is one of Mongolia's top awards for services to the state.

Шинэ Үг
Vocabulary

аж ахуй	enterprise	**орох**	to cost
мал аж ахуй	livestock herding	**тэргүүн(ий)**	leading; first
баян	rich	**үйлдвэрлэл**	production
гадас(н)	stake, pole	**хачин**	strange, funny
дарах	to press	**хөгжүүлэх**	to develop
зарлиг	decree	**хувь нэмэр**	contribution
илбэх	to stroke	**цалин(г)**	wage, salary
ихэр	twins	**цол**	title
гурван ихэр	triplets	**чухал**	important
нэгдэл	cooperative	**шагнал**	award
одон(г)	order	**ядуу**	poor

Language points

Animal calendar

The dialogue begins with a short exchange about the years of birth of Baljinnyam and his wife, using the traditional animal names. Colloquially you say the year's animal name in the comitative case: **Би морьтой.** 'I horse-with', 'I was born in the horse year.' The twelve years in the usual order, with the current equivalents, are as follows:

хулгана жил	mouse	1996/7
үхэр жил	ox (cow)	1997/8
бар жил	tiger	1998/9
туулай жил	hare	1999/0
луу жил	dragon	2000/1
могой жил	snake	2001/2
морин жил	horse	2002/3
хонин жил	sheep (ewe)	2003/4
мичин жил	monkey	2004/5
тахиа жил	chicken (hen)	2005/6
нохой жил	dog	2006/7
гахай жил	pig (sow)	2007/8

The calendar is the lunar calendar, and the year changes with the new moon in late January or early February and is celebrated in a festival called **цагаан сар**.

The twelve animal years are combined with five elements (**махбод**), each having its own colour. Each element and colour prevails for two years, the colour names having in the first year the usual forms and in the second year forms used to describe female animals (in brackets):

мод	wood	blue	**хөх (хөхөгчин)**
гал	fire	red	**улаан (улаагчин)**
шороон	earth	yellow	**шар (шарагчин)**
төмөр	iron	white	**цагаан (цагаагчин)**
усан	water	black	**хар (харагчин)**

This suggests that the years are alternately male and female or perhaps the animals, although this is disputed. There are special nouns in current use for many female animals, including **үнээ** 'cow' and **гүү** 'mare', but not e.g. for 'ewe', **эм хонь**.

The animals are usually referred to by the element in 'male' years and by the colour in 'female' years: 1996/7 is 'fire mouse' year, 1997/8 'red cow' year, 1998/9 'earth tiger' year, and so on (for further details see Grammar summary).

The animals and elements combined create a cycle of 60 years (12×5) before the combinations begin to repeat themselves. This cycle is called a **жаран** '60'. The first **жаран** began in 1027, and the current one (XV) in 1987 (year of the hare).

Note that when used attributively nouns with fleeting n display it: **морин жил**, **хонин жил**, **мичин жил**, **модон махбод**, **усан махбод**.

Traditional names for months

The traditional names for the months are also in use with the lunar calendar. They are in sequence the 'leading', **тэргүүн**, 'middle', **дунд** and 'end', **адаг** months of 'spring' (**хавар**), 'summer' (**зун**), 'autumn' (**намар**) and 'winter' (**өвөл**) respectively:

хаврын тэргүүн сар	**зуны тэргүүн сар**
хаврын дунд сар	**зуны дунд сар**
хаврын адаг сар	**зуны адаг сар**
намрын тэргүүн сар	**өвлийн тэргүүн сар**
намрын дунд сар	**өвлийн дунд сар**
намрын адаг сар	**өвлийн адаг сар**

The names of the days of these months also relate to the animal cycle, as do the traditional hours of the day (see page 242).

Successive converb (as soon as) -нгуут

Baljinnyam says that 'as soon as his wife heard the decree on the radio' (**зарлигийг радиогоор сонсонгуут**) she cited a proverb. Here are some more examples of what is called the successive converb (stem plus **-нгуут/-нгүүт**):

Аавыг явангуут ээж ирлээ.
As soon as (my) father had gone (my) mother arrived.

The successive converb can also attract the reflexive suffix when the subjects are the same:

Ирэнгүүт нь над хэлээрэй.
Tell me as soon as he arrives.

Ирэнгүүтээ над хэлээрэй.
Tell me as soon as you arrive.

'Let it be so'

Resolutions, decrees and other official decisions add to the verb stem the voluntative suffix **-сугай**, **-сүгэй** 'Let us . . .'. The form is active, but translates better as passive 'X is to be . . .'):

Д. Балжиннямыг Алтан гадас одонгоор шагнасугай.
Let us award D. Baljinnyam the Order of the Pole Star.
D. Baljinnyam is to be awarded the Order of the Pole Star.

Further examples (see below the presidential decrees on ambassadors) include **үүрэгт ажлаас чөлөөлсүгэй** 'is to be released from (his) duties' from the verb **чөлөөлөх** and **томилсугай** 'is to be appointed' from **томилох**.

МОНГОЛ УЛСЫН ЕРӨНХИЙЛӨГЧИЙН ЗАРЛИГ

1997 оны 3 дүгээр сарын 24-ний өдөр	Дугаар 46	Улаааанбаатар хот

Цэдэнжавын Сүхбаатарыг элчин сайдаар томилох тухай

Монгол Улсаас Их Британи, Умард Ирландын Нэгдсэн Вант Улсад суух Онц бөгөөд Бүрэн эрхт элчин сайдаар Цэдэнжавын Сүхбаатарыг тохоон томилсугай.

МОНГОЛ УЛСЫН ЕРӨНХИЙЛӨГЧ **П. ОЧИРБАТ**

Нэгдсэн Вант Улс	United Kingdom
Онц бөгөөд Бүрэн эрхт элчин сайд	Ambassador Extraordinary and Plenipotentiary

МОНГОЛ УЛСЫН ЕРӨНХИЙЛӨГЧИЙН ЗАРЛИГ

1993 оны 1 дүгээр сарын 13-ны өдөр — Дугаар 5 — Улааанбаатар хот

ЗАРИМ ХҮНИЙГ ОДОН, МЕДАЛИАР ШАГНАХ ТУХАЙ

Мал аж ахуйн үйлдвэрлэлийг хөгжүүлэхэд чухал хувь нэмэр оруулж, өндөр ашиг шимтэй шинэ үүлдрийн мал бий болгоход хөдөлмөрийн амжилт гаргасныг үнэлж дор дурдсан хүмүүсийг Монгол Улсын одон медалиар шагнасугай.

Сүхбаатарын одонгоор:

Самбуугийн Дугаржав – Мал аж ахуйн эрдэм шинжилгээний хүрээлэнгийн секторыn эрхлэгч

Алтан гадас одонгоор:

Даваажавын Балжинням – Өвөрхангай аймгийн Шанх сумын малчин

МОНГОЛ УЛСЫН ЕРӨНХИЙЛӨГЧ П. ОЧИРБАТ

Нэмэлт Үг
Additional vocabulary

амжилт	success	**сум**	rural district
ашиг шим	productivity	**үнэлэх**	to appreciate
ашиглах	to make use of	**үүлдэр**	breed
бий болгох	to create	**хүрээлэн**	institute
дор дурдсан	undermentioned	**шинэ**	new
зарим	certain, some	**эрдэм шинжилгээ**	research
медаль	medal		

Exercise 7

Translate into English:

1 Ерөнхий сайдын үүрэгт ажлаас Пунцагийн Жасрайг чөлөөлсүгэй.
2 Утсыг дуугарангуут Сүх очиж авсан.
3 Энэ зарлигийг хүчингүй болгосугай.
4 Батыг зогсоол хүрэнгүүт ямаан тэрэг ирсэн.
5 «Сонгино» дүүрэг гэснийг «Сонгино хайрхан» дүүрэг гэж өөрчилсүгэй.

Exercise 8

Translate into English the text of the decree No 5. on page 157.

Exercise 9

Match the animal years and elements, e.g. 1997/8 = red (fire) ox:

1 2003/4
2 2007/8
3 2000/1
4 2005/6
5 2002/3

Dialogue for comprehension 7

Девид: Өнөөдөр тэнгэр ямар байна?
Жюли: Тэнгэр сайхан байна. Монголд жилийн ихэнх өдөр тэнгэр цэлмэг байдаг. Тэгээд Монголыг хөх тэнгэрийн орон гэдэг юм!
Девид: Маргааш ямар байх бол?
Жюли: Тэнгэр муухайрна гэсэн. Дуутай бороо орох гэнэ.
Девид: Нөгөөдөр тэнгэр арилах болов уу?
Жюли: Магадгүй. Хүйтэн өвөл болох шинжтэй. Гэрт өвөл дулаахан байдаг уу?
Балжинням: Өвөл гурван давхар бүрдэг юм.
Девид: Гэрт ямар халаалгатай байдаг вэ?
Малчны эхнэр Мөнхөө: Зуухыг аргал түлшээр халаадаг юм.
Девид: Та хэдэн малтай вэ?
Балжинням: Би хоёр зуугаад хонь, ная шахам ямаа, аравхан үнээ, таван морьтой. Надад тэмээ байхгүй.
Девид: Та ямар жилтэй вэ?

Балжинням:	Би хулганатай. Миний эхнэр бартай.
Жюли:	Та хэдэн хүүхэдтэй вэ?
Мөнхөө:	Долоохон.
Жюли:	Есүүлээ болохоор их мөнгө оролгүй яах вэ?
Балжинням:	Малаар баян боловч мөнгөөр ядуу байна. Харин би тэргүүний малчин. Монгол Улсын Ерөнхийлөгч намайг медалиар шагнасан.
Жюли:	Гэргий тэнь юу гэсэн гэлээ?
Балжинням:	Эхнэр надад, ус уухгүй үхрийн толгойг бүү дар, үг мэдэхгүй хүний толгойг бүү илбэ гэж хэлсэн.

Note: Not all Mongols accept a front-vowel version **тэнь** of the word **тань**.

8 Долоо хэмжиж нэг огтол

Look before you leap

In this lesson you will learn:

- About shopping in shops and markets
- Verb forms for 'when' and 'while'
- Admonitory verb form (don't forget!)
- How to say 'shouldn't'
- Russian words in everyday use

Dialogue 1

Манайхаар дахиад үйлчлүүлээрэй!
Please call again!

Bat and Delgermaa are out shopping and decide to try a new grocery store.

Дэлгэрмаа:	Шинэ шөнийн дэлгүүр явах уу?
Бат:	Шөнийн дэлгүүрээ? Юу вэ?
Дэлгэрмаа:	Шөнийн дэлгүүр гэдэг бол хорин дөрвөн цагийн ажиллагаатай хүнсний дэлгүүр.
Бат:	За хоёулаа юу юу авах билээ?
Дэлгэрмаа:	Бидэнд авах юмны жагсаалт байгаа.
Бат:	Өө зүйтэй. Би хараадахъя. Байхуу цай, будаа, жаахан үхрийн мах, төмс, лууван, байцаа, тараг гэж байна. Аа бас жаран лааны чийдэнгийн шил нэг хэрэгтэй юм байна. Манай жорлонгийн гэрэл шатчихсан.
Дэлгэрмаа:	Чи ундаа, уух юмаа бичихээ мартсан байна.
Бат:	За нэг шил «Бага банди» архи, нэг шил цагаан дарс, дөрвөн сав рашаан ус авъя. Манайд талх бий юү?

Дэлгэрмаа: Бий, бий. Өчигдөрийн талх дуусаагүй байсан. Харин нэг кило сайхан гадил нэмж авъя.
Бат: Тэгье, тэгье. Гадил их үнэтэй байна шүү. Нэг кило нь нэг мянга дөрвөн зуун төгрөг гэж байна.
Дэлгэрмаа: За одоо хоёулаа касс руу очиж бичүүлье. Хэдэн төгрөг болж байгаа бол?
Кассчин: Зургаан мянга найман зуун дөчин төгрөг.
Бат: За баярлалаа! Баяртай!
Кассчин: Баяртай! Манайхаар дахиад үйлчлүүлээрэй!

Delgermaa: *Shall we go to the new night shop?*
Bat: *Night shop? What's that?*
Delgermaa: *The night shop is a grocery store* (food shop) *which works 24 hours.*
Bat: *So what are the two of us going to buy?*
Delgermaa: *We do have a shopping list.*
Bat: *Oh right! Let me take a look. It says black tea, rice, some beef, potatoes, carrots, cabbage, and sour cream. Ah, and* (we) *need a 60-watt light bulb. The light in our lavatory has burned out.*
Delgermaa: *You forgot to write down the drinks.*
Bat: *Well, a bottle of 'Baga bandi' vodka, a bottle of white wine and four bottles of mineral water. Do we have any bread?*
Delgermaa: *Yes, yes. Yesterday's hasn't been finished. But let's add a kilo of nice bananas.*
Bat: *OK, OK. Bananas are certainly expensive. One kilo* (of them) *is 1,400 tugriks.*
Delgermaa: *So now let's the two of us go to the cashier* (checkout) *and get our bill. How much* (many tugriks) *might that be?*
Cashier: *6,840.*
Bat: *Thank you. Goodbye.*
Cashier: *Goodbye. Please call again* (lit. be served by us again).

Шинэ Үг
Vocabulary

ажиллагаа	activity	**бичүүлэх**	to get one's bill
байхуу	black (pekoe) tea	**гадил**	banana

жагсаалт	list	**үнэтэй**	expensive
зүйтэй	right, correct	**хүнс(н)**	foodstuffs
лаа	candle; watt	**чийдэн(г)**	lamp
сав(н)	container	**чийдэнгийн шил**	light bulb
талх(н)	bread	**шатах**	to burn out

Language points

Voluntative for short actions

Bat says, **Би хараадахъя** 'Let me take a look.' This first-person voluntative form used for short actions is constructed with the derivational suffixes **-аадах-** (**-оодох-/-өөдөх-/-ээдэх-**) plus the voluntative suffixes giving **-аадах-ъя** (**-оодох-ъё/-өөдөх-ье/-ээдэх-ье**) added to the verb stem (in this case **хар** from **харах**):

Би бичээдэхье. Let me jot it down. (from **бичих**)
Би ороодохъё. Let me pop in. (from **орох**)

Imperative for short actions

For short actions, as with the voluntative forms above, there are three second-person imperatives:

-аадах (**-оодох**, **-өөдөх**, **-ээдэх**) the stem imperative
-аадахаач (**-оодохооч**, **-өөдөхөөч**, **-ээдэхээч**) the polite **-аач**
-аадахаарай (**-оодохоорой**, **-өөдөхөөрэй**, **-ээдхээрэй**) the future imperative **-аарай**:

Хар! Хараадах!
Хараач! Хараадахаач!
Хараарай! Хараадахаарай! Take a look! (from **харах**)

Бич! Бичээдэх!
Бичээч! Бичээдэхээч!
Бичээрэй! Бичээдэхээрэй! Jot it down! (from **бичих**)

Causative verbs

The verbs **бичүүлэх** and **үйлчлүүлэх** are causative verbs based respectively on **бичих** 'to write' and **үйлчлэх** 'to serve': to have someone write something (i.e. the bill), and to have someone serve someone (i.e. the shopper).

Delgermaa says,

За одоо хоёулаа касс руу очиж бичүүлье.
So now let the two of us visiting the cashier have (the bill) written out.

In turn the cashier thanks her and says,

Манайхаар дахиад үйлчлүүлээрэй.
Please have yourselves served by our people again.

Intensive verbs

The perfective verbal noun **шатчихсан** is derived from **шатах** 'to burn out', 'burn up' by insertion of the derivational suffix **-чих-** (describing a sudden or unexpected action, see page 87):

Шатчихсан байна. It's burned out.

There is a similar form based on the perfective converb:

Батыг ирэхэд шатчихаад байсан.
When Bat arrived it was (had) burned out.

Other points

The word **бичихээ** used by Delgermaa is the present-future verbal noun **бичих** plus the reflexive (accusative) ending **-ээ**: 'You have forgotten your writing of the drinks' **ундаа уух юмаа** being also with reflexive **-аа**.

As indicated by the final **бол** Delgermaa's question to the cashier is rather tentative (see page 118): **... болж байгаа бол?** '(How much) might that be?'

Exercise 1

Translate into Mongolian:

1 Potatoes are not expensive. They are T500 for half a kilo.
2 Do we have any bread? No. Yesterday's bread is finished.
3 Where is the checkout? Let's go and pay.
4 How much would that be, T8,743?
5 How many dollars is that? T8,743 is about 11 dollars.

Exercise 2

Give the 'short-action' voluntative and imperative forms for the following:

1 Let's find out! Find out!
2 Let's go! Go!
3 Let's pop in! Pop in!
4 Let's take! Take!
5 Let's give! Give!

Exercise 3

Reorganize your shopping list to separate foodstuffs from other purchases:

чийдэнгийн шил, талх, залгуур, жүрж, лавлах бичиг, жорлонгийн цаас, байцаа, хайч, хонины мах, төмс, тавиур, ааруул, харандаа, архи, цай

Dialogue 2

Дэлгүүрээс арай хямдхан уу?
Is it a bit cheaper than the shop?

Bat and Delgermaa talk to Julie and David about going to the market.

Дэлгэрмаа: Улаанбаатарт нэг үеэ бодвол хүнсний хангамж их сайн болжээ. Одоо юу л бол юу авч болохоор байна.

Жюли: Хамгийн сайн хүнсний зах аль нь вэ?

Бат: Улаанбаатарт «Дөрвөн уул», «Далай ээж», «Хар хорин», гээд олон хүнсний зах бий. Харин «Далай ээж» захыг хамгийн сайн нь гэдэг юм.

Девид: «Далай ээж» зах хаана байдаг вэ?

Дэлгэрмаа: «Далай ээж» зах улсын их дэлгүүрээс урагшаа, улсын циркийн баруун талд байдаг.

Жюли: Яагаад энэ зах сайн гэж?

Бат: Улаанбаатарт амьдардаг гадаадынхан энэ зах руу очих, тэндээс хүнсний бараагаа авах их дуртай. Учир нь хүнсний барааны сонголт сайтай. Жишээлбэл янз бүрийн махан, сүүн бүтээг-

	дэхүүн, жимс, ногоо, олон төрлийн чихэр, жигнэмэгээс аль хүссэнээ сонгож болно. Дэлхийд алдартай олон төрлийн хүнсний бүтээгдэхүүн энд бий.
Девид:	Үнэ нь ямар вэ? Дэлгүүрээс арай хямдхан уу?
Бат:	Ер нь гайгүй. Бөөнөөр нь авбал бүр сайн хямдарна.
Жюли:	Бид маргааш өглөө «Далай ээж» зах руу явмаар байна.
Дэлгэрмаа:	Та нар «Далай ээж» зах руу очингоо «Монгол ном»-ын дэлгүүрт ороод яваарай. Надад Алтангэрэлийн «Монгол-англи толь» нэгийг аваарай.
Девид:	За болноо болно.

Delgermaa:	*Compared with before, food supplies in Ulan Bator have improved. Now one can buy anything at all.*
Julie:	*Which is the best food market?*
Bat:	*In Ulan Bator there are many food markets, the 'Four Mountains', the 'Sea Mother', the 'Karakorum'. But they say that the 'Sea Mother' market is the best.*
David:	*Where is the 'Sea Mother' market?*
Delgermaa:	*The 'Sea Mother' market is south of the state department store, on the west side of the state circus.*
Julie:	*Why do they say this market is good?*
Bat:	*The foreigners who live in Ulan Bator very much like to visit this market and buy their foodstuffs there. This is because the choice is good as to foodstuffs. For example, from all sorts of meat and milk products, fruit, vegetables, all kinds of sweets and jams, you can choose which you want. There are all kinds of world famous food products there.*
David:	*What are the prices like? Is it a bit cheaper than the shops?*
Bat:	*Actually not bad. If you buy in bulk there are good reductions.*
Julie:	*We would like to go to the 'Sea Mother' market tomorrow morning.*
Delgermaa:	*While you're on your way to the 'Sea Mother' market please drop in at the 'Mongol Book' shop. Please buy me a copy of Altangerel's Mongol–English dictionary.*
David:	*Certainly.*

Шинэ Үг
Vocabulary

бөөнөөр	bulk, wholesale	**сайтай**	good as to
бүтээгдэхүүн	product	**сонголт**	selection
гайгүй	not bad	**сонгох**	to choose
дуудах	to call	**толь(н)**	dictionary
дэлхийд алдартай	world-famous	**хангамж**	supply
ер нь	actually	**хямдрах**	to reduce price
жигнэмэг	jam	**цирк**	circus
жишээлбэл	for example	**чихэр**	sweets
зах	market		

Language points

New constructions

Delgermaa says: **Улаанбаатарт нэг үеэ бодвол хүнсний хангамж их сайн болжээ.** As **бодвол** ('if you reckon', conditional converb of **бодох**) can mean 'compared with' and **нэг үеэ бодвол** means 'compared with one (i.e. earlier) time', the sentence reads: 'Compared with before, food supplies in Ulan Bator have greatly improved (become very good).' Delgermaa continues: **Одоо юу л бол юу авч болохоор байна.** Here **юу л бол юу** is the object of the verbal construction and means 'anything at all', while **авч болохоор байна** (the verbal noun **болох** 'to become' plus the instrumental case ending) indicates how things have turned out: 'Now one can buy anything at all.'

Attributive nouns and fleeting n

When nouns describing substances or materials are used attributively fleeting n will appear (see page 56). Further examples:

махан хоол	meat dish (**мах**)
сүүн бүтээгдэхүүн	milk products (**сүү**)
модон эдлэл	wooden goods, furniture (**мод**)
морин хуур	horse(head) fiddle (**морь**)

However, an attributive fleeting n is sometimes coined for words which don't have it: **үүрэн утас** 'cell phone' (**үүр**), and even for

Russian words: **бетонон гараaш** 'concrete garage' (**бетон**), **пластмассан цонх** 'plastic window' (**пластмасс**), etc.

Taking the opportunity to do something -нгаа

This is a form of the verb which suggests that a person should take advantage of one action to do another. The subjects of the two clauses have to be the same. This so-called 'opportune' converb is formed with the suffix **-нгаа** (**-нгоо**, **-нгөө**, **-нгээ**):

Та зах руу очингоо дэлгүүрт ороод яваарай!
While you're on your way to the market call in at the shop.

Би банк руу явангаа Сүхийнд очмоор байна.
As I'm going to the bank I'd like to call on the Sükhs.

Telephone numbers

Six-figure numbers are spoken as three groups of double figures XX-XX-XX, and five-figure numbers as XX-X-XX:

Мон-Кор такси компаний утас нь 314299 (гучин нэг дөчин хоёр ерэн ес), Монгол такси компаний утас 55355 (тавин тав гурав тавин тав).

Нэмэлт Үг
Additional vocabulary

Russian words in common use

Mongolian has acquired from Russian many everyday words as well as technical and political vocabulary. Several have already appeared in earlier lessons (**касс**, **оочир**, **автобус**, **торт**). Often they describe clothing, furniture, food, etc. introduced into Mongolia during the period of Russian influence:

CLOTHING:					
костюм	suit, dress	пиджак	coat		
сорочик (сорочка)	shirt	туфли	shoes		
ботинк (ботинки)	boots	платье	dress, frock		
брюк (брюки)	trousers	чемодан	suitcase		
карман	pocket	размер	size	куртка	jacket

Most words beginning with the letters **л**, **п**, **р** and **ф** have come from Russian, but they have acquired Mongol pronunciation and in some cases their spelling has changed. Note that **парк** can mean 'park' e.g. **зоопарк**, but that **автопарк** means 'vehicle fleet'.

HOUSEHOLD:

плитк (плитка)	hotplate, cooker	хийн баллон	gas cylinder
кострюль (кастрюля)	saucepan	ванн (ванна)	bathtub
мебель	furniture	кресло	armchair
приставк (приставка)	video recorder	гарааш (гараж)	garage
подъезд(н)	entrance hall, lobby (flats)	розетк (розетка)	socket

The Mongolians have made a joke of the word **коньяк** on the basis that it consists of two Russian words **конь** 'horse' and **як** 'yak' and can therefore be translated into Mongolian as **морь сарлаг**.

варень (варенье)	jam	салат	salad
печень (печенье)	biscuits	консерв	canned food
шампунь	shampoo	прокат	hire

Other points

Like the present-future verbal noun **бичихээ** (Dialogue 1), the reflexive (accusative case) is used with the perfective verbal noun: **-гээс аль хүссэнээ сонгож болно.** This means that from among the foregoing list of items (the last having the ablative suffix) one could chose whichever (**аль**) one wished (**хүссэнээ**). Note **аль нь** 'which of them?' in **Хамгийн сайн аль нь вэ**? 'Which of them is the best?' and **... хамгийн сайн нь** '... is the best of them.'

Exercise 4

Answer the questions in Mongolian:

1 Улаанбаатарын хамгийн сайн хүнсний зах аль нь вэ?
2 «Далай ээж» хаана байдаг вэ?
3 Яагаад энэ зах сайн гэж?
4 Үнэ нь дэлгүүрээс арай хямдхан уу?
5 «Далай ээж» зах руу яаж явах вэ?

Exercise 5

Translate into Mongolian:

1 While you're in the shop buy some bananas.
2 The foreigners living in Ulan Bator like to go to that shop and buy their drinks there.
3 You can choose what (which) you want from all sorts of furniture there.
4 On the way to Mongolia I would like to spend two nights in Moscow.
5 What is your phone number? My phone number is 474339.

Exercise 6

Translate the following text into English:

Их дэлгүүрийн 1-р давхарт хүнсний бараа байдаг. Би өнөөдөр өглөө талх, сүү, мах, элсэн чихэр авсан учир тэндээс юм авсангүй. Харин 2-р давхарт гарч эрэгтэй хүний хувцасны тасагт очиж нэг улаан цамц үзлээ. Би кассанд мөнгөө өгөөд худалдагчаас цамцаа авлаа. Их дэлгүүрийн 3-р давхарт эрэгтэй, эмэгтэй хүний янз бүрийн хувцас бий. Би гуравдугаар давхарт гарсангүй. 1-р давхарт буулаа. Намайг тэндээс гарч явахад таван цаг болж байв. Гадаа тэнгэр сайхан байлаа. Би гэртээ хариад, шинэ цамцаа өмсөж, эхнэртэйгээ хамт кино үзэхээр кино театр луу явлаа.

Comprehension exercise: See how far you can follow this cartoon story, which illustrates the colloquial use of several verbs in -**чих**-, the imperative and the past perfect.

Key to cartoon on page 170

Би хүн мөн үү?
Am I really a man?

1 **Чи хүн шиг хичээж яваад картныхаа талхыг аваад ирж чадах уу? Чадна!**
Could you try like a man and go and buy our bread ration? Yes, I could!
2 **«Хүүхэд насанд хүргэж өгдөг галт тэрэг хэрвээ . . .»**
'If there were a train taking one back to childhood . . .' (words of a popular song)

БИ ХҮН МӨН ҮҮ?
1
ЧИ ХҮН ШИГ ХИЧЭЭЖ ЯВААД КАРТНЫХАА ТАЛХЫГ АВААД ИРЖ ЧАДАХ УУ?
ЧАДНА!
2
ХҮҮХЭД НАСАНД ХҮРГЭЖ ӨГДӨГ ГАЛТ ТЭРЭГ ХЭРВЭЭ...
3
ҮХЭР ТОЛГОЙЛ-ЧИХООД ХҮН ДАЙРЛАА ГЭМ ЧИ!
4
ИЛЖИГ МИНЬ ХӨЛ ДЭЭР ГИШ.. ГЭЧИХЛЭЭ
5
ЗАВААН ГАХАЙ МИНЬ ХУРДАН МӨНГӨӨ ӨГ!
6
ХУЛГАЙЧ МУУР ЦАРАЙЛЧИХААД, ХУРДАН АВААД ЗАЙЛ!
7
ЭЭЖ ЭЭ! БИ ХҮН ШИГ ЯВЖ ЧАДСАНГҮЙ!

3 **Үхэр толгойлчихоод хүн дайрлаа гэм чи!**
Having grown an ox's head you bumped into someone, you trouble!

4 **Илжиг минь хөл дээр гишгэчихлээ!**
(My) ass, you trod on my foot!

5 **Заваан гахай минь хурдан мөнгөө өг!**
(My) dirty pig, give me your money quickly!

6 **Хулгайч муур царайлчихаад, хурдан аваад зайл!**
(You) have taken on the looks of a thief cat, take (it) quickly and clear off!

7 **Ээж ээ! Би хүн шиг явж чадсангүй!**
Mummy! I wasn't able to go like a man!

мөн	really am/is/are	карт(н)	ration card
гэм	trouble	илжиг	ass, donkey
заваан	dirty	хулгайч	thief
чадах	to be able to	хичээх	to try
зайлах	to clear off	хүргэж өгөх	to (help) take, deliver
муур	cat	дайрах	to bump into
толгойлох	to form a head	(толгойлчих to form a head quickly)	
гишгэх	to tread	(гишгэчих to tread suddenly)	
царайлах	to look like	(царайлчих to suddenly look like)	

There was food rationing for a brief period in the early 1990s.

Dialogue 3

Арай чанар муутай учраас
Because the quality is less good

David and Julie go shopping in the market.

Жюли:	Энэ усан үзэм ямар үнэтэй вэ?
1-р Худалдагч:	Усан үзэм наймтай (найман зуун төгрөг) байх шив дээ.
Жюли:	Арай хямдхан байна уу?
1-р Худалдагч:	Байна, харин хятадынх.
Девид:	Хятадынх гэдэг чинь юу гэсэн үг вэ?
1-р Худалдагч:	Хятадынх болохоор арай чанар муутай байдаг гэдэг юм. Тийм учраас арай хямд байгаа юм.

Девид: За тийм бол үнэтэй нь дээр биз ээ. Надад нэг килийг өгөөч.
Жюли: Та сайн үзэж аваарай. Долоо хэмжиж, нэг огтол гэж монголын сайхан үг байдаг юм.
Девид: Өө за, баярлалаа. Харин тийм шүү.
Жюли: Та мартуузай!
1-р Худалдагч: За найман зуун төгрөг өгөөрэй.
Жюли: Баярлалаа. Баяртай.
Девид: Би ТҮЦ (түргэн үйлчилгээний цэг)-ээс янжуур авмаар байна. Нэг «Камел» янжуур, нэг шүдэнз өгөөч. Ямар үнэтэй вэ?
2-р Худалдагч: Есөн зуун төгрөг. Шүдэнз хорин төгрөг. Бүгд есөн зуун хорь.
Жюли: Нэг лааз «Фанта» өгчих.
2-р Худалдагч: «Фанта» долоон зуун төгрөг.
Жюли: За май энэ таван мянган төгрөгний дэвсгэрт.
2-р Худалдагч: Хариулт мөнгөө аваарай. Гурван мянга гурван зуун наян төгрөг.
Жюли: За баярлалаа.

JULIE: *How much are these grapes?*
SELLER 1: *Grapes are eight (hundred tugriks).*
JULIE: *Are there any cheaper* (ones)?
SELLER 1: *Yes, but they're Chinese.*
DAVID: *What do you mean, Chinese?*
SELLER 1: *It means that because they're Chinese the quality is less good* ('more bad'). *That's why they're cheaper.*
DAVID: *In that case* ('if that's how it is') *the expensive ones are certainly better. Let me have* ('give me') *a kilo.*
JULIE: *Take a good look before you buy. There is a nice Mongolian saying: 'Measure seven times before you cut.'*
DAVID: *Oh well, thanks. You can say that again!*
JULIE: *Mind you don't forget!*
SELLER 1: *So that's* ('please give me') *800 tugriks.*
JULIE: *Thank you. Goodbye.*
DAVID: *I want to buy some cigarettes at the 'fast service point'* (kiosk). *A* (packet of) *Camel cigarettes and a* (box of) *matches. How much is that?*
SELLER 2: *900 tugriks. The matches are 20 tugriks. Altogether 920.*

JULIE:	*Let me have a can of Fanta.*
SELLER 2:	*Fanta is 700 tugriks.*
DAVID:	*Here, take this 5,000 tugrik note.*
SELLER 2:	*Here's your change, 3,380.*
JULIE:	*Ah, thank you.*

Шинэ Үг
Vocabulary

дэвсгэр	banknote	**хэмжих**	to measure
лааз(н)	can, tin	**цэг**	(sales)point
огтлох	to cut	**чанар**	quality
түргэн	quick, fast	**шив**	final, emphatic
усан үзэм	grape(s)	**шүдэнз**	match(es)
хариулт мөнгө	change	**янжуур**	cigarette(s)

Language points

Admonitory form of the verb -уузай

Julie says to David, **Та мартуузай** 'Mind you don't forget!' The suffix **-уузай** (**-үүзэй**) is added to the stem (in this case, of **мартах** 'to forget'). Other possible translations include 'Make sure you're not . . .', 'Make sure you don't . . .' or 'Be sure not to (be) . . .'

Юмаа мартуузай! Don't forget your things!

Verbal noun plus dative/locative: 'when'

'When' may be translated by adding the dative/locative case ending (appropriate vowel plus **-д**) to verbal nouns: **байх-ад** 'when being'. The tense is governed by that of the final verb. Where the two clauses have different subjects, as we have seen one of them is given the accusative case ending:

Намайг бага байхад манайх хөдөө байсан.
When I was little, my family lived (were) in the country.

Батыг гэртээ очиход Дэлгэрмаа байхгүй байсан.
When Bat went home, Delgermaa wasn't there.

If the subject of both clauses is the same, a reflexive ending is added to the verbal noun after the dative/locative suffix, e.g.

Бат гэртээ харихдаа хурдан явсан.
When Bat went home he walked quickly.

оюутан байхдаа when/while a student.

Similarly: **оюутан байхаасаа** since becoming a student

Vowels in Russian words

In Russian words stress is unmarked and irregular. The Russian for 'garage' (**гараж**), stressed on the second syllable, is written **гараашш** in Mongolian. The spelling of words of Russian origin in Mongolian often does not conform to the Mongolian rule that front and back vowels do not mix in the same word. For example, the word **курс** meaning 'course' seems to be a back-vowel word but takes the plural suffix **-үүд** used with front-vowel words: **курсүүд**, **курсүүдийн** 'of the courses', etc. Compare this with the word **курд** 'Kurd(ish)' which has the regular plural **курдууд(ын)**. Similarly **музей** 'museum' forms the plural **музейнүүд**.

Another example of mixed vowels is found in **Крымийн татаарууд** 'Crimean Tartars'. In Mongol words the letter **ы** appears only in the accusative and genitive back-vowel suffixes. The Khanate of Crimea, founded in 1443 as one of the successor states of the Mongols' Golden Horde, became a vassal of the Ottoman Turks in 1475 and the Crimean Tartars were gradually Turkicised. The Crimea was annexed to Russia by Catherine the Great in 1783.

Some Mongolians consider that the words **крым** and **кремль** (Kremlin) were both originally Mongol, derived from 'kerem' meaning wall or citadel (in modern Mongol **хэрэм** – the Great Wall of China is called **цагаан хэрэм**). The white limestone walls of the original Moscow Kremlin were built in 1367 and attacked by the Mongols in 1382. The Crimean Tartars tried twice to capture Moscow, in 1571 when they destroyed everything except the Kremlin, and in 1591 when their attack failed.

Сар шинийн баярын үйлчилгээ

Хүнсний болон барааны захууд

«Далай ээж», «Дөрвөн уул» зэрэг хүнсний битүү зах хоёрдугаар сарын 7-нд 10–19 цагуудад ажиллаж, 8, 9-нд амарна, 10-наас өдрийн цагийн хуваарьт орно. Хүнсний «Хүчит шонхор», барааны төв зах, «Хар хорин», техникийн «Да хүрээ» зэрэг задгай зах хоёрдугаар сарын 7-нд 10–17 цагуудад ажиллаад, 8, 9, 10, 11-ний өдрүүдэд амарч, 12-ноос өдрийн цагийн хуваариар ажиллаж эхэлнэ.

Гэр хорооллын усны хангамж

Гэр хорооллын ус түгээх байрууд хоёрдугаар сарын 7, 10-нд 10–14, 16–20 цагуудад ажиллаж, 8, 9-нд амарна. Бусад өдрүүдэд өдрийн цагийн хуваариар үйлчилнэ. Гэр хороолол болон орон сууц, үйлчилгээний газрын усны хангамжтай холбогдсон санал, хүсэлтийг Ус сувгийн ашиглалтын газрын 452730, 450208 дугаарын утсаар 24 цагаар хүлээн авна.

Худалдаа

Хоёр ээлжтэй хүнсний дэлгүүрүүд хоёрдугаар сарын 8–нд амарч, 9, 10, 11, 12-нд 10–17 цагуудад ажиллана. Нэг ээлжтэй хүнсний дэлгүүрүүд 8, 9-нд амарч, 10, 11-нд 9–17 цаг хүртэл ажиллана. 24 цагийн үйлчилгээтэй хүнсний дэлгүүрүүд амрахгүй. Аж үйлдвэрийн барааны дэлгүүрүүд 8, 9-нд амарна, 10-нд 10–17 цагт ажиллаж, 11-нээс өдрийн хурааriар ажиллана.

Эмийн сан

«Алтай» (хуучнаар 34 дүгээр эмийн сан), «Эрдэнэ бүрэн» (Төмөр замын коллежийн баруун урд талд байрладаг), «Нахиа» (хуучнаар 15 дугаар эмийн сан), «Наран туул» (хуучнаар 3 дугаар эмийн сан) эмийн сангууд 24 цагаар ажиллана.

Нийтийн хоол

Нийтийн үйлчилгээтэй хоолны газрууд хоёрдугаар сарын 8, 9-нд амарч, бусад өдрүүдэд өдрийн цагийн хуваариар ажиллана. Үйлдвэр, байгууллагын дэргэдэх гуанз, цайны газрууд түшиглэсэн газрынхаа ажиллах цагийн хуваарийг мөрдөнө.

Дулааны хангамж

Дулааны шугам сүлжээний газрын диспетчер, хариуцлагатай жижүүр 24 цагаар ажиллаж, дулаан хангамжтай холбогдсон санал, хүсэлтийг 343047, 342978 дугаарын утсаар хүлээн авна.

Нийтийн тээвэр

Автобус, троллейбус хоёрдугаар сарын 7-нд 7–22.30, 8, 9-ний өдрүүдэд 8-22.30 цагуудад үйлчилнэ. Хоёрдугаар сарын 10-наас өдрийн хуваариар ажиллана. Такси хоёрдугаар сарын 7-нд 7–23, 8, 9-нд 9–23 цаг хүртэл ажиллаж, 24 цагаар дуудлага хүлээн авч үйлчилнэ.

Нэмэлт Үг
Additional vocabulary

битүү	closed; covered	**түгээх**	to distribute
гуанз(н)	restaurant	**түшиглэх**	to depend on
задгай	open, open-air	**хариуцлага**	responsibility
нахиа	bud	**холбогдох**	to be connected
санал	opinion, view	**хүсэлт**	request
суваг	channel	**шугам**	line, route
сүлжээ	network, system	**ээлж**	shift, turn

Сар шинийн баяр: operating hours of markets, pharmacies, shops and services over the new-year holiday or **цагаан сар**. The Russian **диспетчер** (from the English 'despatcher') means 'controller'. See Exercise 9 for comprehension practice.

Other points

The expression **харин тийм шүү** 'but certainly' means 'You can say that again!' or 'You've said it!' Note also the terms **хариулт мөнгө** 'change', 'answer money' and **задгай мөнгө** 'small change'.

Exercise 7

Translate into Mongolian:

1 Mind you don't drink any vodka! Mind you don't fall asleep!
2 When I was small I used to live in London.
3 When I went into the hotel my wife wasn't there.
4 Mongolia is a country worth visiting.
5 In winter the mountains are a place one shouldn't go to.

Exercise 8

Translate the text into English:

Хандаа хоёр ногоон харандаатай байжээ. Түүний найз Буян охинд ногоон харандаа нэг ч байсангүй. Буян охин:

—Ногоон харандаагаа надад нэг өгөөч гэхэд Хандаа,

—Ээжээс асуучихаад өгье гэв. Маргааш нь хичээлийн завсарлагаар тэр хоёр дахин уулзаад Буян:

—Ээж чинь юу гэж байна? гэж асуув. Хандаа,

—Ээж ч өг л гэж байна. Ахаасаа асуусангүй дээ гэв. Буян:
—За яах вэ, ахаасаа асуугаарай гэв. (Үргэлжлэл бий)

Exercise 9

The chart on page 175 shows services available in Ulan Bator over the new-year holiday:

1 On which days will the food markets be closed?
2 On which days will the food shops be closed?
3 When will the trolleybuses run on 8th February?
4 Will *ger* districts have a water supply over the holiday?
5 Will flat dwellers be able to register a complaint about the heating and hot water supply?

Exercise 10

Translate the text into English:

Багш: Бид хониноос юу авч ашигладаг билээ?
Сурагч: Ноос.
Багш: Зүйтэй. Ноосоор юу хийдэг билээ?
Сурагч: Мэдэхгүй.
Багш: За тэгвэл, чиний пальтог юугаар хийсэн юм бэ?
Сурагч: Аавын хуучин пальтогоор хийсэн.

Exercise 11

The chart on page 179 shows train services from Ulan Bator:

1 On which days can you catch the No. 6 train for Moscow?
2 When does the Moscow-Beijing train leave Ulan Bator?
3 What other train services are there from Ulan Bator to Moscow and Beijing?
4 When does the train from Baganuur leave for Ulan Bator?
5 In which direction is No. 212 train an overnight service?

Dialogue for comprehension 8

Бат: За хоёулаа юу юу авах билээ?
Дэлгэрмаа: Чамд авах юмны жагсаалт байгаа.
Бат: Би хараадахъя. Цай, чихэр, гурил, жаахан гахайн

	мах, төмс, улаан лууван, улаан лооль, ааруул гэж байна. Аа бас хуруун зай хэрэгтэй юм байна. Манай гар чийдэнгийн зай саяхан дуусчихсан. Манайд талх бий юү?
Дэлгэрмаа:	Байхгүй. Өчигдөрийн талх дууссан. Бас хагас кило сайхан усан үзэм нэмж авъя.
Бат:	Тэгье, тэгье. Усан үзэм их үнэтэй байна шүү. Нэг кило нь нэг мянга долоон зуун төгрөг гэж байна.
Дэлгэрмаа:	Хэдэн төгрөг болж байгаа бол?
Кассчин:	Таван мянга гурван зуун наян төгрөг.
Бат:	За баярлалаа. Баяртай.
Кассчин:	Баяртай. Манайхаар дахиад үйлчлүүлээрэй.
Бат:	«Нарантуул» барааны зах хол биш. Зах руу хамт явъя.
Дэлгэрмаа:	Тэгье. Би шинэ малгай авмаар байна. Энэ сайхан малгай ямар үнэтэй вэ?
Худалдагч:	Хорин мянган төгрөгнөөс ярина.
Дэлгэрмаа:	Та үнээ жаахан татахгүй юу?
Худалдагч:	Жаахан татаж болно шүү. Та хэдээр авмаар байна?
Дэлгэрмаа:	Арван зургаан мянгаар авъя.
Худалдагч:	Арай бага байна. Арван найман мянгаар ав.
Дэлгэрмаа:	Арай үнэтэй байна. Арван долоон мянгаар авъя.
Худалдагч:	За, за, ав, ав.
Дэлгэрмаа:	Би гэртээ харилаа. Ядарч байна. Та «Далай Ээж» зах руу очингоо «Монгол Тээвэр» компаниар ороод ирээрэй. Бидэнд Өвөрхангай аймаг руу явах автобусны цагийн хуваарь хэрэгтэй байна. Та мартуузай!

гурил	flour	(улаан) лууван	radish	татах	to reduce
зай	battery	гар чийдэн(г)	torch		

For the attention of railway passengers (see p. 179):

Apart from the below-mentioned trains, no changes have been made to the timetable (for other trains).

ачаа-суудлын	goods-passenger	өөрчлөлт	change
дээр дурдсан	above-mentioned	масштаб	map scale

Галт тэргээр зорчигчдын анхааралд

1. Бээжин - Улаанбаатар - Москвагийн чиглэлд явах 3 дугаар галт тэрэг 6 дугаар сарын 12-ноос эхлэн Улаанбаатарт Пүрэв гаригийн 13, 16 цагт ирж, 13.50 цагт явна. Москва - Улаанбаатар - Бээжингийн 4 дүгээр галт тэрэг 6 дугаар сарын 8-наас эхлэн Улаанбаатарт Ням гаригийн 7.38 цагт ирж, 8.08 цагт явна. 2. Улаанбаатар - Бээжингийн хооронд явах 24/23 дугаар галт тэрэг 6 дугаар сарын 12-ноос эхлэн Улаанбаатараас Пүрэв гаригт 8.08 цагт явж, Бээжинд Баасан гаригийн 15.33 цагт очоод Бээжингээс 5 дугаар сарын 20-ноос эхлэн Мягмар гаригийн 7.40 цагт явж, Улаанбаатарт Лхагва гаригийн 13.16 цагт ирнэ. 3. Москва - Улаанбаатарын 6 дугаар галт тэрэг 6 дугаар сарын 9-нөөс эхлэн Улаанбаатарт Даваа, Мягмар гаригийн 7.38 цагт ирж, Улаанбаатараас Даваа, Бямба гаригийн 11.20 цагт явна. 4. Улаанбаатар - Дарханы хооронд явах 212 дугаар галт тэрэг 6 дугаар сарын 6-наас эхлэн өдөр бүр Дарханаас 22.20 цагт явж, Улаанбаатарт 5.30 цагт ирнэ. 211 дүгээр галт тэрэг Улаанбаатараас 15.50 цагт явж, Дарханд 20.25 цагт очно.	5. Улаанбаатар - Замын-Үүдийн хооронд явах 276 дугаар галт тэрэг Улаанбаатараас 12.33 цагт явж, Замын-Үүдэд 6.03 цагт очоод, Замын-Үүдээс 18.45 цагт явж, Улаанбаатарт 10.07 цагт ирнэ. 6. Улаанбаатар - Багануурын чиглэлд явах 278/277 дугаар галт тэрэг Улаанбаатараас долоо хоногийн Мягмар, Лхагва, Пүрэв, Бямба, Ням гаригийн 16.30 цагт явж, Багануурт 20.54 цагт очоод, Багануураас 3.02 цагт явж, Улаанбаатарт 7.30 цагт ирнэ. Улаанбаатар - Чойрын чиглэлд явах 282 дугаар галт тэрэг Улаанбаатараас долоо хоногийн Даваа, Баасан гаригийн 16.30 цагт явж, Чойрт 21.25 цагт очоод, Чойроос 2.25 цагт явж, Улаанбаатарт 7.30 цагт ирнэ. 7. Дархан - Шарын голын хооронд явах ачаа-суудлын галт тэрэг Дарханаас 18.10, 5.40 цагт явж, Шарын голд 20.40, 8.10 цагт очоод, Шарын голоос 22.00, 9.30 цагт явж, Дарханд 00.13, 11.43 цагт ирнэ. 8. Эрдэнэт - Дарханы хооронд явах 313 дугаар галт тэрэг Эрдэнэтээс Даваа гаригийн 14.02 цагт явж, Дарханд 17.58 цагт ирнэ.

Дээр дурдсан зорчигчдын галт тэрэгнээс бусад галт тэрэгний цагийн хуваарьт өөрчлөлт ороогүй.

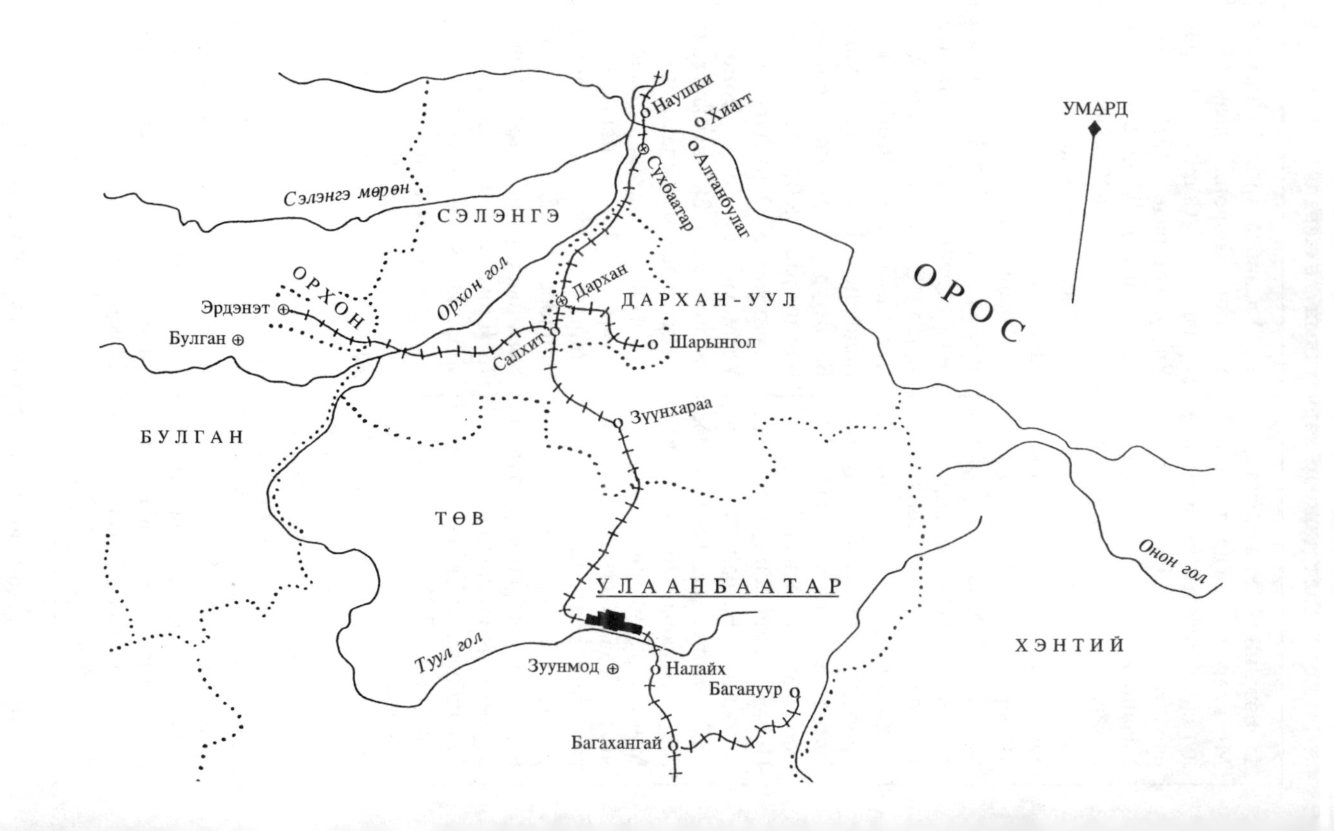

УМАРД
ОРОС
Наушки
Хиагт
Алтанбулаг
Сүхбаатар
Сэлэнгэ мөрөн
СЭЛЭНГЭ
ОРХОН
Эрдэнэт
Булган
Орхон гол
Дархан
ДАРХАН-УУЛ
Салхит
Шарынгол
Зүүнхараа
БУЛГАН
ТӨВ
Онон гол
УЛААНБААТАР
Туул гол
Зуунмод
Налайх
Багануур
Багахангай
ХЭНТИЙ

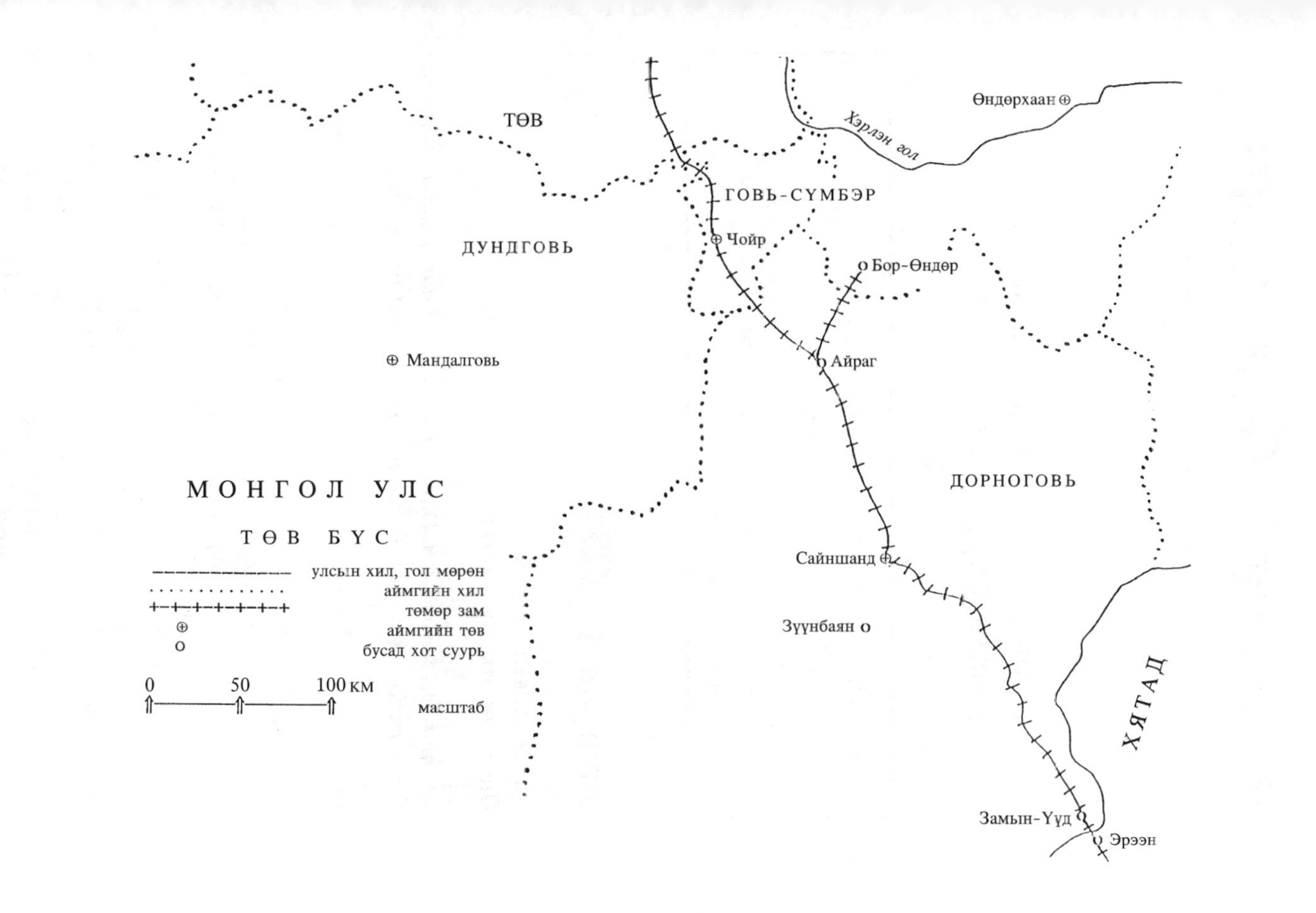
МОНГОЛ УЛС
ТӨВ БҮС
улсын хил, гол мөрөн
аймгийн хил
төмөр зам
аймгийн төв
бусад хот суурь
0
50
100 км
масштаб
ТӨВ
ДУНДГОВЬ
ГОВЬ-СҮМБЭР
ДОРНОГОВЬ
ХЯТАД
Өндөрхаан
Хэрлэн гол
Чойр
Бор-Өндөр
Айраг
Мандалговь
Сайншанд
Зүүнбаян
Замын-Үүд
Эрээн

9 Өргүй бол баян, өвчингүй бол жаргал

Having no debt is wealth and no illness happiness

In this lesson you will learn:

- About the 'three manly sports'
- Decimals and fractions
- Parts of the body and seeing a doctor
- About a business exhibition

Dialogue 1

Эрийн гурван наадам
The three manly sports

Bat and Delgermaa tell David and Julie about 'naadam' and the 'three manly sports' of wrestling, archery and horse racing.

Девид: Монгол оронд хамгийн их дэлгэрсэн спорт юу вэ?

Дэлгэрмаа: Бөх барилдах, сур харвах, морь уралдах. Энэ гурвыг эрийн гурван наадам гэдэг юм. Наадам жил бүр долдугаар сард болдог. Та үзээгүй биз дээ?

Девид: Үгүй, яаж үзэх вэ? Би Улаанбаатар хотод долдугаар сард байдаггүй.

Дэлгэрмаа: Төв цэнгэлдэх хүрээлэнд Монголын тулгар төр байгуулагдсаны 790, Ардын хувьсгалын 75 жилийн ойн их наадам болсон. Уламжлал ёсоор улс аймгийн алдар цолтой 512 бөх зодоглосон.

Бат: «Ардын Эрх» сонинд «Хүчит бөхийн барилдааны нэгийн даваа эхлэхэд зүүн талын магнайд Монгол Улсын хөдөлмөрийн баатар, даяар дуурсагдах далай даян дархан аварга Баянмөнх гарав. Гурвын даваанд таван аврага, нэг арслан барилдав» гэж бичсэн байна.

Дэлгэрмаа: Наадмын эхний өдөр Монгол Улсын Ерөнхийлөгч сурын харвааг сонирхож, харваачидтай уулзав. Нийслэлийн Хан-Уул дүүргийн залуу харваач Даваажаргал 36 сумандаа 32 оножт түрүүлэв.

Бат: «Ардын Эрх» сонинд «11-ний өглөө эрт Айдасын давааны овоог нар зөв тойроод 630 шахам хурдан азарга гарааны зурхай тийш хөдөллөө. Хурдан азарганы түрүү магнай сартай хамар цагаан хонгор 24,6 (хорин дөрөв аравны зургаа) км замыг 33,28 (гучин гурав зууны хорин найм) минутад туулжээ» гэж бичжээ.

Девид: Би бас монгол хурдан морь унамаар байна!

David: *Which are the most popular sports in Mongolia?*

Delgermaa: *Wrestling, archery and horse racing. These three are called the three manly sports. The* naadam *is held every year in July. Haven't you seen it?*

David: *No, how could I* (see it)? *I am never in Ulan Bator in July.*

Delgermaa: *There was a big* naadam *in the central stadium on the 790th anniversary of the founding of the newly established Mongolian state and the 75th anniversary of the people's revolution. In accordance with tradition 512 wrestlers with national and provincial ranks and titles put on their wrestler's jackets.*

Bat: *The newspaper* Ardyn Erkh *said, 'When the first round of the powerful wrestlers' competition began, "everywhere celebrated whole ocean sacred giant" Mongolian Hero of Labour Bayanmönkh stepped out as the left wing's leading wrestler. In the third round five "giants" and a "lion" wrestled.'*

Delgermaa: *On the first day of* naadam *the Mongolian President took an interest in the archery and met the archers. Young archer Davaajargal from the capital's Khan-Uul district came first* [in the women's archery] *with 32 hits in her 36 arrows.*

BAT:	Ardyn Erkh *said, 'Early in the morning of the 11th nearly 630 fast stallions went clockwise round Aidasyn Davaany Ovoo* ("fear pass cairn") *and moved off* [back] *towards the starting line. The first of the fast stallions to come in, a light bay with a white nose and a blaze on its forehead, covered the 24.6 kilometre road* [route] *in 33.28 minutes.'*
DAVID:	*I would like to ride a fast Mongolian horse too!*

Note: Soviet-style titles like **Хөдөлмөрийн Баатар** 'Hero of Labour' and **Спортын Мастер** 'Master of Sport', adopted during the communist period, are still around. The anniversary of the 'people's revolution' of 1921 is marked on 11th July. *Ardyn Erkh* 'People's Power' is the government daily.

Шинэ Үг
Vocabulary

барилдах	to wrestle	**тойрох**	to go round
бөх	wrestler	**тулгар**	newly established
даяар	everywhere	**туулах**	to cover (distance)
даян	whole	**түрүүлэх**	to come first
дуурсагдах	to be famous	**уламжлал ёсоор**	by tradition
дэлгэрэх	to spread	**унах**	to ride; to fall
морь уралдах	horse racing	**хамар**	nose
наадам	traditional games	**хүчит**	powerful
нар зөв	clockwise	**цол**	title
сур харвах	archery	**цэнгэлдэх хүрээлэн**	stadium

For additional vocabulary see boxes below.

Language points

Wrestling giants

Wrestling is the Mongols' favourite sport, and there are special terms for the kit and the various levels of skill. During a competition several bouts take place simultaneously, and there are no weight categories. Wrestlers who have won in the fifth round are called **начин** 'falcons', those who have won in the sixth or seventh rounds become **заан** 'elephants', and the **арслан** 'lions' are those who have survived into the eighth and ninth rounds. The **аврага** 'giants' are the country's top wrestlers who have been the victors at several *naadam*. Supreme champions are accorded the title **Даяар дуурсагдах далай даян дархан аварга** 'Everywhere celebrated whole ocean sacred giant', which is the top grade.

барилдаан	wrestling	даваа	round
магнай	leading wrestler	засуул	second
аврага	giant	арслан(г)	lion
заан	elephant	начин	falcon
зодог	wrestler's jacket	шуудаг	wrestler's trunks

Besides seeing fair play for his wrestler (and holding his hat), it is the job of the second to proclaim his skills and issue challenges on his behalf. By tradition the wrestlers enter the arena from the 'left' or the 'right', the 'left' being the north-east (sunrise) corner. Before and after each bout the wrestler performs a short dance with arms outstretched like a bird's wings in representation of Garuda, King of Birds (**хангарьд**).

Archery

Mongolian archery is a sport for men, women and children, and it has not lost its popularity despite some interest nowadays in modern Olympic target shooting. The archers shoot bone-headed arrows from traditional Mongol compound bows at a target consisting of leather rings (**сур**) stacked in a wall 40–50 centimetres high and up to four metres wide (**хана харваа**). Usually men shoot 40 arrows from 75 metres and women 20 arrows from 60 metres. The umpires standing to either side of the target sing out the score in a long drawling chant called **ухай**.

сур	archery; leather ring target			мэргэн	crack shot
сум	arrow	нум	bow	харваач	archer
харваа	shooting	онох	to hit the target		

Horse racing

The horse races for *naadam* are run cross-country from the horseherds' summer camp not far from Ulan Bator's Buyant-Ukhaa airport. The races are run over distances up to 30 kilometres or so according to the horses' age. For example, the race for stallions is twice as long as the race for colts. The riders are mostly boys aged between six and twelve. The horses in each category are taken from the starting line to some designated landmark a suitable distance away, and then race back. The first five horses in each category (the 'koumiss five' or **айрагийн тав**) are led to a special ceremony in which koumiss is poured over the head and crupper, and the winning horse is honoured with songs in praise of its owner and trainer.

азарга(н)	stallion	даага(н)	colt
хонгор	light bay	сартай	with a blaze
гарааны зурхай	starting line	жороо	ambler

Decimals

The text contains two examples of the use of decimals: **24,6 км зам** '24.6 km road' and **33,28 минутад** 'in 33.28 minutes'. The Mongols put a comma where we write a decimal point, but they don't say 'comma' as we say 'point', although sometimes the word **бүхэл** 'whole' is used. The numbers less than one are broken down into tenths, hundredths, thousandths, etc.:

24,6 хорин дөрөв (хорин дөрвөн бүхэл) аравны зургаа
24 (whole) six tenths ('of ten six'): 24.6

33,28 гучин гурав (гучин гурван бүхэл) зууны хорин найм
33 (whole) 28 hundredths ('of 100 28'): 33.28

Fractions

A similar practice is followed in forming fractions. Although the word **хагас** is sometimes used for half (e.g. **хагас цаг** 'half an hour', **хагас сайн өдөр** 'Saturday'), 'one half' is **хоёрны нэг** ('of two one'), 'one third' **гуравны нэг** ('of three one'), 'five eighths' **наймны тав**, 'five and four ninths' **таван бүхэл есний дөрөв**, etc.

Large numbers

In practice only those for million and billion are in wide use, but there are special words for large numbers:

түм(н) 10,000 **бум** 100,000 **сая** 1,000,000 **живаа** 10,000,000 **дүнчүүр** 100,000,000 **тэрбум** 1,000,000,000

Exercise 1

Write out in full in Mongolian:

1 790	2 75	3 512	4 36
5 32	6 11	7 630	

Exercise 2

Give the Mongolian for the following fractions and decimals:

1 two thirds	2 six and three eighths	
3 5.265	4 17.89	5 99.97

Exercise 3

Translate into English:

Төв цэнгэлдэх хүрээлэнгийн үндэсний сурын талбайд наадмын өмнөх өдөр хана харваа эхлэв. Энэ жилийн наадамд 200 шахам харваач оролцсон. Улсын баяр наадмын жилүүдэд улсын мэргэн 22, спортын мастер 98 төрсөн. Дөчин сумнаас гучин ес оножхоёр жилийн өмнө улсын дээд амжилт тогтоосон, улсын мэргэн Дагвасүрэнгийн хүү Батжаргал 20 сумнаас 18 онож хоёр дахь жилдээ түрүүлж оносон сумны нь уухай намдаагүй байхад охин Азжаргал нь 20 сумнаас 19 онож охидын харвaанд тэргүүллээ.

Dialogue 2

Таны юу өвдөж байна?
What's the matter with you?

David is feeling sorry for himself and decides to see the hotel doctor.

Эмч:	Сайн байна уу? Таны юу өвдөж байна?
Девид:	Миний хөл өвдөөд байна.
Эмч:	Их өвдөж байна уу? Хаана өвдөж байна вэ?
Девид:	Энд өвдөж байна. Би өчигдөр мориноосоо унаж өвдгөө гэмтээчихлээ.

Эмч: Гэрэлд харуулах нь зүйтэй. Жаахан хавдсан байна. Энд өвдөж байна уу?

Девид: Гайгүй. Харин миний толгой эргээд байна. Би бас унтаж чадахгүй байна.

Эмч: Таны даралтыг үзье. Алив, гары чинь ороогоодохъё. Толгойгоо бас гэмтээчихээ юү?

Девид: Тийм, гэмтээчихлээ.

Эмч: За. Одоо хэлэн дороо халууны шил хавчуул.

Девид: Зүгээр.

Эмч: За. Халуун хэвийн байдалд байна. Одоо би таны нүдийг харъя. Дээшээ, доошоо, зүүн тийшээ, баруун тийшээ хар даа.

Девид: Би бас нүднийхээ шилийг хагалчихлаа.

Эмч: За. Одоо зүүн чихэнд чинь цаг барья. Цагны цохилтыг сонсож байна уу? Баруун чихэнд?

Девид: Сонсож байна.

Эмч: За. Таны тархи жаахан хөдөлсөн байна.

Девид: Би босч болохгүй юу?

Эмч: Болохгүй. Танд эмийн жор бичиж өгнө.

Девид: Баярлалаа.

DOCTOR: *Hello! What's the matter with you* (what of you's hurting)*?*

DAVID: *My leg hurts.*

DOCTOR: *Does it hurt a lot? Where does it hurt?*

DAVID: *It hurts here. Yesterday I fell off my horse and injured my knee.*

DOCTOR: *The proper thing would be to have an x-ray. It's a bit swollen. Does it hurt here?*

DAVID: *Not much. But I feel dizzy* (my head is going round). *And I can't sleep.*

DOCTOR: *I want to take your* (blood) *pressure. Let me just wrap* (this) *round your arm. Did you bang your head as well?*

DAVID: *Yes, I did.*

DOCTOR: *Right. Now put the thermometer under your tongue.*

DAVID: *OK.*

DOCTOR: *Right. Temperature is normal. Now I want to examine your eyes. Look up, down, left, right.*

DAVID: *I broke my glasses, too.*

DOCTOR: *Right. I am holding a watch next to your left ear. Can you hear the watch's tick? Right ear?*

DAVID: *Yes, I can hear it.*

DOCTOR:	*Right. You have slight concussion* (your brain moved).
DAVID:	*Must I stay in bed* (not get up)*?*
DOCTOR:	*You don't need to. I'll write you a prescription.*
DAVID:	*Thank you.*

Шинэ Үг
Vocabulary

босох	to get up	**хавчуулах**	to insert, tuck in
гэмтээх	to injure	**хагалах**	to break
гэрэлд харуулах	to have an x-ray	**халууны шил**	thermometer
жор	prescription	**хөл**	leg, foot
нүд(н)	eye	**хэвийн байдал**	normal (state)
нүднийхээ шил	spectacles	**цаг**	watch
ороох	to wrap round	**цохилт**	ticking
өвдөх	to hurt	**чих(н)**	ear
тархи(н)	brain	**эргэх**	to go round
хавдах	to swell		

Language points

Auxiliary verbs өгөх

The verbal noun **өгөх** is used as an auxiliary (helper) verb when the action of the main verb is carried out for the benefit of someone other than the subject (i.e. doing something for someone). When the doctor says to David, **Танд жор бичиж өгнө** 'I'll write you a prescription', he combines **өгөх** with **бичих**. More examples:

Монгол спортын тухай ярьж өгөхгүй юү?
Won't you tell me about Mongolian sport?

Та миний пальтог өлгөж өгөхгүй юү?
Could you (couldn't you) hang up my coat (for me)?

Намайг эмнэлэгт хүргээд өгнө үү?
Take me to hospital!

Та дахиад нэг хэлээд өгөөч!
Please say that (once) again!

Similarly, **Надад зам зааж өгөөч!** Show me the way!

More short actions

Using the 'short action' or 'intensive' form of the verb (derivational suffix **-чих-**) David says **Гэмтээчихлээ** ... 'I injured ...'; **гэмтээх** 'to injure' is derived from **гэмтэх** 'to be injured'.

Since there is no interrogative form of verbs with the past perfect suffix **-лаа** the imperfective verbal noun is used:

Гэмтээчихээ юу?	Did you injure?

David also says **хагалчихлаа** (from **хагалах**) 'I broke'. In the same way one might say, **Би могойд (нэг шавьжинд) хаттуулчихлаа** 'I've been bitten by a snake (stung/bitten by an insect).' In this case **хаттуулах** is the passive of **хаттах** 'to sting' or 'pierce'.

In these examples the past perfect tense in **-лаа** is used when the statement is made at the time of injury, etc. Later statements use the perfective verbal noun **-сан** (**хагалчихсан**, etc.).

Note that in some verbs there is an internal change of consonant: those with **-р-** in the stem are intransitive and those with **-л-** are transitive: **булгарсан** '... has been sprained' and **Булгалчихсан** '(I) sprained ...'

The doctor says **Ороогоодохъё** 'Let me (just) wrap (it)', using the short action voluntative of **ороох** 'to wrap round'; note the insertion of **-г-** to separate the long vowels.

Short-form accusative and genitive

Before **минь/чинь/маань/тань/нь** the final **-г** of the accusative suffix and the final **-н** of the genitive suffix are dropped:

гэрий нь	(of) his yurt
номы минь	(of) my book
гар хөлий нь хүлэх	to tie up someone hand and foot

Ороогоодохъё гары чинь.
Let me just wrap (this) round your arm.

«Чи хараандаагий минь хугалчихуузай.» (see Exercise 6) In this instance the **г** separates the two long vowels **аа** and **ий**.

More about perfective converbs

David says, **Миний хөл өвдөөд байна** 'My leg hurts' using the perfective converb of **өвдөх** plus **байна** for a continuing action:

Миний хамаг бие шархираад байна.	My whole body aches (**шархирах**).
Би халуураад байна.	I have a temperature (**халуурах**).
Би айгаад байна.	I am frightened (**айх**).
Чи битгий худлаа яриад бай!	Stop telling (your) lies!

Perfective verbal nouns

If you were to break a limb, you might say **Хугарсан байна** 'It's broken', similarly **наранд түлэгдсэн** 'sunburned', **мултарсан** 'dislocated', **хөлдсөн** 'frostbitten', **булгарсан** 'sprained', **хавдсан** 'swollen'. Since **эсгэх** is a transitive verb **эсгэсэн** (cut) requires an accusative (reflexive) object: **Би хуруугаа эсгэчихлээ** 'I have (just) cut my finger.' **Би хуруугаа эсгэсэн** 'I cut my finger (a while ago).'

Other points

Another causative verb: **гэрэлд харуулах** 'to have oneself looked at in the light' is colloquial for 'have an x-ray'.

Нэмэлт Үг
Additional vocabulary

арьс(н)	skin	**хавирга**	rib
бөөр(н)	kidney	**хамар**	nose
булчин(г)	muscle	**хоолой**	throat
гуя	hip	**хөх(н)**	breast
гэдэс (гэдсэн)	stomach	**хүзүү**	neck
зүрх(н)	heart	**цус(н)**	blood
мөр(н)	shoulder	**цээж(н)**	chest
өвдөг	knee	**шагай**	ankle
толгой	head	**шүд(н)**	tooth
тохой	elbow	**элэг(элгэн)**	liver
уушиг/уушги(н)	lung	**яс(н)**	bone

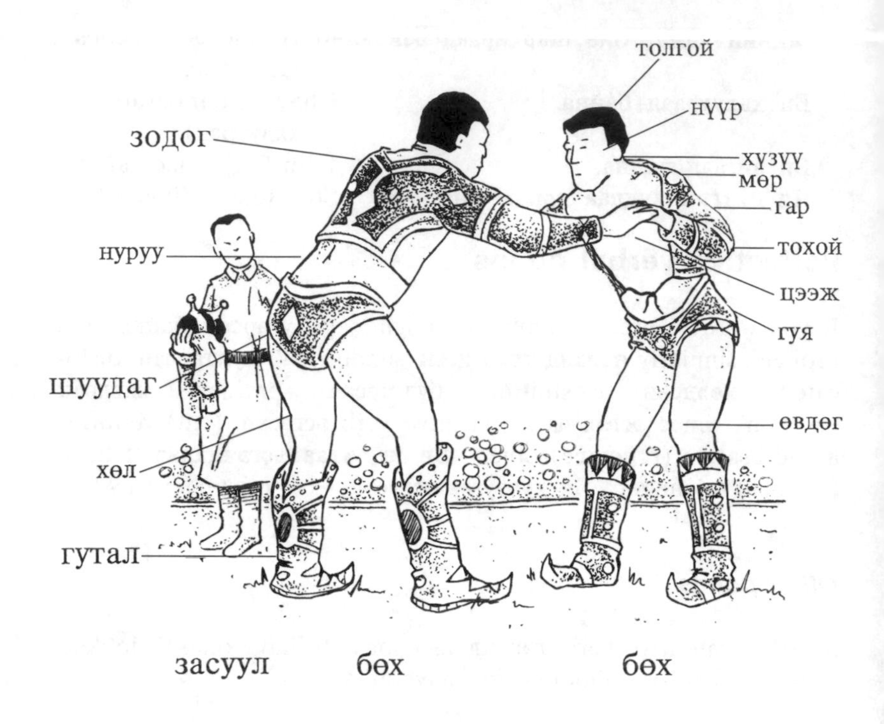

Exercise 4

(a) Translate into Mongolian using perfective verbal nouns e.g. 'Your shoulder is dislocated.' **Таны мөр мултарсан байна.**

1 Bat's nose is frostbitten.
2 Delgermaa's ankle is sprained.
3 His rib is broken.
4 My elbow is scratched.
5 Your (thy) face is sunburned.

(b) Translate the sentences using short-action verbs in the past perfect tense e.g. I have dislocated my shoulder. **Би мөрөө мулталчихлаа. Миний мөр мултарчихлаа.**

Exercise 5

Divide up the following body parts into four groups:

1 **яс** bones,
2 **дотор эрхтэн** organs,
3 **мөч** limbs and
4 **үе** joints:

тохой, мөр, уушиг, шагай, хөл, нуруу, бөөр, бугуй, зүрх, нүд, гар, гэдэс, хавирга, элэг, өвдөг.

Exercise 6

Translate into English:

Маргааш нь Хандааг ирэхэд Буян:
—За ах чинь юу гэж байна? гэв Хандаа:
—Ах минь ч өг л гэж байна. Чи хараандаагий минь хугалчихуузай! гэв. Буян:
—За хаанаас даа! Би их гамтай хэрэглэнэ гэхэд Хандаа:
—Чи битгий үзүүрлээрэй. Бичихдээ битгий чанга дараарай. Их юм зурвал бал нь дуусчихна гэв. Бас амандаа хийж болохгүй шүү.

Exercise 7

Translate into Mongolian:

1 I am not well (my body is bad).
2 I have stomach pains.
3 Please give me a prescription.
4 I have toothache.
5 I have a temperature.

Dialogue 3

Хамтран ажиллах бололцоотой
With the possibility of cooperation

David goes with Sükh to the Ulan Bator exhibition hall and meets a Mongolian businesswoman.

Девид: Би «Монголын шинэ бүтээгдэхүүн 97» үзэсгэлэн үзмээр байна. Нээлтийн ёслол хэзээ болох вэ?
Сүх: Үзэсгэлэнг Монгол Улсын Ерөнхий сайд арван цагт нээнэ.
Девид: Бүртгэх товчоо хаана байдаг вэ? Миний төлөөлөгчийн хавтасанд энгэрийн тэмдэг алга.
Удвал: Сайн байна уу? Намайг Удвал гэдэг. Би Сүхийн дүү хүүхэн. Би «Тэмээний ноос» компанийн ерөнхий захирал. Та ямар байгууллагыг төлөөлж байгаа вэ?
Девид: Сайн байна уу? Би английн гадаад худалдааны нэгдлийг төлөөлж байна. Намайг Браун гэдэг. Таны пүүсийн үзмэр хаана байна вэ?
Удвал: Тэр хаалганы тэнд байна. Манайх тэмээний ноос угаах төхөөрөмж үзүүлж байгаа.
Девид: Хараад авах уу? Энэ төхөөрөмж яаж ажилладагийг үзэж болох уу?
Удвал: Болно, болно. Бид хамтран ажиллах бололцоотой хэлбэрийг хэлэлцэх саналтай байна.
Девид: Танайх ямар орнуудад бүтээгдэхүүнээ гаргадаг вэ?
Удвал: Олон оронд тэмээний ноос гаргадаг.
Девид: Бид танайд удаан хугацааны зээл олгож болно.
Удвал: «Өргүй бол баян, өвчингүй бол жаргал» гэдэг юм. Хэдий тийм боловч, танайх баримт бичгийг хэзээ бидэнд өгөх вэ?
Девид: Аль болох түргэн өгнө.

DAVID: *I would like to see the exhibition 'Mongolia's New Products 97'. When is the* (exhibition's) *opening ceremony?*
SÜKH: *The Mongolian Prime Minister will open the exhibition at 10 o'clock.*
DAVID: *Where is the registration desk? My badge is missing from my pack.*
UDVAL: *Hello! My name is Udval. I'm Sükh's sister. I'm the director-general of the 'Camel Wool' company. What organization do you represent?*
DAVID: *Hello! I represent the British Foreign Trade Association. My name is Brown. Where is your company's stand?*
UDVAL: *Over there by the door. Our firm is demonstrating camel wool washing equipment.*
DAVID: *Let me see. May I see how this equipment works?*
UDVAL: *Of course you can. We would like* (have a mind) *to discuss possible forms of collaboration.*

DAVID:	*What countries do you export* (your products) *to?*
UDVAL:	*We export our camel wool to many countries.*
DAVID:	*We could grant you long-term credit.*
UDVAL:	*They say,* '(Having) *no debt is wealth* (rich) *and no illness happiness.' However, when can you let us have the documentation?*
DAVID:	*As soon as possible.*

Шинэ Үг
Vocabulary

байгууллага	organization	**өр**	debt
баримт бичиг	document(ation)	**пүүс**	company
боломж	possibility	**саналтай**	of a mind to
бүртгэх	to register	**төлөөлөгч**	representative
гаргах	to export, put out	**төлөөлөх**	to represent
ерөнхий захирал	director-general	**тоног төхөөрөмж**	equipment
ёслол	ceremony	**үзмэр**	stand, exhibit
зээл	loan, credit	**хавтас(ан)**	pack, folder
нээлт	opening	**хэлбэр**	form, kind
олгох	to grant	**хэлэлцэх**	to discuss
өвчин	illness	**энгэр**	lapel; flap

Language points

More on auxiliary verbs

David says, **Хараад авах уу** 'Let me take a look', the verbal noun **авах** appearing in its auxiliary form, meaning to do something for one's own benefit: **бичиж авах** means 'to note down, to make a note of':

Номоо захиалж авч болох уу?
May I order (myself) a book?

The verbal noun **үзэх** 'to see' has an auxiliary role, in the sense of 'to try', e.g. **Өмсөөд үз!** 'Try (it – a coat, etc.) on!'

Та пиво ууж үзсэн үү? Have you tried (drinking) the beer?

The verbal noun **гэх** 'to say' also has auxiliary functions. With the voluntative form of the verb it expresses intention:

Би явъя гэж бодож байна (Би явах гэж байна).
I'm just going (thinking of going).

Verbal nouns plus accusative

When David says, **Энэ төхөөрөмж яаж ажилладгийг үзэж болох уу?** 'May I see how this equipment works?' **яаж** is the imperfective converb of the interrogative verb **яах** 'to do how?'; **ажилладгийг** is derived from **ажилладаг**, the iterative verbal noun form of **ажиллах** 'to work', plus the accusative case suffix (as the specified direct object); and **Үзэж болох уу?** means 'May I see?'

This construction with the accusative is quite common, because a verbal noun is often the direct object of a sentence, especially in reported speech:

Би цас орсоныг мэдээгүй.
I didn't know that it had snowed.

Өчигдөр ирснээ над хэлсэн.
(He) told us that (he) came (of his having come) yesterday.

Би таны хэлснийг сонссон.
I heard what you said.

Та ямар эмчид үзүүлэхээ тэр хүнээс мэдээрэй.
You find out from that man which doctor to be seen by.

Таныг ямар эмчид үзүүлэхийг тэр хүн мэднэ.
That man knows which doctor you are to be seen by.

Би Доржийг ирснийг мэдээгүй.
I didn't know that Dorj had come.

In the last two examples there are two subjects, so one is also in the accusative case.

Double declension

This term is sometimes used to describe the successive use of two different noun-case suffixes. For example, **Сүхийнд** 'at the Sükhs'', 'at Sükh's home' combines (with Sükh's name) the suffixes for both the genitive **-ийн** and dative/locative **-д**.

Та ахындаа очдог уу (ах-ын-д-аа)?
Do you call on your (own) elder brother (regularly)?

Here are some other examples (comitative plus accusative):

Ямар кинотойг ч мэдэхгүй байна (кино-той-г).
(I) don't know what film is on (at the cinema).

Монголчууд хүүхдээ ямар эрхтэйг муу мэддэг (эрх-тэй-г).
The Mongols have a poor understanding of their children's rights (newspaper headline).

Double declension is also possible with numerals (dative/locative plus instrumental or genitive without fleeting n):

нэгдүгээр сарын арван тавдаар (or **тавдын үеэр**)
around 15th January

хоёрдугаар сарын хорьдоор (or **хорьдын үеэр**)
about 20th February

Other points

The compound **хамтран ажиллах** comprises the modal converb **хамтран** from **хамтрах** 'to unite' and the verbal noun **ажиллах** 'to work', giving 'to collaborate' or 'cooperate'.

Note the colloquial 'over there by the door' **тэр хаалганы тэнд** which literally means 'that door's there'.

Нэмэлт Үг
Additional vocabulary

актив	assets	**пүүс**	company
алдагдал	losses	**санхүүгийн тайлан**	accounts
ангилах	to divide up	**татвар**	tax
ашиг	profit	**тодорхой**	specific
заах	to show	**тусгах**	to display
зарлага	expenditure	**үр дүн**	result
зарцуулагдах	to be spent	**хөрөнгө(н)**	capital
зорилго	aim	**оруулалт**	investment
нягтлан бодогч	accountant	**хувьцаа эзэмшигч**	shareholder
орлого	revenue	**хэрхэх**	to do what?
пассив	liabilities	**эргэлт**	turnover

Exercise 8

Translate into Mongolian:

1 What products does this section put out?
2 May I have a catalogue?
3 I would like to talk to the commercial director.
4 Who is your main buyer?
5 How many hours a week do (they) work?

Exercise 9

Translate into English:

Нягтлан бодох баланс байгууллагын үйл ажиллагааны үр дүнг тодорхой хугацааны байдлаар харуулдаг, хоёр тал бүхий санхүүгийн тайлангийн баримт бичиг мөн. Балансын нэг талд актив, нөгөө талд нь пассивыг харуулдаг бөгөөд энэхүү хоёр талын дүн тэнцүү (балансалсан) байх ёстой. Баланс нь хаанаас мөнгө орж ирж, хэрхэн зарцуулагдсаныг заадаг. Актив нь үндсэн болон эргэлтийн активуудад ангилагддаг пассив нь хувьцаа эзэмшигчдийн сан, урт хугацаат болон богино хугацаат пассивуудад ангилагддаг. АНУ, Итали, Филиппин зэрэг оронд активыг балансын зүүн талд харуулдаг бол Малайзи зэрэг оронд баруун талд нь тусгадаг. Тайлан баланс нь оны эцэст пүүсийн ажлын байдлын талаар үнэн зөв мэдээлэл өгөх зорилготой.

Exercise 10

Translate the following telephone conversation into English:

—Байна уу? Эмчээ, миний бие муудаад байна. Та хурдан ирэхгүй юу?
—Эмч байхгүй байна. Би сувилагч нь байна. Эмч хуралд явсан. Та гурав хоногийн дараа утасдахгүй юу?
—Гурав хоногийн дараа гэнэ ээ? Би үхчихвэл яах юм бэ?
—Тэгвэл та дуудлагаа болиулахаа битгий мартаарай.

Exercise 11

In the tables on page 199 headed **Мөнгөний ханш** the left-hand column gives the official exchange rates for several currencies and the right-hand one commercial bank rates for buying and selling the US dollar.

1 The official rate of exchange for one US$ is 801.4 tögrög; where could you get a better rate?
2 If you are selling dollars for tögrög which banks should you avoid?
3 If you want to buy dollars for tögrög where should you go?
4 How many tögrög should you get for five GB£?

Мөнгөний ханш

Валют төгрөгийн ханш

1997 оны долдугаар сарын 21-27 хүртэл

Ханшийн мэдээ

1997 оны долдугаар сарын 21-ний байдлаар арилжааны банкуудын гадаад валют худалдан авах, худалдах ханш АНУ-ын доллартай харьцуулснаар дараахь байдалтай байна.

Валютын нэр	ханш төгрөг	Банкны нэр	худалдан авах	худалдах ханш
АНУ-ын доллар 1	801.40	Голомт банк	780	-
Германы марк 1	447.0851	ХОТШ банк	795	-
Японы иен 1	6.9385	Сэргээн босголтын банк	797	805
Швейцарийн франк 1	543.8751	Монгол шуудан банк	795	-
Британийн фунт 1	1344.7492	Худалдаа хөгжлийн банк	796	803
Хонконгийн доллар 1	103.4131			
Италийн лир 1	0.4590	Монгол бизнес банк	780	-
ОХУ-ын рубль 1	0.1385	Экспорт импорт банк	798	803
БНХАУ-ын юань 1	96.6532	Цогт чандмань валютын бирж	803	806
Канадын доллар 1	583.0696			
БНСУ-ын вон 1	0.8954	Тэлд	798	-
Францын франк 1	132.3206	Элба	798	-
Австри шиллинг 1	63.5603	Анод	802	806
Европын валютын нэгж	882.2613	Нью сэнчери	802	806
Зээлжих тусгай эрх 1	1112.4554	Мон Ази трейд	800	805

арилжааны банк	exchange bank	харьцуулах	to compare with
валют	currency	ханш	exchange rate
Европын валютын нэгж		ECU	
зээлжих тусгай эрх		special drawing rights	

Dialogue for comprehension 9

Дэлгэрмаа: Эрийн гурван наадам долдугаар сард болдог. Улаанбаатар хотын төв цэнгэлдэх хүрээлэнд жил бүр уламжлал ёсоор 512 бөх зодоглодог.

Бат: Төв цэнгэлдэх хүрээлэнгийн үндэсний сурын талбайд наадмын өмнөх өдөр хана харваа эхлэв. Энэ жилийн наадамд 200 шахам харваач оролцсон. Дөчин сумнаас гучин ес онож улсын мэргэн Дагвасүрэн улсын дээд амжилт тогтоосон.

Дэлгэрмаа: 11-ний өглөө эрт 630 шахам хурдан азарга гарааны зурхай тийш хөдөллөө. Хурдан азарганы түрүү магнай сартай хамар цагаан хонгор 24 км замыг 33 минутад туулжээ.

Девид: Би өчигдөр мориноосоо унаж өвдөгөө гэмтээчихлээ. Миний толгой эргээд байна.

Бат: Толгойгоо бас гэмтээчихээ юү?

Девид: Тийм, гэмтээчихлээ. Би босч болохгүй юу?

Бат: Болохгүй. Би Монголын үйлдвэрийн үзэсгэлэн үзмээр байна. Хамт явъя.

Девид: Тэгье. Үзэсгэлэнг Монгол Улсын Ерөнхий сайд арван цагт нээнэ.

Удвал: Сайн байна уу? Намайг Удвал гэдэг. Би Батын дүү хүүхэн. Би «Монгол арьс шир» компанийн худалдааны захирал. Та ямар байгууллагыг төлөөлж байгаа вэ?

Девид: Сайн байна уу? Би английн худалдаа, үйлдвэрийн танхимын нарийн бичгийн дарга. Намайг Девид гэдэг.

Удвал: Би хамтран ажиллах бололцоотой хэлбэрийг хэлэлцэх саналтай байна.

Девид: Би танайд удаан хугацааны зээл олгож болно.

Удвал: «Өргүй бол баян, өвчингүй бол жаргал» гэдэг юм.

10 Эзэн хичээвэл заяа хичээнэ

Heaven helps those who help themselves

In this lesson you will learn:

- About Genghis Khan and the *Secret History*
- About classical Mongol and the old script
- How Mongol came to be written in Cyrillic

Reading 1

Монголын Нууц Товчоо
The Secret History of the Mongols

These are brief extracts from Damdinsüren's modern Mongol version of the 'Secret History of the Mongols', an account in 282 sections of the life and times of Genghis Khan written in 'the Year of the Rat' (1228 or 1240).

(1) Чингис хааны язгуур: дээр тэнгэрээс заяат төрсөн Бөртэчино, гэргий Гуа-маралын хамт тэнгис далайг гэтэлж ирээд Онон мөрний эх Бурхан халдун ууланд нутаглаж нэгэн хөвгүүний төрүүлжээ.

(59) Тэр цагт Есүхэй баатар, татаарын Тэмүжин-үгэ, Хорибуха зэргийн татаар хүнийг барьж ирэхэд жирэмсэн байсан Өэлүн үжин, Ононы Дэлүүн болдог гэдэг газар Чингис хааныг төрүүлжээ. Чингис төрөхдөө баруун гартаа шагайн чинээ нөж атган төржээ. Татаарын Тэмүжин-үгээг барьж ирэх цагт тохиолдож төрөв гэж Тэмүжин нэрийг өгчөө.

(123) Алтан, Хучар, Сача-бэхи бүгдээр зөвлөлдөж Тэмүжинд өгүүлрүүн: Чамайг хаан болгоё.

Тэмүжин чамайг хаан болгож бид
Олон дайнд

Оройлон явж
Онц гуа
Охидыг олзолж
Ордон сайхан
Гэрийг авч
Олны хаан
Тэмүжинд өгье.
Харийн иргэнийг
Халдан довтолж
Хацар гуа
Хатдыг олзолж
Хатир сайт
Агтыг хөөж
Авчирч өгье.

Ийм үгийг хэлж, ийнхүү ам алдаж, Тэмүжинийг Чингис хаан гэж нэрийдэж хаан болгов.

(202) Тэгээд эсгий туургатан улс энх шударга болж, барс жил Онон мөрний эхэнд хуралдаж, есөн хөлт цагаан тугаа мандуулаад Тэмүжинд Чингис хаан цолыг өргөв.

(268) Тангуд улс, үгээ баталж хэлээд тэр хэлсэн үгэндээ хүрсэнгүйн тул дахин байлдахаар явж, Тангуд улсыг сөнөөн дараад гахай жил Чингис хаан тэнгэрт халив.

Note: The modern Cyrillic transcription differs somewhat from the Mongol text, which had to be reconstructed from a Chinese transliteration, the oldest extant version.

(1) The origins (line) of Genghis Khan: Börte-Chino (grey wolf) (who was) born with his destiny ordained by Heaven Above and his wife Gua-Maral (beautiful doe) came across the great lake (sea) together and dwelt at the source of the river Onon at Mount Burkhan Khaldun, where (she) gave birth to a son [Batachi Khan, born around 786AD].

(59) At the time when Yesükhei Baatar came back from taking the Tartars' (chieftains) Temüjin-Üge, Khori-Bukha and other Tartars, Lady Öelün was pregnant, and she gave birth to Genghis Khan at the place on the Onon called Delüün Boldog. When Genghis was born he was born holding in his right hand a blood clot as big as an anklebone. Because it happened that he was born when the Tartars' Temüjin-Üge was taken, they thought of giving him the name Temüjin (**төмөрчин** 'blacksmith').

[He was born on the 16th day of the first summer month in the Year of the Water Horse, or 16th April 1162.]

(123) Altan, Khuchar and Sacha-Beki [tribal leaders who went over to Temüjin's side], after consulting together, said to Temüjin, 'We will make you khan. Temüjin, when we make you khan,

In many wars going in the vanguard,
Capturing especially beautiful girls,
Taking fine palace tents,
We will give (them) to everyone's khan, Temüjin.
Attacking foreigners,
Capturing ladies with beautiful cheeks,
Driving geldings good at trotting,
We will bring (them) for you.'

Note: The lines have been doubled up to help clarify translation.

Saying these words, thus they promised, and Temüjin was made khan, being named Genghis Khan [in 1189].

(202) Thus the people of the felt-walled tents [the Mongols and allied nomadic tribes] became peaceful and loyal, and in the Year of the Tiger [1206] they assembled at the source of the Onon and having raised their white banner with nine tails (legs) they offered up to Temüjin the title Genghis Khan.

(268) Because the Tangut nation having affirmed their words (made promises) did not keep (reach) their words, (Genghis Khan) again went to fight (them), and having destroyed the Tangut nation in the Year of the Pig, Genghis Khan soared up to heaven (died).

[He died on the yellow hen day of the seventh lunar month, or 25th August 1227, in what is now Qingshui district of China's Gansu province. The Tangut state, Chinese name Hsi-Hsia or Xi-Xia, was on the territory of modern Gansu and Qinghai.]

Note: The heading **Эзэн хичээвэл заяа хичээнэ** 'Heaven helps those who help themselves' translates literally as 'If (when) the one responsible strives, fate strives.' **Эзэн** can mean 'master'.

Шинэ Үг
Vocabulary

агт(н)	gelding	**гэтлэх**	to cross
ам алдах	to promise	**довтлох**	to attack, assault
атгах	to grasp	**жирэмсэн**	pregnant
байлдах	to fight, do battle	**заяа**	fate, destiny
гуа (гоо)	beautiful	**ийм**	such, like this

ийнхүү	thus, in this way	**тэнгис далай**	sea, great lake
мандуулах	to raise	**үжин**	lady
нөж	blood clot	**харь (харийн)**	foreign, alien
нутаглах	to dwell	**хатан**	lady, queen
нэрийдэх	to name	**хатир**	trot
олзлох	to capture	**хацар**	cheek
ойролох	to lead	**хөвгүүн**	boy, son
өгүүлэх	to recount, say	**хөөх**	to drive (stock)
сөнөөх	to destroy	**хуралдах**	to meet, assemble
Тангуд	Tangut, Hsi-Hsia	**чинээ**	sized, of the size
татаар	Tartar	**шударга (шудрага)**	loyal
тохиолдох	to happen	**эх(н)**	source
туг	banner	**эзэн**	lord, master
туурга(н)	tent wall	**язгуур**	line, descent
тэнгэрт халих	to die		

Language points

Classical Mongol forms

The word **өгүүлрүүн** 'saying' derived (stem plus **-рүүн**) from the verbal noun **өгүүлэх** 'to recount', 'say', 'tell' was used in classical Mongol to introduce direct speech. The author seems to have slipped it in for effect – it has no modern equivalent. The now obsolete word **үжин** refers only to Genghis Khan's mother.

White nine-tailed banners

The **есөн хөлт цагаан туг** called 'white nine-tailed banners', although **есөн хөлт** means 'with nine legs' or 'stalks', are the traditional symbol of Genghis Khan's rule. They consist of nine poles (eight smaller ones mounted around one large one) each with white horse tails hanging down around the top and surmounted by a metal trident. These banners are nowadays the state symbol of Mongolia. They are kept in the State Palace and taken out for display at least once a year at the *naadam* festival attended by the President.

People of the felt walls

The **эсгий туургатан улс** 'people of the felt walls (tents)' were the nomadic tribes, Mongol and Turkic, who rallied to Genghis

Khan's banner. The term is still used today, and embraces such peoples as the Kazakhs and Kirghiz with their post-communist independent states, now usually called Kazakstan and Kyrgyzstan.

Reading 2

Төрийн бичгийг зохиолгосон нь
How the state script was created

This brief extract from Natsagdorj's 'The Life of Genghis Khan', published in 1991, describes how in 1204 the Uighur script was adopted for the writing of Mongolian.

Чингис төр, цэрэг, засаг захиргааны талаар хийсэн шинэтгэлээс гадна хятад ба Дундад Азийн ард түмний соёлын ололтыг тус орны нөхцөлд тохируулан чадамгайгаар ашиглаж, төрийн хэрэгт харь орны нэрт эрдэмтдийг өргөнөөр хэрэглэсэн байна.

Чингисийн хийсэн хамгийн чухал шинэтгэл тухайлбал уйгар бичгийн үндсэн дээр монгол бичиг зохиолгож улмаар улсын бичгийг буй болгосон явдал юм.

Чингис 1204 онд Найман улсыг дарж Таян ханы бичгийн сайд эрдэмтэн Тататунга улсын алтан тамгаа хүзүүндээ батлан уяж тулалдааны үймээн дунд хаан эзнээ олох гэж бачимдан яваад монголын цэрэгт баривчлагджээ.

Чингис эзэндээ үнэнч хүнийг хэзээний үнэлдэг ёсоор Тататунгаг бат журамт хүн гэж ихэд сайшаасан бөгөөд түүний их эрдэмтэн хүн болохыг мэдээд уйгар бичгээр монгол үг бичихэд хан хөвгүүдийг зааж сургахыг тушаажээ. Ийнхүү монголчууд уйгаржин бичиг хэрэглэх эхлэл тавигджээ.

Besides the state, military and administrative (side) reforms done by Genghis, he skilfully exploited the cultural achievements of the masses of China and Central Asia, adjusting them to the conditions of this country [Mongolia], and made wide use in state affairs of famous scholars from foreign countries.

The most important reform made by Genghis in fact was the creation (having brought into being) of a state script, thanks to having a Mongol script created on the basis of the Uighur script.

In 1204 Genghis was putting down the Naiman nation, and Tayang Khan's secretary of state (civil minister), the scholar Tatatunga, tied the nation's gold seal round (to) his neck to protect it (protecting tied) and amidst the tumult of battle was going about worriedly, trying to find the Khan his master, when he was taken prisoner by Mongol troops.

Genghis always valued people (a person who was) loyal to (his) master and saying that Tatatunga (was) a firmly loyal person greatly praised (him), and having learned (understood) he was (his being) a very scholarly person (he) commanded that the Khan's sons be shown and taught to write Mongol words in the Uighur script. Thus was the use of the Uighur script begun (the beginning was put) by the Mongols.

Шинэ Үг
Vocabulary

ард түмэн	the masses	**тавигдах**	to be placed, put
баривчлагдах	to be taken prisoner	**тамга**	seal
бат	firm	**тохируулах**	to adjust
батлах	to protect	**тулалдаан**	battle
бачимдах	to be worried	**тухайлбал**	in fact
бөгөөд	and	**тушаах**	to command
буй болгох	to create	**уйгар**	Uighur
ёс(н)	habit, custom	**улмаар**	thanks to
журамт	loyal	**уях**	to tie
заах	to show	**үймээн**	tumult
засаг захиргаа	administration	**үнэнч**	loyal
зохиолгох	to have composed	**хэзээний**	always; of old
ихэд	greatly	**хэрэглэх**	to use
Найман	Naiman (tribe)	**чадамгай**	skilfully
нөхцөл	condition	**шинэтгэл**	reform
ололт	achievement	**эрдэмт**	learned
сайшаах	to approve	**явдал**	matter, affair
сургах	to teach		

Language points

The Uighur Mongol script

The Mongol script, in which archaic Mongol was first written, is called **уйгар** or **уйгаржин** (**уйгуржин**) **монгол үсэг** because the alphabet was based on Uighur letters, although these were derived from the Sogdian and Aramaic scripts. The script was modified, particularly in the 17th–18th centuries, the period of classical Mongol, when a great number of Buddhist treatises were translated from Tibetan. Today, the **уйгаржин** script and the classical Mongol language are taught in Mongol schools. A modified classical script called **тод үсэг** 'clear letters', devised in 1648 by the Oirat Zayapandita Luvsanperenlei, was adopted by western Mongols (Oirats and Kalmyks) and is still used in China.

The oldest Mongol inscription

The oldest known inscription in Mongol is on the so-called 'Genghis's stone', which is now in the Hermitage museum in St. Petersburg. The inscription says that in **тав дахь жарны хөхөгчин тахиа жил** (1225) an archer called **Есүнгэ мэргэн** shot an arrow into a target over a distance of 335 **алд** (fathoms, equal to 536 metres). 'Genghis's stone', which has no direct connection with Genghis Khan, was found by a Russian explorer on the river Kharkhiraa in western Mongolia in 1918.

Another form of the causative

Genghis Khan had (caused to be) created (**зохиолгох**) a script for the Mongol language: the derivative suffixes for the causative include **-лг-** which in this case is added to the verbal noun **зохиох** 'to create' (also, 'to compose' or 'design').

Other points

The word **тухайлбал** meaning 'in fact', 'actually' is the conditional converb of **тухайлах** 'to specify' meaning literally 'if specified'. Do you remember that the postposition **тухай** means 'concerning'?

Reading 3

Кирил үсгийг үндэслэсэн монгол шинэ үсэг
The new Mongol script based on Cyrillic

These extracts from Vol. III of the 'History of the Mongolian People's Republic', published in 1969, give the then official view about the adoption of the Cyrillic script for Mongolian.

Бичиг үл мэдэх явдалтай тэмцэх үйлсэд тохиолдож байсан бас нэг бэрхшээл бол эртний монгол хэлний авиа зүй, үг зүйн байгууллыг тусгасан, хуучин монгол бичиг орчин цагийн монголд хүн сурахад хялбар дөхөм бус байсанд оршиж байжээ.

1930 оноос эхлэн бичиг үсэг сургах соёлын довтолгооныг зохион явуулжээ. Мөн онд латин үсгийг туршлагын чанартай авч хэрэглэв. Гэвч латин үсэгний тоо цөөнөөс монгол хэлэнд нэмэлт үсэг олон хэрэгтэй болсон, мөн техникийн бэрхшээлтэй тал байсан тул төдий л ахиц олж чадаагүй юм.

1940 оноос манай оронд социалист нийгмийг бүтээн байгуулах үе эхлэхэд нийт хөдөлмөрчдийн соёлын хэм хэмжээг дээшлүүлэх, ялангуяа бичиг үсгийн мэдлэгийг эрс өндөржүүлэх нь хурцаар шаардагдах болов. Үүнийг хангахын тулд сурахад бэрх уйгуржин монгол үсгийг шинэтгэн өөрчлөх шаардлага гарчээ.

1941 оны 3-р сарын 25-нд МАХН-ын Төв Хороо, Сайд нарын Зөвлөл хамтарсан хурлаараа кирилл үсгийг үндэслэн монгол шинэ үсэг зохион хэрэглэх тухай чухал шийдвэр гаргажээ. Кирилл үсгийг үндэс болгон зохиосон монгол шинэ үсэг нь бичгийн хэл, ярианы хэл хоёрыг ойртуулж, бичгийн хэлний нэгдмэл дуудлагыг тогтооход чухал ач холбогдолтой байжээ.

One difficulty that the struggle activities against (with) illiteracy encountered consisted in that the ancient Mongolian script, which reflected the phonetics and grammatical structure of the early Mongolian language, was not suitable for teaching people modern Mongolian.

A ‘cultural offensive’ to teach literacy was organized (beginning) from 1930. In the same year the Latin script was experimentally adopted and used. However, since the number of Latin letters was few and many additional letters were necessary for the Mongol language, and since there were technical difficulties, it did not find that much success.

When the period of building a socialist society in our country began from 1940, the raising of the cultural standards of all working people and especially a sharp heightening of literacy (knowledge of writing) were urgently demanded. In order to satisfy this, there emerged a demand for reforming the Uighur-Mongol script which was difficult to learn.

A joint meeting of the MPRP Central Committee and Council of Ministers issued the important decision of 25th March 1941 on creating and using a new Mongolian script based on the Cyrillic script. A new Mongolian script created on the basis of the Cyrillic script was especially important for bringing the written and spoken languages close to one another and for establishing a unified pronunciation.

Note: The decision to develop a 26-letter Latin alphabet for Mongol was taken by the MPRP congress in April 1930 and adopted for all Mongol-speaking people at a Moscow conference in 1931. The preparatory work done in Mongolia was approved by the MPRP and Council of Ministers in a joint resolution in February 1941. However, just over a month later they abandoned the Latin alphabet as 'deficient' and, 'because of the need for the country's culture and education to develop in unison with the fraternal USSR', resolved to base a new Mongol script on all 35 letters of the Russian Cyrillic alphabet. This reflected events in the USSR, where Cyrillic scripts had been devised to supplant the Arabic and Latin scripts used by the minority nationalities. A new joint resolution published in May 1945 ordered the introduction of Mongolian Cyrillic in all Mongolian newspapers and official documents from 1st January 1946.

Шинэ Үг
Vocabulary

авиа зүй	phonetics
ахиц	success, progress
ач холбогдолтой	important
байгуулал	structure
бичиг үсэг	script
бус	as **биш** not
бүтээх	to construct
бэрх	difficult
бэрхшээл	difficulty
довтолгоо	offensive
дуудлага	pronunciation
дээшлүүлэх	to raise, enhance
кирил(л)	Cyrillic
мөн	the same
нийгэм	society, social
нийт	all
нэгдмэл	united, unified
нэмэлт	additional
ойртуулах	to bring close
орчин цагийн	modern
өндөржүүлэх	to heighten
тоо	number
төдий	that much, many
туршлага	experiment
тул	because
тусгах	to reflect
тэмцэх	to struggle
үг зүй	grammar
үйлс	activities
үл	not
үндэслэх	to base on
хамтарсан	joint
хөдөлмөрчин	working man
хурц	sharp, acute
хэм хэмжээ	standard
хялбар дөхөм	easy, suitable
чанартай	by way of
шаардагдах	to be demanded
шаардлага	demand
шийдвэр	decision
шинэтгэх	to modernize
эрс	sharp, direct
эртний	old, ancient
ялангуяа	especially
яриа	talk, speech,

Language points

Script reform

The verb **шинэттэн өөрчлөх** 'to reform' comprises the modal converb of **шинэттэх** 'to modernize', 'make new' and the verbal noun **өөрчлөх** 'to change', 'make other'. Many such combinations of modal converbs and verbal nouns are possible in Mongol.

The Mongol Cyrillic script is sometimes called the 'new' script **монгол шинэ үсэг**. 'Literacy' in Mongol is 'knowledge of writing' **бичиг үсгийн мэдлэг** and illiteracy is 'writing not knowing matter' **бичиг үл мэдэх явдал**. The Mongol for 'alphabet' is **цагаан толгой**, lit. 'white head'; **толгой үсэг** are 'initial letters' and **цагаан үсэг** means 'plain letters' (of the old script, without diacritical marks).

Other Mongol scripts

A 44-letter vertical script called **дөрвөлжин бичиг** 'square script' was devised in 1269 on the basis of the Tibetan script by a Tibetan lama, the Revd (hPags-pa) Lodoi Jaltsan at Kubilai Khan's court. Sometimes also known as 'hPags-pa' script, it became the offical script of the Yuan dynasty in China founded by Kubilai Khan and other languages besides Mongol could be written in it. It is found in documents, seals, coins and banknotes of the period. A 90-letter horizontal script called **соёмбо**, named after the symbol in that script which became the national emblem of Mongolia, was devised in 1686 by the Öndör Gegeen Zanabazar on the basis of the Devanagari script used for Sanskrit.

Zanabazar also devised a 66-letter script called **хэвтээ дөрвөлжин бичиг** 'horizontal square script' based on the Devanagari and Tibetan scripts.

Today these scripts are used only for decorative purposes.

Runic script

The runic inscriptions to be found in the Orkhon valley and elsewhere in Mongolia are in Old Turkic. They are relics of the Turkic state which occupied much of the territory of present-day Mongolia in the 6th–8th centuries. Turkic runes are unrelated to Scandinavian runes.

Монгол үсгийн гол зурам

Одоо бидний хэрэглэж байгаа кирил үсгээр бичихэд зүүнээс баруунш хөндлөн бичдэг бол монгол үсгээр бичихэд дээрээс доргош гулд бичдэг.

Кирил дармал үсэгт үсэг бүрийг хооронд нь холболгүй, ойр зайтай жагсаан өрдөг бол монгол үсгийн дармал бичмэлийн алинд ч бүх үсгийг дээрээс доргош шулуун зураасаар хооронд нь холбон бичдэг. Тэр зураасыг нуруу гэдэг.

Монгол бичгийн гол долоон зурмыг үзье

Үндсэн зурам	Бичих арга
титим нуруу	
шүд нуруу	
шилбэ нуруу	
гэдэс нуруу	
нум	
сүүл	
орхиц буюу цацлага	

The main strokes of the Mongol script

When we write in the Cyrillic script that we now use we write across from left to right, while when we write in the Mongol script we write down from top to bottom.

In the printed Cyrillic script the letters are unconnected (between each of its letters is without connection) and they are (lined up and type-)set close together, while in both printed and written Mongol script all the letters are written from the top downwards in a straight line joined together. This line is called the 'spine'.

Шинэ Үг
Vocabulary

гол	main	**ойр зайтай**	close together
гулд	lengthways	**өрөх**	to fit, set type
дармал	printed	**холболтгүй**	unconnected
жагсаах	to line up	**холбох**	to join
зураас(н)	line	**шулуун**	straight
зурам(н)	stroke (script)		

зүүнээс баруунш хөндлөн	across from left to right
дээрээс доргош гулд	down (lengthways) from top to bottom

Let us look at the Mongol script's seven main strokes (see p. 211):

Basic strokes Method of writing

титим (титэм)	'crown'	нуруу	'spine'	шүд	'tooth'
шилбэ(н)	'shin'	гэдэс	'stomach'	нум	'bow'
сүүл	'tail'	орхиц (цацлага)		long final stroke	

Note: This and the following illustrations are from the Mongolian Ministry of Education's textbook *Монгол Бичиг* for seventh-grade middle-school children, published in 1986.

Монгол Үсэг
Mongol Script

MONGOL SCRIPT					Cyrillic	Latin
beginning of word	middle of a word			end of word		
	before a vowel	before a consonant	before орхиц			

written 1 | printed 2

МОНГОЛ ҮСЭГ										Кирил үсэг	Латин үсэг
Үгийн эхэнд		Үгийн дунд						Үгийн адагт			
		Эгшгийн өмнө		Гийгүүлэгчийн өмнө		Орхицын өмнө					
бичмэл	дармал	бичмэл	дармал	бичмэл	дармал	бичмэл	дармал	бичмэл	дармал		
1	2	3	4	5	6	7	8	9	10	11	12
										а	a
										э	e
										и	i
										о	o
										у	u
										ө	ö
										ү	ü
										н	n
										б	b
										х	q
										х	k
										г	γ
										г	g

1 2
3 4
5 6
7 8
9 10
11
12
ж ǰ
й y
т t
д d
м m
ч č
р r
с s
ш š
л l
в v
п p
ф f
з z
ц c
к k
х h

эгшиг vowel	гийгүүлэгч consonant

Note: While the shapes of most Mongol script letters vary according to their position in a word, there are no capital letters. Note also that in the Mongol script alphabetical order begins with the vowels. There are some ambiguities.

Бичвэр

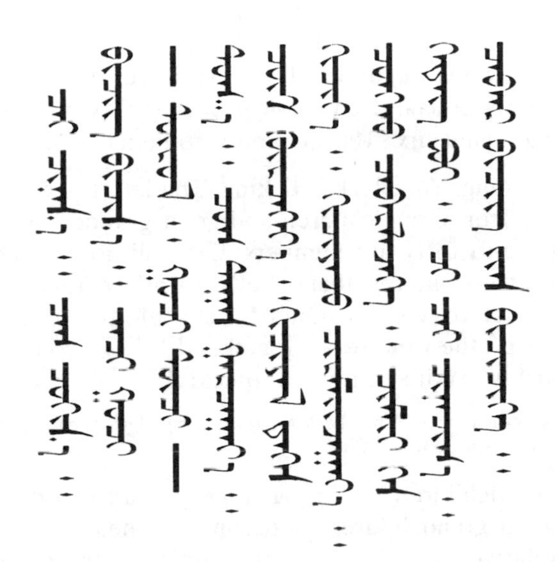

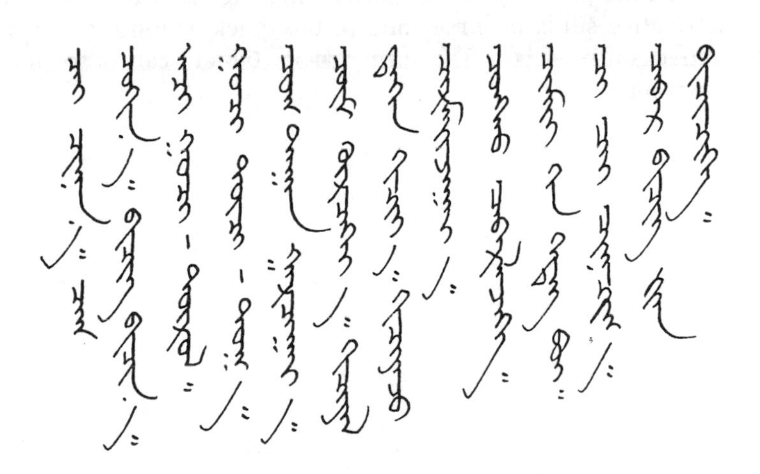

Галиг

чаи чинан-а. чаг чохин-а. бичиг бичин-э. ачи гучи - төрүл. гучи дөчи - тог-а. чуг-таган гарчагай-а. чөм хүрчэгэй-э. хичийэл-дэгэн хичий-э. хичийэжү чирмайижагай-а. чонгху чэбэрлэжэгэ. чимайи хэн гэдэг буи. чи чаи чиначих-а. чэбэр бичиг-ийэн бичичих-э.

Хөрвүүлэг

Цай чанана. Цаг цохино. Бичиг бичнэ. Ач гуч - төрөл. Гуч дөч - тоо. Цугтаа гарцгаая. Цөм хүрцгээе. Хичээлдээ хичээ. Хичээж чармайцгаая. Цонх цэвэрлэцгээ. Чамайг хэн гэдэг буй? Чи цай чаначих. Цэвэр бичгээ биччих.

The tea is boiling. The clock is ticking. The letter is written, or (X) is writing a letter. Grandchildren and great-grandchildren are relatives. Thirty and forty are numbers. Let's all go out together (all together let's go out together). Let's all arrive together. Devote yourself(selves) to your lesson(s)! Let's all try to do our best together. Clean the window(s) (together)! What's your name? Boil the tea quickly! Write neatly and quickly!

Note: The exercise is in writing the Mongolian script letter 'cha', which is represented by both **ч** and **ц** in Cyrillic.

ач	grandchildren	**цугтаа**	all together
гуч	great-grandchildren	**цэвэр**	neat
төрөл	relatives	**чармайх**	to try, do one's best

Note the examples here of the participatory form of the verb with the derivative suffix in **-цгаа-** and of the quick-action form in the derivative suffix **-чих-**. The term **цэвэр бичиг** can also mean 'handwriting'.

Teacher! You've got your book the wrong way up!

буруу	wrong, incorrect	харуулах	to cause to face, turn

ХҮМҮҮЖИЛ

1
БАЮУ! БАЮУ!

2
БУРАТИНО
ЧЕБУ-РАШКА

3
ОКТЯБРЬ УРА!

4
ПУСТЬ ВСЕГДА БУДЕТ СОЛНЦЕ!

5
МИР! ДРУЖБА!

6
МОНГОЛОО АЛДСАН...
ОДООХОН СУР!
ENGLISH

key:

Хумуужил Upbringing

1 Баюу баюу
Russian: Hushaby baby.
2 Буратино, Чебурашка
Russian puppets Pinocchio and Tumbler
3 Октябрь ура!
Russian: October, Hurrah!
(Celebrating the anniversary of the Bolshevik revolution of 1917)
4 Пусть всегда будет солнце!
Russian: Let there always be sunshine!
(Children's song)
5 Мир! Дружба!
Russian: Peace! Friendship!
6 Монголоо алдсан . . . Одоохон сур!
Mongolian man: (You've) lost your Mongol (nature)! Woman: Now study! (offers a Mongolian script textbook)

Note: Genghis Khan warned the Mongols not to lose their Mongolian nature; **алдах** to lose, also means to miss, or drop. Did you notice that the spelling of the book-title 'Mongolian Script' in the two cartoons differs? In the cartoon on page 217 the book is called '**monggol bichig**' which is correct, but in the cartoon on page 218 '**bichig**' is written with two **шүд** instead of one **шилбэ**.

Grammar summary

Nouns

Inflectional suffixes

Back vowels

	Short vowel 'book'	*Short vowel* + **г** 'fund'
Singular:		
nominative	**ном**	**сан**
accusative	**номыг**	**санг**
genitive	**номын**	**сангийн**
dative/locative	**номд**	**санд**
ablative	**номоос**	**сангаас**
instrumental	**номоор**	**сангаар**
comitative	**номтой**	**сантай**
Plural:		
nominative	**номууд**	**сангууд**

	Short vowels 'daughter'	*Short vowels* + **н** 'horse'
Singular:		
nominative	**охин**	**морь**
accusative	**охиныг**	**морийг**
genitive	**охины**	**морины**
dative/locative	**охинд**	**моринд**
ablative	**охиноос**	**мориноос**
instrumental	**охиноор**	**мориор**
comitative	**охинтой**	**морьтой**
Plural:		
nominative	**охид**	**морьд**

	Long vowel 'goat'	*Final diphthong* 'dog'
Singular:		
nominative	**ямаа**	**нохой**
accusative	**ямааг**	**нохойг**
genitive	**ямааны**	**нохойн**
dative/locative	**ямаанд**	**нохойд**
ablative	**ямаанаас**	**нохойгоос**
instrumental	**ямаагаар**	**нохойгоор**
comitative	**ямаатай**	**нохойтой**
Plural:		
nominative	**ямаанууд**	**нохад**

Front vowels

	Short vowel 'yurt'	*Short vowels* 'friend'
Singular:		
nominative	**гэр**	**нөхөр**
accusative	**гэрийг**	**нөхрийг**
genitive	**гэрийн**	**нөхрийн**
dative/locative	**гэрт**	**нөхөрт**
ablative	**гэрээс**	**нөхрөөс**
instrumental	**гэрээр**	**нөхрөөр**
comitative	**гэртэй**	**нөхөртэй**
Plural:		
nominative	**гэрүүд**	**нөхөд**

	Short vowel + **н** 'word'	*Final diphthong* 'woman'
Singular:		
nominative	**үг**	**бүсгүй**
accusative	**үгийг**	**бүсгүйг**
genitive	**үгийн**	**бүсгүйн**
dative/locative	**үгэнд**	**бүсгүйд**
ablative	**үгнээс**	**бүсгүйгээс**
instrumental	**үгээр**	**бүсгүйгээр**
comitative	**үгтэй**	**бүсгүйтэй**
Plural:		
nominative	**үгс**	**бүсгүйчүүд**

	Long final vowel + **н** 'camel'	*Long vowel* 'child'
Singular:		
nominative	**тэмээ**	**хүүхэд**
accusative	**тэмээг**	**хүүхдийг**
genitive	**тэмээний**	**хүүхдийн**
dative/locative	**тэмээнд**	**хүүхдэд**
ablative	**тэмээнээс**	**хүүхдээс**
instrumental	**тэмээгээр**	**хүүхдээр**
comitative	**тэмээтэй**	**хүүхэдтэй**
Plural:		
nominative	**тэмээнүүд**	**хүүхдүүд**

Reflexive suffixes

	Short back vowel 'book'	*Short back vowel* + **г** 'fund'
accusative	**номоо**	**сангаа**
genitive	**номынхоо**	**сангийнхаа**
dative/locative	**номдоо**	**сандаа**
ablative	**номоосоо**	**сангаасаа**
instrumental	**номоороо**	**сангаараа**
comitative	**номтойгоо**	**сантайгаа**

	Short back vowels 'daughter'	*Short back vowels* 'horse'
accusative 1	**охиныгоо**	**морийгоо**
accusative 2	**охиноо**	**морио**
genitive	**охиныхоо**	**мориныхоо**
dative/locative	**охиндоо**	**мориндоо**
ablative	**охиноосоо**	**мориноосоо**
instrumental	**охиноороо**	**мориороо**
comitative	**охинтойгоо**	**морьтойгоо**

	Long back vowel 'goat'	*Final back diphthong* 'dog'
accusative	**ямаагаа**	**нохойгоо**
genitive	**ямааныхаа**	**нохойныхоо**
dative/locative	**ямаандаа**	**нохойдоо**
ablative	**ямаанаасаа**	**нохойноосоо**
instrumental	**ямаагаараа**	**нохойгоороо**
comitative	**ямаатайгаа**	**нохойтойгоо**

	Short front vowel 'yurt'	*Short front vowels* 'fricnd'
accusative 1	**гэрийгээ**	**нөхрийгөө**
accusative 2	**гэрээ**	**нөхрөө**
genitive	**гэрийнхээ**	**нөхрийнхөө**
dative/locative	**гэртээ**	**нөхөртөө**
ablative	**гэрээсээ**	**нөхрөөсөө**
instrumental	**гэрээрээ**	**нөхрөөрөө**
comitative	**гэртэйгээ**	**нөхөртэйгөө**

	Short front vowel + **н** 'word'	*Front final diphthong* 'woman'
accusative	**үгээ**	**бүсгүйгээ**
genitive	**үгнийхээ**	**бүсгүйнхээ**
dative/locative	**үгэндээ**	**бүсгүйдээ**
ablative	**үгнээсээ**	**бүсгүйгээсээ**
instrumental	**үгээрээ**	**бүсгүйгээрээ**
comitative	**үгтэйгээ**	**бүсгүйтэйгээ**

	Long front vowel 'child'	*Long front vowel* + **н** 'camel'
accusative 1	**хүүхдийгээ**	**тэмээгээ**
accusative 2	**хүүхдээ**	**тэмээгээ**
genitive	**хүүхдийнхээ**	**тэмээнийхээ**
dative/locative	**хүүхдэдээ**	**тэмээндээ**
ablative	**хүүхдээсээ**	**тэмээнээсээ**
instrumental	**хүүхдээрээ**	**тэмээгээрээ**
comitative	**хүүхэдтэйгээ**	**тэмээтэйгээ**

Plural suffixes

	Short back vowels 'herdsman' *Singular:*	*Plural:*
nominative	**малчин**	**малчид**
accusative	**малчныг**	**малчдыг**
genitive	**малчны**	**малчдын**
dative/locative	**малчинд**	**малчдад**
ablative	**малчнаас**	**малчдаас**
instrumental	**малчнаар**	**малчдаар**
comitative	**малчинтай**	**малчидтай**

	Short front vowels 'old man'	
	Singular:	*Plural:*
nominative	**өвгөн**	**өвгөд**
accusative	**өвгөнийг**	**өвгөдийг**
genitive	**өвгөний**	**өвгөдийн**
dative/locative	**өвгөнд**	**өвгөдөд**
ablative	**өвгөнөөс**	**өвгөдөөс**
instrumental	**өвгөнөөр**	**өвгөдөөр**
comitative	**өвгөнтэй**	**өвгөдтэй**

Plural reflexive suffixes

	Short back vowels 'herdsman'	
	Singular:	*Plural:*
accusative 1	**малчныгаа**	**малчдыгаа**
accusative 2	**малчнаа**	**малчдаа**
genitive	**малчныхаа**	**малчдынхаа**
dative/locative	**малчиндаа**	**малчдадаа**
ablative	**малчнаасаа**	**малчдаасаа**
instrumental	**малчнаараа**	**малчдаараа**
comitative	**малчинтайгаа**	**малчидтайгаа**

These examples cannot cover the whole range – Damdinsüren's *Orthographic Dictionary* for school use (1983) divides Mongol nouns into 29 groups and 110 sub-groups.

Pronouns

Personal pronouns

Singular:

	First person	*Second person*	*Third person*
nominative	**би**	**чи**	**энэ, тэр**
accusative	**намайг**	**чамайг**	**(т)үүнийг**
genitive	**миний**	**чиний**	**(т)үүний**
dative/locative	**надад**	**чамд**	**(т)үүнд**
ablative	**надаас**	**чамаас**	**(т)үүнээс**
instrumental	**надаар**	**чамаар**	**(т)үүнээр**
comitative	**надтай**	**чамтай**	**(т)үүнтэй**

Plural:

	First person		*Second*	*Third*
	*Inclusive**	*Exclusive**		
nominative	**бид**	**мань**	**та**	**эд, тэд**
accusative	**биднийг**	**маныг**	**таныг**	(т)**эднийг**
genitive	**бидний**	**маны**	**таны**	(т)**эдний**
		манай	**танай**	
dative/locative	**бидэнд**	**манд**	**танд**	(т)**эдэнд**
ablative	**биднээс**	**манаас**	**танаас**	(т)**эднээс**
instrumental	**биднээр**	**манаар**	**танаар**	(т)**эднээр**
comitative	**бидэнтэй**	**мантай**	**тантай**	(т)**эдэнтэй**

* These distinctions are hardly made in modern Mongol.

Short form of personal pronouns

	First person	*Second person*	*Third person*
singular	**над (шиг)**	**чам (шиг)**	**түүн (шиг)**
plural	**ман (шиг)**	**тан (шиг)**	**тэд (шиг)**

Possessive pronouns

As genitive case of personal pronouns.

Postpositional possessive pronouns

	First person	*Second person*	*Third person*
singular	**минь**	**чинь**	**нь**
plural	**маань**	**тань**	**нь**

Interrogative pronouns

Note in the paradigm of what? and who? that **юу** has hidden n.

nominative	**юу**	what	**хэн**	who
accusative	**юуг**	what	**хэнийг**	whom
genitive	**юуны**	of what	**хэний**	whose
dative/locative	**юунд**	to what	**хэнд**	to whom
ablative	**юунаас**	from what	**хэнээс**	from whom
instrumental	**юугаар**	by what	**хэнээр**	by whom
comitative	**юутай**	with what	**хэнтэй**	with whom

юу ч anything, **хэн ч** anybody

Verbs

Inflectional suffixes

	Short back vowels 'to take'	*Short front vowels* 'to give'
verbal nouns:		
present-future	**авах**	**өгөх**
imperfective	**аваа**	**өгөө**
iterative	**авдаг**	**өгдөг**
perfective	**авсан**	**өгсөн**
agent	**авагч**	**өгөгч**
tenses:		
present-future	**авна**	**өгнө**
past definite	**авав**	**өгөв**
past perfect	**авлаа**	**өглөө**
past finite	**авчээ**	**өгчээ**
converbs:		
concessive	**ававч**	**өгөвч**
conditional	**авбал**	**өгвөл**
continuous	**авсаар**	**өгсөөр**
imperfective	**авч**	**өгч**
modal	**аван**	**өгөн**
optative	**аваасай**	**өгөөсэй**
perfective	**аваад**	**өгөөд**
successive	**авангуут**	**өгөнгүүт**
temporal	**авахлаар**	**өгөхлөөр**
temporal	**авмагц**	**өгмөгц**
terminal	**автал**	**өгтөл**
imperatives, etc.:		
imperative	**ав**	**өг**
imperative	**аваарай**	**өгөөрэй**
imperative	**аваач**	**өгөөч**
imperative	**авагтун**	**өгөгтүн**
voluntative	**авъя**	**өгье**
voluntative	**авсугай**	**өгсүгэй**
concessive	**автугай**	**өгтүгэй**
concessive	**аваг**	**өгөг**
opportune	**авангаа**	**өгөнгөө**
admonitory	**авуузай**	**өгүүзэй**

	Long back vowel 'to ask'	*Long front vowel* 'to laugh'
verbal nouns:		
present-future	**асуух**	**инээх**
imperfective	**асуу**	**инээгээ**
iterative	**асуудаг**	**инээдэг**
perfective	**асуусан**	**инээсэн**
agent	**асуугч**	**инээгч**
tenses:		
present-future	**асууна**	**инээнэ**
past definite	**асуув**	**инээв**
past perfect	**асуулаа**	**инээлээ**
past finite	**асуужээ**	**инээжээ**
converbs:		
concessive	**асуувч**	**инээвч**
conditional	**асуувал**	**инээвэл**
continuous	**асуусаар**	**инээсээр**
imperfective	**асууж**	**инээж**
modal	**асуун**	**инээн**
optative	**асуугаасай**	**инээгээсэй**
perfective	**асуугаад**	**инээгээд**
successive	**асуунгуут**	**инээнгүүт**
temporal	**асуухлаар**	**инээхлээр**
temporal	**асуумагц**	**инээмэгц**
terminal	**асуутал**	**инээтэл**
imperatives, etc.:		
imperative	**асуу**	**инээ**
imperative	**асуугаарай**	**инээгээрэй**
imperative	**асуугаач**	**инээгээч**
imperative	**асуугтун**	**инээгтүн**
voluntative	**асууя**	**инээе**
voluntative	**асуусугай**	**инээсүгэй**
concessive	**асуутугай**	**инээтүгэй**
concessive	**асууг**	**инээг**
opportune	**асуунгаа**	**инээнгээ**
admonitory	**асуугуузай**	**инээгүүзэй**

	Short front vowel 'to say'	*Short front vowels* 'to see'
verbal nouns:		
present-future	**гэх**	**үзэх**
imperfective	**гээ**	**үзээ**
iterative	**гэдэг**	**үздэг**
perfective	**гэсэн**	**үзсэн**
agent	**гэгч**	**үзэгч**
tenses:		
present-future	**гэнэ**	**үзнэ**
past definite	**гэв**	**үзэв**
past perfect	**гэлээ**	**үзлээ**
past finite	**гэжээ**	**үзжээ**
converbs:		
concessive	**гэвч**	**үзэвч**
conditional	**гэвэл**	**үзвэл**
continuous	**гэсээр**	**үзсээр**
imperfective	**гэж**	**үзэж**
modal	**гэн**	**үзэн**
optative	**гээсэй**	**үзээсэй**
perfective	**гээд**	**үзээд**
successive	**гэнгүүт**	**үзэнгүүт**
temporal	**гэхлээр**	**үзэхлээр**
temporal	**гэмэгц**	**үзмэгц**
terminal	**гэтэл**	**үзтэл**
imperatives, etc.:		
imperative	**гэ**	**үз**
imperative	**гээрэй**	**үзээрэй**
imperative	**гээч**	**үзээч**
imperative	**гэгтүн**	**үзэгтүн**
voluntative	**гэе**	**үзье**
voluntative	**гэсүгэй**	**үзсүгэй**
concessive	**гэтүгэй**	**үзтүгэй**
concessive	**гэг**	**үзэг**
opportune	**гэнгээ**	**үзэнгээ**
admonitory	**гэвүүзэй**	**үзүүзэй**

	Diphthong back vowel 'to be'	*Short back vowels* 'to become'
verbal nouns:		
present-future	**байх**	**болох**
imperfective	**байгаа**	**болоо**
iterative	**байдаг**	**болдог**
perfective	**байсан**	**болсон**
agent	**байгч**	**бологч**
tenses:		
present-future	**байна**	**болно**
past definite	**байв**	**болов**
past perfect	**байлаа**	**боллоо**
past finite	**байжээ**	**болжээ**
converbs:		
concessive	**байвч**	**боловч**
conditional	**байвал**	**болбол**
continuous	**байсаар**	**болсоор**
imperfective	**байж**	**болж**
modal	**байн**	**болон**
optative	**байгаасай**	**болоосой**
perfective	**байгаад**	**болоод**
successive	**байнгуут**	**болонгуут**
temporal	**байхлаар**	**болохлоор**
temporal	**баймагц**	**болмогц**
terminal	**байтал**	**болтол**
imperatives, etc.:		
imperative	**бай**	**бол**
imperative	**байгаарай**	**болоорой**
imperative	**байгаач**	**болооч**
imperative	**байгтун**	**бологтун**
voluntative	**байя**	**болъё**
voluntative	**байсугай**	**болсугай**
concessive	**байтугай**	**болтугай**
concessive	**байг**	**болог**
opportune	**байнгаа**	**болонгоо**
admonitory	**байгуузай**	**болуузай**

	Short back vowels 'to cease'	*Short front vowels* 'to do thus'
verbal nouns:		
present-future	**болих**	**тэгэх**
imperfective	**болио**	**тэгээ**
iterative	**болидог**	**тэгдэг**
perfective	**болисон**	**тэгсэн**
agent	**болигч**	**тэгэгч**
tenses:		
present-future	**болино**	**тэгнэ**
past definite	**болив**	**тэгэв**
past perfect	**болилоо**	**тэглээ**
past finite	**болижээ**	**тэгжээ**
converbs:		
concessive	**боливч**	**тэгэвч**
conditional	**боливол**	**тэгвэл**
continuous	**болисоор**	**тэгсээр**
imperfective	**болиж**	**тэгж**
modal	**болин**	**тэгэн**
optative	**болиосой**	**тэгээсэй**
perfective	**болиод**	**тэгээд**
successive	**болингуут**	**тэгэнгүүт**
temporal	**болихлоор**	**тэгэхлээр**
temporal	**болимогц**	**тэгмэгц**
terminal	**болитол**	**тэгтэл**
imperatives, etc.:		
imperative	**боль**	**тэг**
imperative	**болиорой**	**тэгээрэй**
imperative	**болиоч**	**тээч**
imperative	**болигтун**	**тэгэгтүн**
voluntative	**больё**	**тэгье**
voluntative	**болисугай**	**тэгсүгэй**
concessive	**болитугай**	**тэгтүгэй**
concessive	**болиг**	**тэгэг**
opportune	**болингоо**	**тэгэнгээ**
admonitory	**болиузай**	**тэгүүзэй**

These examples cannot cover the whole range – Damdinsüren's *Orthographic Dictionary* for school use (1983) divides Mongol verbs into 18 groups and 68 sub-groups.

Noun formation from verbs

Some examples of the suffixes producing nouns from verbal noun stems:

Suffix	*Verb*	*Meaning*	*Noun*	*Meaning*
agent:				
-аач	**зурах**	to draw	**зураач**	artist
/ээч	**бичих**	to write	**бичээч**	clerk
-уул	**харах**	to look	**харуул**	guard
/үүр	**дэлгэх**	to display	**дэлгүүр**	shop
activity:				
-гаа	**ажиллах**	to work	**ажиллагаа**	activity
/гээ	**үйлчлэх**	to serve	**үйлчилгээ**	service
-ц	**ургах**	to grow	**ургац**	harvest
	суух	to sit, live	**сууц**	housing
-ш	**түлэх**	to burn	**түлш**	fuel
	булах	to bury	**булш**	grave
-ээ	**идэх**	to eat	**идээ**	food
	түлэх	to burn	**түлээ**	firewood
process:				
-аа	**худалдах**	to sell	**худалдаа**	trade
/аан	**тулалдах**	to fight	**тулалдаан**	battle
-аас	**хадах**	to pin on	**хадаас**	nail
	бүрэх	to cover	**бүрээс**	cover
-бар	**тайлах**	to explain	**тайлбар**	explanation
/вар	**зөөх**	to carry	**зөөвөр**	transport
-дал	**нүүх**	to migrate	**нүүдэл**	migration
/тал	**сурах**	to study	**суртал**	doctrine
-уур	**тулгах**	to be supported	**тулгуур**	support; pylon
/уулъ	**сургах**	to teach	**сургууль**	school
result:				
-г	**бичих**	to write	**бичиг**	writing
	зурах	to draw	**зураг**	drawing
-га	**найруулах**	to mix	**найруулга**	composition
	нудрах	to punch	**нудрага**	fist
-дос	**орхих**	to abandon	**орхидос**	junk
	ороох	to wrap	**ороодос**	wrapping
-мт	**боох**	to close	**боомт**	barrier
	барих	to hold	**баримт**	fact
-р/рь	**суух**	to sit	**суурь**	place
	шавах	to cover	**шавар**	mud

Suffix	*Verb*	*Meaning*	*Noun*	*Meaning*
abstract:				
-л	**зөвлөх**	to advise	**зөвлөл**	advice
	судлах	to study	**судлал**	study
-лага	**орох**	to enter	**орлого**	revenue
/лга	**унших**	to read	**уншлага**	reading
	хаах	to close	**хаалга**	door
-лан	**жаргах**	to be happy	**жаргалан**	happiness
/галан	**өлсөх**	to be hungry	**өлсгөлөн**	hunger
-лт	**нэмэх**	to add	**нэмэлт**	increase
	өсөх	to grow	**өсөлт**	growth
-мж	**үзэх**	to see	**үзэмж**	appearance
	туслах	to assist	**тусламж**	aid
-мөр	**хөдлөх**	to get busy	**хөдөлмөр**	labour
	үзэх	to see	**үзмэр**	exhibit

Postpositions

A selection of common postpositions and their cases

With nominative case (plus fleeting n):
дор under:

газар дор	under the ground
ширээн дор	under the table

дунд in the middle:

өдөр дунд	midday
шөнө дунд	midnight

дээр on, at:

ширээн дээр	on the table
шуудан дээр	at the post office

руу (рүү/луу/лүү) to, towards:

хот руу	to(wards) (the) town
Улаанбаатар луу	to Ulan Bator

турш throughout:

өдөр турш	all day long
шөнө турш	all night long

хүртэл up to:

энэ хүртэл	up to here
дөрвөн цаг хүртэл	up to four o'clock

шахам almost:

зуу шахам	almost a hundred
өдөр бүр шахам	almost every day

шиг like:

чам шиг	like you
нохой шиг	like a dog

With genitive case:

гадаа outside:

гэрийн гадаа	outside the *ger*

дараа after:

хийсний дараа	after doing (having done)
хоолны дараа	after food

дор under:

бүтээлгийн дор	under the bedspread
ажиглалтын дор	under observation

дотор within, amidst:

тогооны дотор	inside the pot
нэг сарын дотор	within a month

дунд in the middle of:

голын дунд	in the middle of the river
танхимын дунд	in the centre of the hall

дэргэд near:

үүдний дэргэд	near the door
хотын дэргэд	near the town

наана this side of, closer:

хүүхдийн паркийн наана	this side of the children's park
тавны наана	before the fifth of the month

орчим near:

их дэлгүүрийн орчим	near the department store
нэг хоёр цагийн орчим	between one and two o'clock

өмнө in front of, before:

хоолны өмнө	before food
эхлэхээс гучин минутын өмнө	30 minutes before the start
их сургуулийн өмнө	in front of the university
Та буцахынхаа өмнө энийг хий.	Do this before you go.

төдийгүй not only, as well:

арьсны төдийгүй үсний өнгө	hair as well as skin colour

төлөө for (someone's) sake:

миний төлөө	for me
эрүүл мэндийн төлөө!	to (your) health!

тул for the sake of, in order to:

миний тул	for my sake
буруug засахын тул	so as to put right the mistake

тухай about, concerning:

юуны тухай	what about?
Монголын тухай	about Mongolia

хамт together with:

тэдний хамт	together with them
гэргийн хамт	accompanied by (his) wife

хойно behind, after:

гэрийн хойно	behind the *ger*
хоёр жилийн хойно	after two years

цаана that side of:

шуудангийн цаана	behind the post office
уулын цаана	beyond the mountain(s)

With ablative case

бусад other than:

бүтэн сайнаас бусад өдөр	except Sundays

гадна besides, except:

түүнээс гадна	besides that

доош smaller, less:

таваас доош насны хүүхэд	child under the age of five

ойр near:

эндээс ойр	near here

өмнө before:

хоёр цагаас өмнө	before two o'clock
Та буцахаас өмнө энийг хий.	Do this before you go.

хойно after:

үүнээс хойно	henceforth

хойш after:

надаас хойш	after me
үдээс хойш	afternoon
хоёр цагаас хойш	after two o'clock

цааш from . . . onwards:

нэг сараас цааш	from January onwards

With comitative case:

хамт together with:

надтай хамт ир	come with me

цуг together with:

чамтай цуг	together with you

Suffixes attached to postpositions:

дээрээс from above:

ийм дээрээс	as a result of this

өмнөөс from in front:

миний өмнөөс	on my behalf

The suffix **-х/хи** (**доторхи, доорхи, дээрх**, etc.) enables postpositions to be used attributively:

мянгын доторхи тоо	numbers under 1,000
хувьсгалаас өмнөх аж байдал	life before the revolution
хувьсгал ялсны дараахь амьдрал	life after the revolution

The word **дахь** 'in' plays a similar role:

Дархан дахь зах	the market in Darkhan

Adverbs

Most adjectives may act also as adverbs, but a few 'pure' adverbs cannot act as adjectives: **сайтар** 'thoroughly', **саяа** 'recently' and **даруй** 'immediately' are usually placed in this category. Adverbs and adverbial phrases can be derived from stems with the instrumental case suffix:

голын хөвөөгөөр	along the river bank
хүйтнээр	coldly

Adverbs of place ask and answer the question 'where?' (**хаа** or **хаана**), in some cases using the dative/locative suffix (**-д**):

наана	this side
цаана	that side
гадаа	outside
дотор	inside
энд	here
тэнд	there
ард	at the back
урд	at the front

Adverbs of direction ask and answer the questions 'where to?' and 'where from?' (**-шаа** and **-аас**):

хаашаа	where to?	**хаанаас**	where from?
хойшоо	to the north	**хойноос**	from the north

Similarly: **дээшээ** upwards **доошоо** downwards

ийшээ	this way
тийшээ	that way
урагш	forwards, etc.
үүгээр	around here

түүгээр around there

There is also a suffix **-уур/үүр** meaning 'around': **гадуур** 'outdoors', **дотуур** 'indoors', etc.

Adverbs of time ask and answer the question 'when?' (**хэзээ, хэдийд**): **дараа** 'afterwards' **заримдаа** 'sometimes' **эрт** 'early', etc. **өнөөдөр** 'today' and **маргааш** 'tomorrow' take noun case suffixes.

Adverbs of mode include **голдуу** 'mainly' **ихэд** 'greatly' **үнэхээр** 'really', etc, and some word-pairs: **хааш яаш** 'carelessly', **арай чарай** 'somehow', **дөнгөн данган** 'hardly', etc.

The question **хэрхэн** means 'in what circumstances?' but 'how?' and 'why?' are usually forms of the verb **яах** (**яаж, яагаад**) combined with another verb: **Яаж хийх вэ?** 'How is it to be done?'

Adverbs and adjectives may be modified:

маш чухал	extremely important
тун амархан	very easy
хэтэрхий олон	too many
хэтэрхий идэх	to overeat
яг харалдаа	exactly opposite

Adjective formation from nouns and adjectives

The table illustrates examples of the suffixes producing adjectives from nouns and other adjectives.

Suffix	*Stem*	*Meaning*	*Adjective*	*Meaning*
-втар	**хар**	black	**харавтар**	blackish
	хөх	dark blue	**хөхөвтөр**	bluish
-дуу	**саарал**	grey	**сааралдуу**	greyish
	хөнгөн	light	**хөнгөндүү**	rather light
-лаг	**авьяас**	talent	**авьяаслаг**	talented
-маг	**ах**	elder brother	**ахимаг**	elderly
	нойр	sleep	**нойрмог**	sleepy
-мсаг	**их**	great	**ихэмсэг**	grand
	гоё	beauty	**гоёмсог**	beautiful
-рхаг	**уул**	mountain	**уулархаг**	mountainous
/-лхаг	**үүл**	cloud	**үүлэрхэг**	cloudy
	эр	man	**эрэлхэг**	manly
-рхай	**бут**	into pieces	**бутархай**	fragmented
	тод	clear	**тодорхой**	specific

Suffix	*Stem*	*Meaning*	*Adjective*	*Meaning*
-рхуу	**морь**	horse	**морирхуу**	horselike
	хөдөө	countryside	**хөдөөрхүү**	countrylike
	өндөг	egg	**өндгөрхүү**	eggshaped
-саг	**төрхөм**	wife's family	**төрхөмсөг**	family-loving
	цай	tea	**цайсаг**	tea-loving
-т	**үнэ**	price	**үнэт**	valuable
	элс	sand	**элст**	sandy
-хай	**балар**	dense, dark	**бàлархай**	indistinct
	муу	bad	**муухай**	nasty
-хи	**дор**	below	**дорхи**	lower
	урд	south	**урдахь**	southern, front
-хон	**бага**	small	**багахан**	rather small
	том	big	**томхон**	biggish

Adjective formation from verbs

Some examples of the suffixes producing adjectives from verbs:

Suffix	*Verb*	*Meaning*	*Adjective*	*Meaning*
-гай	**хазайх**	to lean	**хазгай**	crooked
	шамдах	to exert oneself	**шамдгай**	keen
-м	**дурлах**	to love	**дурлам**	charming
	өрөвдөх	to pity	**өрөвдөм**	pitiful
-маг	**зорих**	to strive for	**зоримог**	purposeful
	хуурах	to deceive	**хуурмаг**	false
-мал	**барих**	to hold	**баримал**	sculpted
	хийх	to do, make	**хиймэл**	artificial
-мгай	**мэдэх**	to know	**мэдэмгий**	knowledgeable
/мхай	**айх**	to fear	**аймхай**	nervous
-мтгай	**ярих**	to converse	**яримтгай**	talkative
	үргэх	to shy	**үргэмтгий**	jumpy
-н	**шингэх**	to be absorbed	**шингэн**	liquid
	шувтах	to taper	**шувтан**	tapering
-нги	**наах**	to stick	**наанги**	sticky
	сөөх	to grow hoarse	**сөөнгө**	hoarse
-нгүй	**дэлгэрэх**	to spread	**дэлгэрэнгүй**	detailed
	хураах	to collect	**хураангуй**	summarized
-нхай	**уйлах**	to cry	**уйланхай**	tearful
	эцэх	to tire	**эцэнхий**	tired
-уу	**таарах**	to suit	**тааруу**	appropriate

Suffix	*Verb*	*Meaning*	*Adjective*	*Meaning*
	тэнцэх	to balance	**тэнцүү**	equal
	ядах	to be hardly able	**ядуу**	poor
-уун	**агшаах**	to boil down	**агшуун**	thick
	хөгжих	to be happy	**хөгжүүн**	cheerful
-ууштай	**анхаарах**	to pay attention	**анхааруууштай**	attention-worthy
	үзэх	to see	**үзүүштэй**	worth looking at
-шгүй	**танигдах**	to be known	**танигдашгүй**	unrecognizable
	дуусах	to finish	**дуусашгүй**	inexhaustible

Note: Don't confuse the negative adjectival suffix **-шгүй** with the negative noun suffix **-гүй** of **үдэшгүй** (from **үдэш** 'evening') in the expression **өглөө үдэшгүй** 'both morning and evening' (like **өдөр шөнөгүй** 'day and night').

Cardinal and Ordinal Numbers

cardinal numbers:		*ordinal numbers*:
1	**нэг (нэгэн)**	**нэгдүгээр**
2	**хоёр**	**хоёрдугаар**
3	**гурав (гурван)**	**гуравдугаар**
4	**дөрөв (дөрвөн)**	**дөрөвдүгээр**
5	**тав (таван)**	**тавдугаар**
6	**зургаа (зургаан)**	**зургадугаар**
7	**долоо (долоон)**	**долдугаар**
8	**найм (найман)**	**наймдугаар**
9	**ес (есөн)**	**есдүгээр**
10	**арав (арван)**	**аравдугаар**
11	**арван нэг**	**арван нэгдүгээр**
12	**арван хоёр**	**арван хоёрдугаар**
20	**хорь (хорин)**	**хорьдугаар**
25	**хорин тав**	**хорин тавдугаар**
30	**гуч (гучин)**	**гучдугаар**
40	**дөч (дөчин)**	**дөчдүгээр**
50	**тавь (тавин)**	**тавьдугаар**
60	**жар (жаран)**	**жардугаар**
70	**дал (далан)**	**далдугаар**
80	**ная (наян)**	**наядугаар**
90	**ер (ерэн)**	**ердүгээр**
100	**зуу (зуун)**	**зуудугаар**

111	**зуун арван нэг**
200	**хоёр зуу**
212	**хоёр зуун арван хоёр**
300	**гурван зуу**
1,000	**мянга (мянган төгрөг)**
1997	**мянга есөн зуун ерэн долоо**
10,000	**арван мянга (түмэн)**
100,000	**зуун мянга**
1,000,000	**сая**
10,000,000	**живаа**
100,000,000	**дүнчүүр**
1,000,000,000	**тэрбум**
0	**тэг**

Note: Large figures in statistics (e.g. budgets) tend to be published as 'thousands': **657219,8 мянга** is 657,219,800. Commas are used not to divide the thousands, but in place of the decimal point. Cardinal numbers are declined as nouns. The ordinal numbers first to twelfth are used for the months of the year.

The cardinal numbers are declined with the usual case suffixes like nouns, but note the variation between the base forms and the n-stem forms:

nominative	**нэг**	**нэгэн**
accusative	**нэгийг**	**нэгнийг**
genitive	**нэгийн**	**нэгний**
dative/locative	**нэгд**	**нэгэнд**
ablative	**нэгээс**	**нэгнээс**
instrumental	**нэгээр**	**нэгнээр**
comitative	**нэгтэй**	**нэгэнтэй**

nominative	**арав**	**арван**
accusative	**арвыг**	**аравныг**
genitive	**арвын**	**аравны**
dative/locative	**аравд**	**арванд**
ablative	**арваас**	**аравнаас**
instrumental	**арваар**	**аравнаар**
comitative	**аравтай**	**арвантай**

The lunar calendar

The birth of Mongolian democracy and freedom in the early 1990s generated an upsurge of popular interest in the Mongols' national heritage and in such traditions as the lunar calendar. Mongolia's first democratic state constitution came into force (Article 70)

арван долдугаар жарны усан бичин жилийн хаврын тэргүүн хар барс сарын ... өлзийт сайн шар морин өдрийн морин цагаас 'from the horse hour of the auspicious yellow horse day of the black tiger first spring month of the water monkey year of the seventeenth 60-year cycle', or 12 o'clock on 12th February 1992.

Animal years

Mongolian year name	*Date begins* (**цагаан сар**)
гал хулгана	19th February 1996
улаагчин үхэр	7th February 1997
шороон бар	28th January 1998
шарагчин туулай	16th February 1999
төмөр луу	5th February 2000
цагаагчин могой	24th February 2001
усан морь	13th February 2002
харагчин хонь	2nd February 2003
модон мич	21st February 2004
хөхөгчин тахиа	9th February 2005
гал нохой	30th January 2006
улаагчин гахай	18th February 2007
шороон хулгана	8th February 2008
шарагчин үхэр	25th February 2009
төмөр бар	15th February 2010, etc.

*Astrologers adjust the lunar calender every three years to match the solar calender by inserting an intercalary month. This last happened in 1998 and 2001. The new moon may be timed for the day before the holiday begins.

Note: The suffix **-гчин** added to the colour stem is one of the few surviving gender-related suffixes, used for female animals only.

Animal months

The animal names are combined with the 12 months of the lunar year (**цагаан сар** marks the beginning of the first spring month):

Month names	*Equivalent months*	
бар	**хаврын тэргүүн сар**	first spring
туулай	**хаврын дунд сар**	middle spring
луу	**хаврын адаг сар**	spring's end
могой	**зуны тэргүүн сар**	first summer
морь	**зуны дунд сар**	middle summer
хонь	**зуны адаг сар**	summer's end

Month names	*Equivalent months*	
мич	**намрын тэргүүн сар**	first autumn
тахиа	**намрын дунд сар**	middle autumn
нохой	**намрын адаг сар**	autumn's end
гахай	**өвлийн тэргүүн сар**	first winter
хулгана	**өвлийн дунд сар**	middle winter
үхэр	**өвлийн адаг сар**	winter's end

Animal days

The names and colours of the 12 animals are given to the days of the lunar months as well. In the calendar for 1996 (i.e. lunar years 'pig' and 'mouse') the first 12 animal days from the first day of 'mouse' (19th February) were as follows: **улаан нохой, улаагчин гахай, шар хулгана, шарагчин үхэр, цагаан бар, цагаагчин туулай, хар луу, харагчин могой, хөх морь, хөхөгчин хонь, улаан бич** and **улаагчин тахиа,** the latter being 1st March.

However, for the lunar calendar to keep up with the solar calendar, a leap day has to be added every now and then, and the numbering of some days in the lunar calendar is repeated, e.g. 1st and 2nd March 1996 were both the twelfth day of **хаврын тэргүүн цагаан барс сар** although one day was called **улаагчин тахиа** and the other **шар нохой**. As a result things get so complicated that you need a lunar calendar (**хуанли**) for the year in question!

Animal hours of the day

The animal names can also be given to the 12 two-hour 'hours' of the day; there is disagreement as to whether these 'hours' start 'on the hour' of the conventional clock or at 40 minutes past:

Hour names	*Equivalent hours*
хулгана	23.00–01.00 (23.40–01.40)
үхэр	01.00–03.00 (01.40–03.40)
бар	03.00–05.00 (03.40–05.40)
туулай	05.00–07.00 (05.40–07.40)
луу	07.00–09.00 (07.40–09.40)
могой	09.00–11.00 (09.40–11.40)
морь	11.00–13.00 (11.40–13.40)
хонь	13.00–15.00 (13.40–15.40)
мич	15.00–17.00 (15.40–17.40)
тахиа	17.00–19.00 (17.40–19.40)

Hour names	*Equivalent hours*
нохой	19.00–21.00 (19.40–21.40)
гахай	21.00–23.00 (21.40–23.40)

Animal compass points

Going clockwise from north through east, south and west the 12 animal signs indicate compass directions: i.e. north is 'mouse', east is 'hare', south is 'horse' and west is 'hen'.

Family relationships

This is a more detailed genealogy than the basic one on page 45 and illustrates a wider range of relationships:

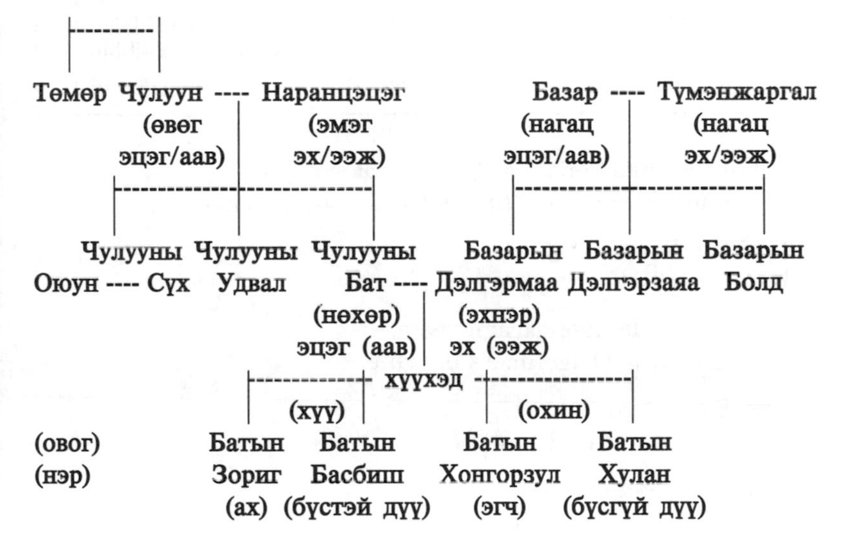

Fathers and mothers

нөхөр	husband	эхнэр	wife
эцэг (аав)	father	эх (ээж)	mother

Бат Дэлгэрмаагийн нөхөр.
Bat is Delgermaa's husband.

Дэлгэрмаа Батын эхнэр.
Delgermaa is Bat's wife.

Бат Басбишийн аав.
Bat is Basbish's father.

Базар Дэлгэрмаагийн эцэг.
Bazar is Delgermaa's father.

Наранцэцэг Сүхийн эх.
Narantsetseg is Sükh's mother.

Дэлгэрмаа Хонгорзулын ээж.
Delgermaa is Khongorzul's mother.

Children

хүүхэд	children	хүү	son	охин	daughter
ах	elder brother	бүстэй дүү		male younger sibling	
эгч	elder sister	бүсгүй дүү		female younger sibling	

Зориг, Басбиш бол Бат Дэлгэрмаа хоёрын хүүхэд.
Zorig and Basbish are Bat and Delgermaa's children.

Басбиш Батын хүү.
Basbish is Bat's son.

Хонгорзул Дэлгэрмаагийн охин.
Khongorzul is Delgermaa's daughter.

Сүх Батын ах.
Sükh is Bat's elder brother.

Зориг Басбишийн ах.
Zorig is Basbish's elder brother.

Төмөр Чулууны ах.
Tömör is Chuluun's elder brother.

Басбиш Хонгорзулын дүү.
Basbish is Khongorzul's younger brother.

Хонгорзул Хулангийн эгч.
Khongorzul is Khulan's elder sister.

Хулан Зоригийн дүү.
Khulan is Zorig's younger sister.

Uncles, aunts, nephews, nieces

нагац ах	uncle (mother's side)
авга ах	uncle (father's side)
нагац эгч	aunt (mother's side)
авга эгч	aunt (father's side)
зээ	nephew/niece (mother's side)
ач	nephew/niece (father's side)

Болд Басбишийн нагац ах.
Bold is Basbish's uncle (mother's brother).

Дэлгэрзаяа Басбишийн нагац эгч.
Delgerzayaa is Basbish's aunt (mother's sister).

Сүх Басбишийн авга ах.
Sükh is Basbish's uncle (father's brother).

Удвал Басбишийн авга эгч.
Udval is Basbish's aunt (father's sister).

Басбиш, Хонгорзул хоёр Сүхийн ач.
Basbish and Radnaa are Sükh's nephew and niece (on his brother's side).

Басбиш, Хонгорзул хоёр Дэлгэрзаяагийн зээ.
Basbish and Radnaa are Delgerzayaa's nephew and niece (on her sister's side).

Grandparents

өвөг эцэг (өвөг аав)	paternal grandfather
эмэг эх (эмэг ээж)	paternal grandmother
нагац эцэг (нагац аав)	maternal grandfather
нагац эх (нагац ээж)	maternal grandmother

Чулуун Хулангийн өвөг эцэг (өвөг аав).
Chuluun is Khulan's (paternal) grandfather.

Наранцэцэг Хонгорзулын эмэг эх (эмэг ээж).
Narantsetseg is Khongorzul's (paternal) grandmother.

Базар Зоригийн нагац эцэг (нагац аав).
Bazar is Zorig's (maternal) grandfather.

Түмэнжаргал Хулангийн нагац эх (нагац ээж).
Tümenjargal is Khulan's (maternal) grandmother.

Grandchildren

ач хүү	grandson (son's side)
ач охин	granddaughter (son's side)
зээ хүү	grandson (daughter's side)
зээ охин	granddaughter (daughter's side)

Басбиш Чулууны ач хүү.
Basbish is Chuluun's grandson (on his son's side).

Басбиш Базарын зээ хүү.
Basbish is Bazar's grandson (on his daughter's side).

Хонгорзул Чулууны ач охин.
Khongorzul is Chuluun's granddaughter (on his son's side).

Хонгорзул Базарын зээ охин.
Khongorzul is Bazar's granddaughter (on his daughter's side).

In-laws

хадам эх	mother-in-law	хадам эцэг	father-in-law
хүргэн ах/дүү	brother-in-law	хүргэн хүү	son-in-law
бэр	sister-in-law, daughter-in-law		
бэргэн	sister-in-law, elder brother's wife		
авга бэргэн	aunt, father's brother's wife		

Наранцэцэг Дэлгэрмаагийн хадам эх.
Narantsetseg is Delgermaa's mother-in-law.

Түмэнжаргал Батын хадам эх.
Tümenjargal is Bat's mother-in-law.

Чулуун Дэлгэрмаагийн хадам эцэг.
Chuluu is Delgermaa's father-in-law.

Базар Батын хадам эцэг.
Bazar is Bat's father-in-law.

Names

Some personal names are of Tibetan origin or have come from Sanskrit via Lamaism, like **Доржпалам** 'diamond' and **Очир** and **Базар** (both meaning *vajra* or 'thunderbolt'), while **Лианхуа** 'lotus' is Chinese.

In this century Mongols have sometimes been given Russian names like **Александр** or **Саша,** or mixed ones like **Иваанжав**; also from Russian, **Ёолк** 'little fir tree' seems a bit strange. Politically correct parents once chose **Октябрь** (October), **Сэсээр** (USSR) and even **Молотов** as names for their offspring, although the strangest of all is perhaps **Мэлсчо**, composed of the first letters of Marx, Engels, Lenin, Stalin and Choibalsan!

Modern Mongolian names for men often denote 'manly' qualities, like **Бат** 'strong', **Болд** 'steel', **Чулуун** 'stone' or **Сүх** 'axe'. Women may be named after flowers, like **Наранцэцэг** 'sunflower', **Удвал** 'chrysanthemum' or **Хонгорзул** 'thistle', or qualities like **Оюун** 'wisdom'. It seems that traditional (Buddhist) names may now be coming back into fashion.

Sometimes names are shortened. For example a man called **Дэлгэрбаяр** might familiarly be called **Дэлгэр**; a woman **Дэлгэрзаяа** may be known in her family as **Заяа** and her sister **Дэлгэрмаа** as **Маа**. A little girl **Хонгорзул** could be called **Хонги** by her parents.

The Mongolian party leader, Prime Minister and President until 1984, Tsedenbal, was sometimes refered to as **Бал дарга** 'Bal the chief'. Prominent figures in Mongolian history and society are traditionally named by the first syllable of their name plus title: **То ван** (**To-wang**) was Prince Togtokhtör, a 19th-century administrator who was also a traveller and innovator; **Рэ багш** was the 20th-century scholar, linguist and writer Academician Renchin. This practice has been extended also to the Mongolian People's Revolutionary Party (**Монгол ардын хувьсгалт нам**), sometimes called the **Ху нам**. The use of syllables is probably related to the rules of the classical script.

Addresses

Ulan Bator, with its named districts and central streets, has a numbering system for offices, shops and homes, e.g.

Монголын Худалдаа аж үйлдвэрийн танхим,
Ж. Самбуугийн гудамж 11, Улаанбаатар-38
Mongolian Chamber of Trade and Industry,
11, J. Sambuu Street, Ulan Bator 38

Сүхбаатар дүүргийн 15-р хороо, 4-р байрны 7-р орцны подвалд
Sükhbaatar District's No. 15 sub-district, No. 4 (block of) flats No. 7 entrance's (in the) basement

Баянгол дүүрэг, IV **хороолол, 12 байр, 4 орц 9–144 тоот**
Bayangol District, No. 4 residential district, No. 12 (block of) flats, No. 4 entrance, 9th floor, No. 144

Чингэлтэй дүүргийн Дэнжийн мянган айлын 34 дүгээр байрны зургаан тоотод
Chingeltei District's 'Terrace's 1000 tents encampment' No. 34 (block of) flats at No. 6.

Even in big towns, however, homes and businesses quite often have no street address. Advertisements indicate the locations of buildings in relation to neighbouring landmarks. These are business addresses:

Сонгино-Хайрхан дүүрэг, нэгдүгээр хороо, авто сургуулийн ард БЦ-ийн 022 дугаар ангийн хажуудахь хоёр давхар байр
Songino-Khairkhan District, No. 1 sub-district, two-storey building behind the driving school next to Construction Troops No. 022 unit

Оросын шинжлэх ухаан мэдээллийн төвийн зүүн талд, 48 дугаар сургуулийн хойно дан цагаан байшин
Lone white building north of No. 48 school on the east side of the Russian Science and Information Centre

There is no postal delivery and people rent post office boxes **шуудангийн хайрцаг (ш/х)**. Box numbers for Ulan Bator are combined with postcodes which identify the local post office:

Базарын Нэхийтэд, ш/х 263, Улаанбаатар 210646.
To Bazaryn Nekhiit, PO Box 263, Ulan Bator 210646 (or 46)

Poetry

Нацагдорж: Миний нутаг

Хэнтий, Хангай, Саяны өндөр сайхан нуруунууд,
Хойд зүгийн чимэг болсон ой хөвчин уулнууд,
Мэнэн, Шарга, Номины өргөн их говинууд,
Өмнө зүгийн манлай болсон элсэн манхан далайнууд.
  Энэ бол миний төрсөн нутаг, Монголын сайхан орон.

Хэрлэн, Онон, Туулын тунгалаг ариун мөрнүүд,
Хотол олны эм болсон горхи булаг рашаанууд,
Хөвсгөл, Увс, Буйрын гүн цэнхэр нуурууд,
Хүн малын ундаа болсон тойром бүрд уснууд.
  Энэ бол миний төрсөн нутаг, Монголын сайхан орон.

Орхон, Сэлэнгэ, Хөхүйн онц сайхан голууд,
Уурхай баялгийн охь болсон олон уул даваанууд,
Хуучин хөшөө дурсгал хот балгадын сууринууд,
Хол газар одсон харгуй дардан замууд.
  Энэ бол миний төрсөн нутаг, Монголын сайхан орон.

Khentii, Khangai and Sayans, beautiful high mountain chains,
The adornment of the north, forested mountain ranges,
Meneng, Sharga and Nomin, great Gobi expanses,
The vanguard of the south, oceans of sand dunes.
– This is Mongolia the beautiful, my native land.

Kherlen, Onon and Tuul, clear pure rivers,
Everyone's medicine, streams, springs and mineral springs.
Khövsgöl, Uvs and Buir, deep sky-blue lakes,
Drink for man and beast, salt-marsh and spring-pool waters.
– This is Mongolia the beautiful, my native land.

Orkhon, Selenge and Khökhüi, very beautiful rivers,
The symbol of mining wealth, many mountains and passes,
Old monuments, memorials, towns and settlements,
The trails and roads leading off to distant places.
– This is Mongolia the beautiful, my native land.

In traditional Mongol poetry there is alliteration of first syllables in paired lines (e.g. **хэ-/хой-**, **хэ-/хо-**, **хө-/хү-**, **ор-/уур-**, etc.). By rhyming the line ends as well, using plural suffixes in **-(н)ууд**, Natsagdorj (see page 67) created his own special rhythm. The poem has 12 or 13 stanzas, depending on the publisher. For new words check the main vocabulary (pages 277ff).

Key to exercises

Unit 1

Exercise 1

Сүх ээ! Сайн байна уу? Сайн. Та сайн байна уу? Сайн байна аа!

Exercise 2

1 Энэ миний гэргий. 2 Тайван байна. 3 Сайн байна аа! 4 Тийм, энэ ноён Девид Браун байна. 5 Тийм, тайван байна.

Exercise 3

1 Сайн байна уу? 2 Сайн. Та сайн байна уу? 3 Сонин сайхан юу байна? 4 Тайван байна. Танайхан сайн байна уу? 5 Сайн байна аа!

Exercise 4a

1 идсэн 2 үзсэн 3 ирсэн 4 уншсан 5 бичсэн 6 сурсан

Exercise 4b

1 идэж байна 2 үзэж байна 3 ирж байна 4 уншиж байна 5 бичиж байна 6 сурч байна

Exercise 5

1 би байна 2 тэд бичсэн 3 та ирсэн 4 тэр хүн байсан 5 тэд нар байна 6 бид суусан

Exercise 6

1 Сүх ээ! Энэ таны гэргий юу? 2 Бат аа! Хатагтай Браун ядарсан. 3 Зөөгч өө! Таны нэр хэн бэ? 4 Миний нэр Девид.

Exercise 7

1 (b) Биш, Сүх багш биш. 2 (a) Тийм, Брауныхан саяхан Улаанбаатарт ирсэн. 3 (a) Тийм, хатагтай Браун монгол хэл мэднэ. 4 (b) Үгүй, Сүх зочид буудалд суудаггүй.

Exercise 8

1 Бид Лондон хотод суудаг. 2 Тэр (хүн) их сургуулийн багш. 3 Би орчуулагч биш, би сургуулийн багш байна. 4 Тэд яарч байна. 5 Энэ сургууль том сургууль.

Exercise 9

1 d 2 a 3 e 4 b 5 c

Exercise 10

1 Миний нэр _____ 2 (a) Тийм, би Лондон хотод суудаг. *or* (b) Үгүй, Лондон хотод суудаггүй. *or* (c) Биш, Лондон хотод биш, би _____ хотод суудаг. 3 (a) Тийм, би их сургуульд ажиллаж байна. *or* (b) Үгүй, би их сургуульд ажилладаггүй. 4 (a) Би монгол хэл сайн мэднэ. *or* (b) Би монгол хэл сайп мэдэхгүй. 5 (a) Би монгол гэрт суудаг. *or* (b) Би монгол гэрт суудаггүй.

Exercise 11

1 Үгүй, Сүх Лондонд суудаггүй. 2 Девид багш биш, бизнесмен. 3 Жюли эмч биш, их сургуулийн багш. 4 Үгүй, Оюун их сургуульд ажилладаггүй. 5 Үгүй, Брауныхан Лондон хотоос ирсэн.

Translation of dialogue for comprehension 1

Sükh: *Mr. Brown! How are you?*
David: *Hey, Sükh! I am well. How are you?*

Sükh:	*I'm fine. What's new?*
David:	*It's quiet* (nothing special). *How's the family?*
Sükh:	*They're fine. Who's this? Is this Mrs Brown?*
David:	*Yes, this is my wife Julie.*
Sükh:	*How are you?*
Julie:	*I'm well. How are you?*
Sükh:	*I'm fine. My name is Sükh. This is my wife Oyuun.*
Julie:	*Oyuun! How are you? Do you speak English?*
Oyuun:	*No, I don't speak English, but I speak Russian well.*
Julie:	*What do you do?*
Oyuun:	*I work as a doctor in an Ulan Bator hospital. Where are you working?*
Julie:	*I am working at London University.*
Oyuun:	*Did you arrive recently?*
David:	*We arrived from London yesterday.*
Sükh:	*Where are you staying?*
Julie:	*We are staying at the Ulan Bator Hotel.*
Sükh:	*Is the Ulan Bator Hotel good?*
David:	*It isn't bad. Well, we are in a hurry. Goodbye!*
Oyuun/Sükh:	*Goodbye!*

Unit 2

Exercise 1

1 нэрийг 2 өрөөнд 3 унтлагын 4 хажууд 5 уумаар

Exercise 2

1 Намайг Бат гэдэг. Сайхан танилцлаа! 2 Танай зочид буудал хэдэн өрөөтэй вэ? 3 Та юм идмээр байна уу? 4 Манай гал зуухны өрөөнд ор! 5 Том зочны өрөөнд диван байна уу?

Exercise 3

1 Тийм, Батын аав ээжийн унтлагын өрөө зочны өрөөний хажууд (байдаг). 2 Охины унтлагын өрөө хоёр цонхтой. 3 Үгүй, жорлон цонхгүй. 4 Гал зуухны өрөө хоёр үүдтэй. 5 Зочны өрөөнд диван дээр унтдаг.

Exercise 4

1 Зориг хоёр дүүтэй, нэг бүстэй, нэг бүсгүй дүүтэй. 2 Үгүй, Батын аав ээж хоёр хөдөө явсан. 3 Өвөрхангай аймаг Монгол Улсын төвд байдаг. 4 Бат гучин наймтай. 5 Бид мэдэхгүй.

Exercise 5

1 Тийм (Үгүй), би хотод суудаг (үгүй, би хөдөө суудаг). 2 Тийм (Үгүй), би аав ээжтэйгээ хамт суудаг (суудаггүй). 3 Би (your number – see tables) – тай. 4 Би хүүхэдгүй (эхнэргүй, нөхөргүй) (нэг, хоёр, гурван хүүхэдтэй). 5 Миний аавын нэрийг _____ гэдэг.

Exercise 6

1 Үгүй, Хулангийн ахын нэрийг Басбиш гэдэггүй, Зориг гэдэг. (*or*) Үгүй, Хулангийн ахын нэр Басбиш биш, Зориг (гэдэг). 2 Үгүй, Хонгорзулын ээжийн нэрийг Бат гэдэггүй, Дэлгэрмаа гэдэг. 3 Үгүй, Басбиш Хонгорзулын бүсгүй дүү биш, Хонгорзулын бүстэй дүү. 4 Үгүй, Басбиш Батын бүстэй дүү биш, Зоригийн бүстэй дүү, Батын хүү байна. 5 Биш, Зориг Дэлгэрмаагийн нөхөр биш, Дэлгэрмаагийн хүү.

Exercise 7

1 Басбиш нэг сонин шавьж гэртээ авчирсан. 2 Девид Батын нэг орос номыг уншмаар байсан. 3 Үгүй, Девид Жюли хоёр өнөө орой завгүй (байна). 4 Үгүй, Бат өнөө орой завтай (байна). 5 Дэлгэрмаа Монголд байнга суудаг.

Exercise 8

1 Ирэх сард ирээрэй! 2 Та битгий яв! 3 Та суу! 4 Та ор! 5 Сайн яваарай!

Exercise 9

1 Хулан цамцаа хиртүүлсэн. 2 Басбиш гараа угаасан. 3 Девид Жюли хоёр явах болсон. 4 Дэлгэрмаа олон зочинтой болсон уу? 5 Зориг Хонгорзул хоёр аавын аав ээжтэй хамт хөдөө явсан.

Translation of dialogue for comprehension 2

DAVID: *How are you, Bat?*
BAT: *Well. How are you?*
DAVID: *I'm fine.*
BAT: *Please come in!*
DELGERMAA: *How do you do? My name is Delgermaa.*
DAVID: *I'm called David.*
JULIE: *I'm called Julie.*
DELGERMAA: *Well, come this way. This is our warm kitchen.*
BAT: *The kitchen has a small table and four chairs.*
JULIE: *How many bedrooms has your flat got?*
BAT: *Our flat has three bedrooms.*
DELGERMAA: *Are you thirsty? How about some tea?*
DAVID: *I'd like a cold beer.*
JULIE: *Do you have children?*
BAT: *We've got four. They're called Zorig, Basbish, Khongorzul and Khulan.*
JULIE: *How old are they?*
BAT: *The elder son Zorig is ten, the elder daughter Khongorzul is seven, the younger daughter Khulan is six and the younger son Basbish is five.*
JULIE: *Do your parents live in Ulan Bator?*
DELGERMAA: *My father is dead. My mother doesn't live in Ulan Bator. She lives with Bat's father's elder brother in Övörkhangai province.*
JULIE: *How old are you?*
DELGERMAA: *I'm thirty.*
DAVID: *Well, we must be going.*
DELGERMAA: *All right then. Goodbye! Have a good trip!*
JULIE: *Thanks! Stay well!*
BAT: *Come again!*
DAVID: *Thank you! Goodbye!*

Unit 3

Exercise 1

1 Төрийн ордны өмнө талд. 2 Сүхбаатарын талбайн хойт талд. 3 Хуучин кинотеатрын зүүн талд. 4 Шуудангийн баруун талд. 5 Жижиг цэцэрлэгийн дунд.

Exercise 2

1 Улаанбаатар хотын төвд олон сонирхолтой газар. 2 Морьтой хүнийг Сүхбаатар гэдэг. 3 Талбайн зүүн талд дуурь бүжгийн театр бий. 4 Талбайн өмнө талд Орос Улсын элчин яам оршдог. 5 Энэ том байшинг юу гэж нэрлэдэг вэ?

Exercise 3

1 There are no gardens on the north side of the Sükhbaatar monument. 2 The British Embassy is in Peace Street. 3 The opera and ballet theatre is situated next to the Ulan Bator Hotel. 4 Damdiny Sükhbaatar was not the Prime Minister; he was the chief of the Revolutionary Army. 5 The stock exchange is situated on the west side of the square in an old cinema.

Exercise 4

1 Тийшээ явган явж болохгүй юү? 2 Дэлгэрмаа Түүхийн музейн хойноос ирсэн. 3 Та тэр шинэ улаан номыг үзсэн үү? 4 Девид таксины буудлаас такси аваад Төв музей рүү явна. 5 Сүх Төв ордны хойш явсан.

Exercise 5

1 The sales assistant will go into the shop and do her work. 2 The bus which goes to the museum will leave from the stop next to the hotel. 3 When David and Julie come from England they will stay in Ulan Bator. 4 When the doctor has done his work he will go home. 5 Sükh and Delgermaa will go into their flat and drink tea.

Exercise 6

1 Та тийшээ юугаар явах вэ? 2 Бид энд ирээд Түүхийн музейг үзнэ. 3 Та одоо хаашаа явах гэж байна вэ? 4 Тэндээс такси аваад «Баянгол» зочид буудал руу явна. 5 Улаанбаатар луу явдаг автобусны буудал галт тэрэгний буудлын өмнө оршдог.

Exercise 7

1 Julie went home because she doesn't like dinosaur eggs. 2 David went into a bookshop near the department store and bought several

books. 3 I'm going to Choijin Lama temple because I want to see some *tsam* masks. 4 Delgermaa got very tired because she was walking in the street for a long time. 5 Hey, Sükh! How are you going to get home? By 'goat cart', of course!

Exercise 8

1 Бидэнд «Бэгз», «Их Хар»-ын муухай харц жаахан эвгүй санагдсан. 2 Төв шуудангаас баруун тийшээ гараад Энхтайвны гудамжаар яваарай! 3 Би зам хөндлөн гараад «Баянгол» зочид буудалд орсон. 4 Дэлгэрмаа Сүхбаатарын талбайн зүүн талаар яваад, Соёлын төв ордны дэргэд нэг жижиг дэлгүүрээс сонин худалдаж авсан. 5 Та баруун зүгээс Энхтайвны гудамжаар явж, Төв шуудангийн булан тойроод Сүхбаатарын хөшөө хүртэл явж, тэнд надтай уулзаарай!

Exercise 9

1 Би дэлгүүрт ороогүй учир монгол ном худалдан авсангүй. 2 Төв талбайгаас зүүн тийшээ гараагүй учраас автобус зочид буудлын гудамжаар явсангүй. 3 Дэлгэрмаа Оюун хоёр Ардчилсан Холбоонд дургүй болохоор холбооны гишүүн болсонгүй. 4 Их Хурал хол учраас Ерөнхий сайд явган явж ирээгүй. 5 Би гэрээсээ гараагүй учраас автобусны буудал руу явсангүй.

Translation of dialogue for comprehension 3

DAVID: *There are a lot of interesting places in Ulan Bator city centre!*

SÜKH: *Yes, indeed! The Sükhbaatar memorial is situated in the middle of Sükhbaatar Square, and the State Palace is on the north side of the Sükhbaatar memorial. The State Palace is called the 'grey building'.*

JULIE: *Who works in the State Palace?*

SÜKH: *The State President and the Prime Minister and the members of the Great Khural and of the government work in the 'grey building'.*

JULIE: *In front of the big grey building there is another little building. What's that?*

SÜKH: *That little building is the tomb of Sükhbaatar and Choibalsan. In the old days the leaders of the MPR*

	and the Revolutionary Party used to go up on top of the tomb every year on the 11th July and stand watching the military parade.
DELGERMAA:	*The 11th July is the anniversary of the people's revolution won in '21.*
DAVID:	*Isn't the opera and ballet theatre on the east side of Sükhbaatar Square?*
SÜKH:	*Yes it is. It is situated next to the Ulan Bator Hotel. The stock exchange is on the west side of the square, next to the central post office, in an old cinema.*
DELGERMAA:	*On the south side of Sükhbaatar Square, beyond the gardens, there is a wide road. It is called Peace Street. The British Embassy is in that street.*
SÜKH:	*Where do you intend to go now? To Gandan monastery?*
DAVID:	*No, not to Gandan monastery, we are planning to go to the Bogd Khan's winter palace museum. Can one walk there?*
SÜKH:	*You need transport because it's rather far. The stop for the bus going to the Bogd Khan's winter palace museum is next to the hotel.*
JULIE:	*Thank you. Goodbye!*

Unit 4

Exercise 1

1 оръё: Let's go to a restaurant. 2 явъя: Let's go together. 3 яръя: Let me speak to Delgermaa. 4 уулзаяа: Let's meet at the Ulan Bator Hotel. 5 авъя: I'll have a beer. Тэгье: Right.

Exercise 2

1 How many restaurants are there in Ulan Bator? Which is the best one? 2 The Bayan Gol Hotel's food is not as good as (worse than) the Tuul restaurant's. 3 My black camel is smaller than your grey horse. 4 The railway station is farther from the town centre than the hotel is. 5 The Bogd Khan's palace is more beautiful than Ulan Bator's biggest monastery, Gandan.

Exercise 3

1 Хэдэн цаг болж байна? Арван нэг хагас болж байна. 2 Тэр хүн хэдэн цагт ирэх вэ? Дөрвөн цагт ирнэ. 3 Галт тэрэг хэдэн цагт явах вэ? Арван цаг хорин минутад (арав хорьд) галт тэрэгний буудлаас хөдөлнө. 4 Та өглөөний хоолоо хэзээ иддэг вэ? Би өглөөний хоолоо өдөр бүр долоон цагт иддэг. 5 Одоо гурван цагт долоон минут дутуу байна. Гурван цаг долоон минут болж байна.

Exercise 4

1 Оюуныг өнөөдөр ирвэл бид кинонд явна. 2 Хүйтэн болбол та энд ирэх үү? 3 Таныг будаатай шөл авбал би махтай шөл авна. 4 Би сүүтэй цай уувал чамд кофе өгнө. 5 Чамайг ирж чадахгүй бол би чамтай утсаар ярина.

Exercise 5

1 Чамайг төмс авбал би шар лууван авна. 2 Батыг гахайн мах захиалвал Дэлгэрмаа хонины мах иднэ. 3 Тэр хүнийг ирэхгүй бол эмч хот явна. 4 Таныг гурван цагт ирвэл би танд чихэр өгнө. 5 Цас орвол Бат гэртээ харьж чадахгүй.

Exercise 6

1 There was neither tea nor milk in the tea shop. 2 That new university lecturer doesn't know anything. 3 For second course I'll have pork schnitzel and chips. 4 Is the hotel's ice cream better than the stewed fruit? 5 I don't eat boiled mutton or beef because I like fried fish.

Exercise 7

1 Оюун монголоор л ярьдаг. 2 Сүх Гадаад харилцааны яаманд ажиллаж л байна уу? 3 Би ахдаа нэг юм явуулахаар төв шуудан руу явсан. 4 Ноён Браун гэргийн хамт ирэх долоо хоногоос хөдөө явах гэж байна. 5 Бат босоод явчихсан.

Exercise 8

1 явах 'to go' – явуулах: to send 2 орох 'to enter' – оруулах: to insert 3 бичих 'to write' – бичүүлэх: to record 4 үзэх 'to see' – үзүүлэх: to show 5 гэрлэх 'to marry' – гэрлүүлэх: to get married, marry off

Exercise 9

1 May your wish(es) come true! 2 Of course (it can't be helped)! (There's nothing to be done!) 3 Of course, why not (do that)? 4 Of course (you may do that)! 5 Of course, why not (be like that)?

Translation of dialogue for comprehension 4

BAT:	*Are you free tomorrow evening?*
DAVID:	*Indeed we are. What are you asking about?*
BAT:	*Let's go to a nice restaurant. Will you come with us?*
DAVID:	*OK. Which is the best restaurant in town?*
BAT:	*The Mandukhai and Ulan Bator hotel restaurants are the best.*
DAVID:	*The Mandukhai's restaurant has very good food.*
BAT:	*In that case let's go to the Mandukhai?*
DAVID:	*OK. What time tomorrow?*
BAT:	*Seven fifteen.*
DAVID:	*Fine. Let's meet at the restaurant.*
BAT:	*Let's do that.*
(the next day)	
JULIE:	*What are you all going to have?*
DELGERMAA:	*I like tomato soup very much.*
JULIE:	*Is there any tomato soup?*
WAITER:	*No, it's off* (finished). *But we have rice soup and vegetable soup.*
JULIE:	*If you are all taking the rice soup I'll take the vegetable soup.*
DAVID:	*I'm not a vegetarian, I don't like vegetable soup, I like mutton.*
DELGERMAA:	*In that case let's have two rice soups and a vegetable soup.*
WAITER:	*Right.*
JULIE:	*For the second course I would like to have roast pork.*

DELGERMAA:	*Bat and I will have roast chicken.*
JULIE:	*What kind of vegetables are there?*
WAITER:	*Boiled potatoes, onions and carrots.*
DAVID:	*Please bring us* (from those of yours)*!*
WAITER:	*Will you have something to drink?*
JULIE:	*I want to drink 'Russkoye Shampanskoye'. A bottle is very cheap. If you will drink together with me I shall be very happy. Let's celebrate our meeting!*

Unit 5

Exercise 1

Dialogue reproduced as it might be printed in a Mongolian book.

1 Жюли:
—Чи ойлгов уу? Бат:
—Ойлгосон.

2 Девид:
—Та ямар ном уншиж байна вэ? Жюли:
—Би Монголд байгаа жуулчны нэг лавлах бичиг уншиж байна.

3 Девид:
—Түүнийг над үзүүлээч! Бат:
—Хүлээж байгаарай!

4 Жюли:
—Хархорум руу яаж явах вэ? Дэлгэрмаа:
—Автомашин, нисэх онгоцоор явж болно.

5 Лавлах бичигт: «Гурван Сайхан уулс Өмнөговь аймагт оршдог» гэж бичсэн байна.

Exercise 2

1 Жюли, чи ойлгов уу гэж асуусан. Бат, ойлгосон гэж хариулав. 2 Девид, та ямар ном уншиж байна вэ гэж асуув. Жюли, би Монголд байгаа жуулчны нэг лавлах бичиг уншиж байна гэж хариулсан. 3 Девид Батад, түүнийг над үзүүлээч гэж хэлсэн. Бат, хүлээж байгаарай гэж хариулав. 4 Жюли, Хархорум руу яаж явах вэ гэж асуув. Дэлгэрмаа, автомашин, нисэх онгоцоор явж болно гэж хэлэв. 5 Лавлах бичигт, Гурван Сайхан уулс Өмнөговь аймагт оршдог гэж бичсэн байна.

Exercise 3

даваа, нэгдэх өдөр, 'Monday';
мягмар, хоёрдахь өдөр, 'Tuesday';
лхагва, гуравдахь өдөр, 'Wednesday';
пүрэв, дөрөвдэх өдөр, 'Thursday';
баасан, тавдахь өдөр, 'Friday';
бямба, хагас сайн өдөр, 'Saturday';
ням, бүтэн сайн өдөр, 'Sunday';

Exercise 4

1 Түүнийгээ бидэнд үзүүлээч! 2 Та энэ номоо Батад өгөөч! 3 Дахиад хэлээд өгөөч! 4 Та нар автобусандаа суугаач! 5 Нисэх онгоцоор яваач!

Exercise 5

1 Тэр хүн Монголд ирсээр удаж байна уу? 2 Элчин сайд Улаанбаатарт ирсээр дөрвөн жил гаруй боллоо. 3 Он гарсаар цас орж байна. 4 Тэд намайг хүлээсээр байна. 5 Дэлгэрмаа лавлах бичгээ уншсаар байна.

Exercise 6

1 Түүнийг иртэл хүлээж байгаарай. 2 Бид хэдий хүртэл энд байх вэ? 3 Хавар болтол Бат Лондон хотод сууна. 4 Батыг гэр лүүгээ буцтал бид хамт ажиллаж байсан. 5 Намайг гэрээсээ гартал цас орж байв.

Exercise 7

1 Би зургадугаар (зургаадахь, зургаан) сарын хорин дөрвөнд төрсөн. 2 Даваа гариг бол долоо хоногийн нэгдэх өдөр. 3 Тэд аравдугаар (аравдахь, арван) сарын гуравны өдөр лхагва гаригт ирнэ. 4 Долдугаар (долоодахь, долоон) сарын арван нэг – Ардын Хувьсгалын өдөр. 5 Арван нэгдүгээр (арван нэгдэх, арван нэгэн) сарын арван гурав бүтэн сайн өдөр (ням гариг) байсан.

Exercise 8

1 Хаан түүнийг ням гаригт хүлээн авсан. 2 Их хурал шинэ засгийн газар зохион байгуулсан. 3 Багш даваа гаригт шинэ ном худалдан авна. 4 Монгол Улс, Их Британи хамтран ажиллаж байна. 5 Жюли Бэгзийг айн харж байсан.

Exercise 9

1 мэдэгдэх 'to be known' 2 алагдах 'to be killed' 3 идэгдэх 'to be eaten' 4 сонсогдох 'to be heard' 5 нээгдэх 'to be opened'

Exercise 10

1 Тэмүүжин мянга хоёр зуун зургаан онд Чингис Хаан болсон. 2 Би мянга есөн зуун наян есөн оны дөрөвдүгээр (дөрвөн) сарын хорин хоёронд төрсөн. 3 Зуун гурав номерын галт тэргээр явах хэрэгтэй. 4 Манай их сургууль арван мянган оюутантай. 5 Батад дөрвөн мянга зургаан зуун тавин хонь бий.

Translation of dialogue for comprehension 5

DAVID: *What book are you reading?*

JULIE: *I'm reading a guidebook for tourists in Mongolia.*

DAVID: *Show it to me!*

JULIE: *Wait a moment! The guidebook says, 'One of the places in the Gobi much visited by tourists is the Yolyn Am reserve in the Gurvan Saikhan mountains.'*

DAVID: *Where is another place tourists are greatly attracted to?*

BAT: *Another place tourists are greatly attracted to is the Khangai mountain region. The ruins of world-famous Karakorum and Erdene-Zuu monastery are situated there.*

JULIE: *It also says that the third place where tourists gather a lot is Terelj, which is part of the Khentii mountain region. Is Terelj near here?*

BAT: *It's not far. It's an hour's drive to the north-east of Ulan Bator.*

DAVID: *How do we get to Karakorum?*

BAT:	*You can go by bus or aeroplane to Kharkhorin. Have you decided when you are going to Kharkhorin?*
DELGERMAA:	*How long will you stay there?*
JULIE:	*You really have asked us a lot of questions! Only we haven't decided for the moment. Let me have a look at your guidebook.*
DAVID:	*But the guidebook says that in the 16th century Karakorum town was destroyed in a war and now all that remains of its palaces is the foundation stones! Surely there's nothing to see there?*
DELGERMAA:	*But the next chapter of the book says that in 1585 the Mongolian 'yellow faith's' first monastery was built near the place where Karakorum had been.*
DAVID:	*Well, shall we get our air tickets booked to Kharkhorin?*

Answers to the crossword

		1 Б			2 Ц			3 Д	4 А	В	А	А		5 З		
	6 Д	А	Р	Х	А	Н			Л					А		7 У
		Я			С				8 Т	У	9 У	Л		10 Г	О	Л
		Н							Л		В		11 Э			А
12 Ө	В	Ө	Р	Х	13 А	Н	14 Г	А	Й		С		Р			А
Н		Л			Р		О						Д			Н
Д		Г			15 Х	Ө	В	С	Г	Ө	Л		Э		16 У	Б
Ө		И			А		Ь						Н			А
Р		Й			Н		17 С	Э	Л	Э	Н	Г	Э			А
Х					Г		Ү						Т			Т
18 А	М				А		М					19 Г				А
А		20 У			Й		21 Б	А	Я	Н	Х	О	Н	Г	22 О	Р
23 Н	У	Р	У	У			Э					В			Н	
		Д			24 Д	О	Р	Н	О	Д		Ь		25 Х	О	Т
					А							А			Н	
26 Ц	Э	Ц	Э	Р	ЛВ	Э	Г		27 Х	Э	Р	Л	Э	28 Н		
					А							Т		У		29 У
	30 М	Ө	Р	Ө	Н							А		31 У	У	Л
					32 З	А	В	Х	А	Н		Й		Р		А
	33 Ч				А											А
34 Х	О	В	Д		35 Д	У	Н	Д	Г	36 О	В	Ь		37 У		Н
	38 Й				Г					Р				Л		Г
	Б	У	Л	Г	А	Н				39 Х	А	40 Р	У	С		О
	А				Д		41 Х			О		А				М
	44 Л		42 А				Э			Н		Ш		43 Н		
	С	А	Й	Н	ШБ	А	Н	Д			45 Б	А	Р	У	У	Н
	А		М				Т					А		Т		
	Н		А				И		46 З	Ү	Ү	Н		А		
			Г		47 Б	У	Й	Р					48 А	Г	У	Й

Unit 6

Exercise 1

1 Би түүнээс яаж асууж мэдэхгүй. 2 Бид машинтай бол Хархорин явахсан. 3 Та автобусаар нохойгоо авч явж болохгүй. 4 Бат нөгөөдөр ирэх бол уу? 5 Гадаадынхан бас оочирт зогсох хэрэгтэй.

Exercise 2

1 Улаанбаатар: улаан (red) 2 шарын шашин: шар (yellow) 3 хар ажил: хар (black) 4 цагаан идээ: цагаан (white) 5 мөнгө (silver) and ногоон (green)

Exercise 3

'What time did you come home last night, darling?'
'Exactly ten o'clock.'
'Don't tell lies! Our clock struck one just as you came in.'
'Of course! So far (as of today) people have not yet made a clock that strikes zero, my dear.'

Exercise 4

1 From Ulan Bator to the tourist camp in South Gobi province. 2 There are flights to Khovd from Ulan Bator on Tuesdays, Thursdays and Saturdays, and on Fridays with an onward connection to Bulgan district (on the border with China). 3 Those going to Mörön on Mondays, Wednesdays and Fridays. 4 Flights are scheduled from Altai to Ulan Bator at 11.50 on Tuesdays, Thursdays and Saturdays. 5 On Mondays and Thursdays the 08.30 flight goes to Kharkhorin via Övörkhangai provincial centre (Arvaikheer). 6 There are MIAT flights from Beijing to Ulan Bator on Mondays, Tuesdays, Wednesdays, Fridays and Saturdays. 7 There are flights from Ulan Bator to Moscow on Tuesdays, Thursdays and Sundays.

Exercise 5

1 Танайд нэг хүний өрөө байна уу? 2 Миний өрөөний дугаар хэд вэ? 3 Хэддүгээр давхарт вэ? 4 Надад жорлонгийн цаас аваад өгнө үү. 5 Хэдэн цагаас хоолны газар онгойх вэ?

Exercise 6

1 The cheapest room at the Ulaanbaatar Hotel costs US$60 a night. 2 The New Capital Hotel is in Peace Avenue, west of the British Embassy. 3 The Tsetseg Hotel advertisement says it has 366 beds. 4 The Baigal has rooms at US$10, but the Mandukhai and Zaluuchuud have *tögrög* rates (1,200 and 2,200). 5 The Bayangol and Züch are in Чингисийн өргөн чөлөө.

Exercise 7

1 Although Sükh bought a single ticket at the MIAT desk he didn't take the plane. 2 Delgermaa waited at the railway station for a long time but Bat didn't come. 3 Although it's Monday the dust-cart is not coming today. 4 It was half past ten but the bus driver had not started work. 5 Although David is a businessman not an interpreter he speaks Mongol well.

Exercise 8

1 цав цагаан/цагаахан 2 ув улаан/улаавтар 3 хөв хөх/хөхдүү 4 хав хар/харавтар 5 шав шар/шаравтар

Exercise 9

1 Машинд бензин хийж яваасай! 2 Цас битгий их ороосой! 3 Девид архи битгий уугаасай! 4 Цаг сайхан болоосой! 5 Шинэ дэлгүүр нээгдээсэй!

Exercise 10

1 Галт тэргийг ирэхлээр би Баттай уулзана. 2 Галт тэргийг ирэхээр би Баттай уулзана. 3 Галт тэргийг ирэхтэй зэрэг би Баттай уулзана. 4 Галт тэргийг ирмэгц би Баттай уулзана.

Exercise 11

1 Although it's sunny today it's cold. 2 As soon as we went in the concert began. 3 Read your book when I go. 4 If you haven't read this book read it now. 5 How am I supposed to know that?

Translation of dialogue for comprehension 6

ASSISTANT: *How can I help you?*
JULIE: *I would like to book three seats to Khovd.*
ASSISTANT: *When were you thinking of going?*
JULIE: *Is there a plane tomorrow?*
ASSISTANT: *No. The next plane to Khovd is at 15.40 the day after tomorrow.*
JULIE: *How much are three tickets?*
ASSISTANT: *Children between five and sixteen are half price. Three tickets will be 625 dollars.*
JULIE: *Right, here are 625 dollars.*
ASSISTANT: *Please show me your passports.*
JULIE: *Certainly.* (We are) *non-smoking.*
ASSISTANT: *Here are your tickets. Be at the airport an hour and a half before departure time. When you get to Khovd don't forget to confirm your return trip.*
RECEPTIONIST (at the Khovd hotel): *Hello, Mr Brown! The room you booked is room 411 on the fourth floor.*
DAVID: *How much is this room?*
RECEPTIONIST: *It's 45 dollars a night.*
DAVID: *It's too expensive. The room hasn't been cleaned. The light doesn't work. Is there another room for three?*
RECEPTIONIST: *Of course! Room 401 is a better room for 50 dollars a night.*
DAVID: (We would) *like to stay two nights. We'll take it.*
RECEPTIONIST: *Certainly. Enjoy your stay in Khovd!*
DAVID: *There are plenty of sights around Khovd. Which is the best way to go?*
RECEPTIONIST: *First walk round the old Manchu town, have a look at the Yellow Temple, then drive out to visit Black Water lake.*

Unit 7

Answers to questions in text: (a) The herdsmen use the term 'white *zud*' when the pastures are covered with deep snow that the livestock cannot break through to graze. (b) After the brief summer rains the grasslands and larch forests turn yellow in the cool dry air of autumn.

Exercise 1

1 The weather is improving. 2 If there is little snow in winter will there be a black *zud*? 3 The wind blew up and there was a dust storm. 4 The nines begin from the winter solstice. 5 It was as sunny as spring but reached minus 20 degrees.

Exercise 2

1 Тав дээр арвыг нэмэхэд арван тав болно. 2 Есийг үржих нь ес тэнцүү наяп нэг. 3 Хорин нэгээс арвыг хасвал арван нэг үлдэнэ. 4 Арван зургааг дөрвөд хуваабал дөрөв болно. 5 Намайг тортоо найм болгон хуваабал хүн болгон нэг нэг зүсмээр авч чадна.

Exercise 3

1 дулаан, хүйтэн 2 дулаарах, хүйтрэх 3 зун, өвөл 4 цас, бороо 5 нар, сар 6 арван хэм дулаан, хасах арван хэм 7 хавар, намар 8 тэнгэр, шороо 9 үржүүлэх, хуваах 10 над шиг, тан шиг

Exercise 4

1 Би хоёрхон хүүхэдтэй. 2 Дэлгэрмаа арав шахам нохойтой. 3 Бат далаадхан үхэртэй. 4 Төмөр гучаас бага хоньтой. 5 Монгол Улс хорин есөн сая илүү малтай.

Exercise 5

1 Horses, camels, sheep, goats and cows are called the five kinds of livestock. 2 Horses and sheep are called hot-nosed livestock. 3 Cows, camels and goats are called cold-nosed livestock. 4 Pigs and poultry are not included in the five kinds of livestock. 5 Which of the five kinds of livestock does cashmere come from? (answer: goats)

Exercise 6

(a) *ger* equipment: багана 'roof post', тооно 'roof ring', хана 'lattice wall section', хөхүүр 'koumiss bag' (cowhide), яндан 'stove pipe', (b) herding equipment: уурга 'lasso pole', хазаар 'bridle', чөдөр 'hobble', ташуур 'whip', эмээл 'saddle'. Of course, all articles under (b) could be kept in the *ger* when not in use, except the 'үүрга' which may be four metres long; there is a special place in the *ger* for a saddle stand, between the хөхүүр and the bed.

Exercise 7

1 P. Jasrai is to be relieved of his duties as Prime Minister. 2 Just as soon as the phone rang Sükh went to answer (take) it. 3 This decree is to become invalid. 4 Just as soon as Bat reached the stop the 'goat cart' (trolleybus) came. 5 The district called 'Songino' is to be changed to (renamed) 'Songino Khairkhan' district [of Ulan Bator].

Exercise 8

DECREE OF THE PRESIDENT OF MONGOLIA

13 January 1993 Number 5 Ulan Bator town

ABOUT AWARDING ORDERS AND MEDALS TO CERTAIN PEOPLE
For making a special contribution to the development of livestock production by creating a high-productivity new breed of livestock and in appreciation for the labour success the below-mentioned people are to be awarded orders and medals of Mongolia.

Order of Sükhbaatar:
Sambuugiin Dugarjav — Sector Manager, Animal Husbandry Research Institute

Order of the Pole Star:
Davaajavyn Baljinnyam — Herdsman, Shankh district, Övörkhangai province

President of Mongolia — P. OCHIRBAT

Exercise 9

1 2003/4 = black (water) ewe 2 2007/8 = red (fire) sow 3 2000/1 = white (iron) dragon 4 2005/6 = blue (wooden) hen 5 2002/3 = black (water) horse

Translation of dialogue for comprehension 7

DAVID: *What's the weather like today?*
JULIE: *The weather is fine. In Mongolia the sky is clear most days of the year. That's why Mongolia is called the land of blue skies!*

DAVID: *What will it be like tomorrow?*
JULIE: *They say the weather will turn bad. There's going to be a thunderstorm.*
DAVID: *Is the weather going to clear up the day after tomorrow?*
JULIE: *Perhaps. The signs are that a cold winter's coming. Is it warm inside a* ger *in winter?*
BALJINNYAM: *In the winter there are three layers.*
DAVID: *What heating does the* ger *have?*
HERDSMAN'S WIFE MÖNKHÖÖ: *We heat the stove with dried dung fuel.*
DAVID: *How many livestock do you have?*
BALJINNYAM: *I have around two hundred sheep, almost eighty goats, only ten cows and five horses. I don't have any camels.*
DAVID: *What year were you born in?*
BALJINNYAM: *I was born in the mouse year. My wife was born in the tiger year.*
JULIE: *How many children do you have?*
MÖNKHÖÖ: *Only seven.*
JULIE: *Since there are nine of you it must cost a lot?*
BALJINNYAM: *Although I am rich in livestock I am a poor man in money terms. But I am a 'front-ranking' herdsman. The President of Mongolia has awarded me a medal.*
JULIE: *What did your wife say?*
BALJINNYAM: *The wife said to me that you shouldn't press the head of an ox that doesn't drink, nor stroke the head of a man that doesn't know.*

Unit 8

Exercise 1

1 Төмс их үнэтэй биш. Хагас кило нь таван зуун төгрөг. 2 Манайд талх бий юү? Байхгүй. Өчигдөрийн талх дууссан байна. 3 Касс хаа байна вэ? Касс руу очиж бичүүлье. 4 Хэдэн төгрөг болж байгаа бол? Найман мянга долоон зуун дөчин гурван төгрөг. 5 Хэдэн доллар болж байгаа бол? Найман мянга долоон зуун дөчин гурван төгрөг тэнцэх нь арван нэг орчим доллар.

Exercise 2

1 мэдээдэхье! мэдээдэх, мэдээдэхээч, мэдээдэхээрэй! 2 яваадахъя! яваадах, яваадахаач, яваадахаарай! 3 ороодохъё! ороодох, ороодохооч, ороодохоорой! 4 аваадахъя! аваадах, аваадахаач, аваадахаарай! 5 өгөөдөхье! өгөөдөх, өгөөдөхөөч, өгөөдөхөөрэй!

Exercise 3

foodstuffs: ааруул 'dried curd', архи 'vodka', байцаа 'cabbage', жүрж 'orange', талх 'bread', төмс 'potatoes', хонины мах 'mutton', цай 'tea'. other goods: жорлонгийн цаас 'toilet paper', залгуур 'electric plug', лавлах бичиг 'guidebook', тавиур 'shelf', хайч 'scissors', харандаа 'pencil', чийдэнгийн шил 'light bulb'

Exercise 4

1 «Далай Ээж» захыг хамгийн сайн нь гэдэг юм. 2 «Далай Ээж» зах улсын их дэлгүүрээс урагшаа, улсын циркийн баруун талд байдаг. 3 Учир нь хүнсний барааны сонголт сайтай. 4 Бөөнөөр авбал бүр сайн хямдрана. 5 Такси дуудаад явж болно.

Exercise 5

1 Та дэлгүүр явангаа хэдэн гадил аваарай! 2 Улаанбаатарт амьдардаг гадаадынхан энэ дэлгүүр лүү очиж, тэндээс уух юмаа авах дуртай. 3 Тэнд янз бүрийн модон эдлэлээс аль хүссэнээ сонгож болно. 4 Би Монгол Улс руу явангаа Москва хотод хоёр хономоор байна. 5 Таны утасны дугаар хэд вэ? Миний утасны дугаар дөчин долоо, дөчин гурав, гучин ес.

Exercise 6

There are foodstuffs (food goods) on the first [ground] floor of the department store (big shop). Because I bought (took) bread, milk, meat and granulated sugar this (today) morning I didn't buy (take) anything (a thing) from there. But going (up) to the second [first] floor I visited the men's clothing department and saw a red shirt. I gave my money at the cash desk and took my shirt from the sales assistant. On the third [second] floor of the department store there are men's and women's clothes of all kinds. I didn't go (up) to the third floor. (I) went down to the first floor. When I went out (of there) it was five o'clock. Outside the weather was fine. I went home, changed into my new shirt and went (together) with my wife to the cinema to see a film.

Exercise 7

1 Та архи уувуузай! Та унтуузай! 2 Би бага байхдаа Лондон хотод амьдардаг байсан. 3 Намайг зочид буудалд ороход гэргий минь тэнд байхгүй байсан. 4 Монгол бол очиж үзэлтэй орон. 5 Өвөл ууланд явалтгүй газар.

Exercise 8

Khandaa had two green pencils. Her friend the little girl Buyan did not have even one green pencil.
Buyan said, '(Please) give me one of your green pencil(s).'
Khandaa said, 'I must ask my mummy (having quickly asked my mummy let me give).'
The following day the two (having) met again during the lesson break Buyan asked, 'What did your mummy say?'
Khandaa said, 'Mummy says (is saying) just give (it to her). (But) I didn't ask my elder brother.'
Buyan said, 'Well, never mind, ask your elder brother.' (To be continued)

Exercise 9

1 «Далай ээж» and «Дөрвөн уул» covered markets will be closed on 8th and 9th February, and «Хүчит шонхор» open-air market will be closed 8th, 9th, 10th and 11th February. 2 24-hour food shops will remain open during the holiday; two-shift (extended hour) food shops will be closed on 8th February; one-shift food shops will be closed on 8th and 9th February. 3 Trolleybuses will operate from 8 am to 10.30 pm on the 8th. 4 There will be no water supply on 8th and 9th February. 5 Yes, two telephones are manned 24 hours a day.

Exercise 10

TEACHER: *What can we make use of from sheep?*
PUPIL: *Wool.*

TEACHER: *Indeed. What is made of wool?*
PUPIL: *Don't know.*
TEACHER: *Well, in that case what is your overcoat made of?*
PUPIL: *It's made of my father's old overcoat.*

Exercise 11

1 Mondays and Saturdays. 2 8.08 on Sundays. 3 No. 3 train leaves Ulan Bator for Moscow at 13.50 on Thursdays. No. 24 train leaves Ulan Bator for Beijing at 8.08 on Thursdays. 4 At 3.02 am on Tuesdays, Wednesdays, Thursdays, Saturdays and Sundays. 5 No. 212 train departs from Darkhan for Ulan Bator at 22.20 daily, arriving at 5.30 am.

Translation of dialogue for comprehension 8

BAT: *So what are the two of us going to buy?*
DELGERMAA: *You do have a shopping list.*
BAT: *Let me take a look. Tea, sugar, flour, a little pork, potatoes, radishes, tomatoes and dried curd. Ah, we also need some batteries. Our torch battery is flat* (recently finished). *Do we have any bread?*
DELGERMAA: *No. Yesterday's bread is finished. And let's add a half kilo of nice grapes.*
BAT: *OK, OK. Grapes are certainly expensive. One kilo of them is 1,700 tugriks.*
DELGERMAA: *How much is that altogether?*
CASHIER: *5,390 tugriks.*
BAT: *Right, thank you, goodbye.*
CASHIER: *Goodbye. Please call again.*
BAT: *The Narantuul goods market isn't far. Let's go to the market.*
DELGERMAA: *Let's. I would like to buy a new hat. How much is this nice hat?*
SELLER: *We're talking 20,000 tugriks.*
DELGERMAA: *Can you reduce your price a bit?*
SELLER: *I can reduce the price a bit. How much do you want to pay?*
DELGERMAA: *I'll take it for 16,000.*
SELLER: *It's a bit too little. Take it for 18,000.*
DELGERMAA: *It's a bit too much. I'll take it for 17,000.*
SELLER: *OK, OK, take it, take it.*

Delgermaa: *I'm going home. I'm tired. On your way to the 'Sea Mother' market why don't you pop into the Mongol Transport Co.? We need a timetable for the bus to Övörkhangai province. Mind you don't forget!*

Unit 9

Exercise 1

1 долоон зуун ер 2 далан тав 3 таван зуун арван хоёр 4 гучин зургаа 5 гучин хоёр 6 арван нэг 7 зургаан зуун гуч

Exercise 2

1 гуравны хоёр 2 зургаа (зургаан бүхэл) наймны гурав 3 тав (таван бүхэл) мянганы хоёр зуун жаран тав 4 арван долоо (арван долоон бүхэл) зууны наян ес 5 ерэн ес (ерэн есөн бүхэл) зууны ерэн долоо

Exercise 3

Wall (target) shooting began the day before *naadam* at the central stadium's national archery grounds. Almost 200 archers participated (entered together) in this year's *naadam*. In the years of the state festive naadam 22 crack shots and 98 Masters of Sport have been produced. Having established a state record with 39 hits from 40 arrows two years ago, state crack shot Dagvasüren's son Batjargal led for the second year with 18 hits from 20 arrows and the **уухай** for his arrow hits had not subsided when (when the **уухай** for his arrow hits had not subsided) his daughter Azjargal scored 19 hits from 20 arrows and led in the girls' archery.

Exercise 4a

1 Батын хамар хөлдсөн байна. 2 Дэлгэрмаагийн шагай булгарсан байна. 3 Түүний хавирга хугарсан байна. 4 Миний тохой халцарсан байна. 5 Чиний нүүр наранд түлэгдсэн байна.

Exercise 4b

1 Бат хамраа хөлдөөчихлөө. (Батын хамар хөлджээ.) 2 Дэлгэрмаа шагайгаа булгалчихлаа. (Дэлгэрмаагийн шагай булгарчихлаа.) 3 Тэр хүн хавиргаа хугалчихлаа. (Тэр хүний хавирга хугарчихлаа.) 4 Би тохойгоо эсгэчихлээ. (Миний тохойг эсгэчихжээ.) 5 Чи нүүрээ наранд түлчихлээ. (Чиний нүүр наранд түлэгдчихлээ.)

Exercise 5

1 яс: нуруу, хавирга 2 дотор эрхтэн: бөөр, гэдэс, зүрх, нүд, уушиг, элэг 3 мөч: бугуй, мөр, өвдөг, тохой, шагай 4 үе: гар, хөл.

Exercise 6

The following day when Khandaa came Buyan asked, ‘So what does your elder brother say?’

Khandaa said, ‘My elder brother says just give it. Mind you don’t break my pencil!’

Buyan (having) said, ‘Well, of course not. I’ll use it very carefully.’

Khandaa said, ‘Don’t (you) sharpen (it). When you’re writing don’t press hard. If you do a lot of drawing the lead will run out. Also, (you) must not put it in your mouth.’

Exercise 7

1 Миний бие муу байна. 2 Миний гэдэс өвдөөд байна. 3 Эмийн жор бичиж өгнө үү? 4 Миний шүд өвдөөд байна. 5 Би халуунтай байна.

Exercise 8

1 Энэ хэсэг ямар бүтээгдэхүүн гаргадаг вэ? 2 Би барааны жагсаалт авч болох уу? 3 Би худалдааны захиралтай ярилцмаар байна. 4 Танай гол захиалагч хэн бэ? 5 Долоо хоногт хэдэн цаг ажилладаг вэ?

Exercise 9

An (accounting) balance sheet is a financial accounting document which shows the results of an organisation's activities over a specific period and which has two sides. On one side of the balance sheet the assets are shown, on (its) other side the liabilities, and these two sides' totals must be equal (balanced). The balance sheet shows where the money comes from and how it has been spent. The (its) assets are divided into basic and turnover assets, and its liabilities are divided into shareholders' funds and long-term and short-term liabilities. In the USA, Italy, the Philippines and other countries the assets are shown on the left side of the balance sheet, but in Malaysia and other countries they are displayed on its right side. The accounts balance sheet has the aim of giving true and correct information concerning the company's year-end circumstances (work situation).

Exercise 10

Hello? Doctor, I feel (my health has grown) worse. Could (couldn't) you come quickly?
The doctor's not (here). This is (I) his nurse speaking. The doctor's gone to a conference. Couldn't you ring back in three days?
In (after) three days, you say? And what if I die (suddenly)?
In that case don't forget to cancel (have cease) your call.

Exercise 11

1 The Tsogt Chandmani exchange is buying dollars at 803 tögrög. 2 The Golomt 'hearth' Bank and Mongol Business Bank offer only 780 tögrög for a dollar. 3 The cheapest dollars are from the Trade and Development Bank and the Export Import Bank at 803 tögrög. 4 You would get £5 × 1,344.7492 = 6,723.74 tögrög (less commission!).

Translation of dialogue for comprehension 9

DELGERMAA: *The 'three manly games' are held in July. Every year in the Ulan Bator city central stadium in accordance with tradition 512 wrestlers put on their wrestler's jackets.*

BAT:	*Wall-target archery began at the central stadium's archery grounds the day before the games. Almost 200 archers participated in the games this year. With 39 hits from 40 arrows state crack shot Dagvasüren established a state record.*
DELGERMAA:	*Early in the morning of the 11th nearly 630 fast stallions moved off towards the starting line. The first of the fast stallions to come in, a light bay with a white nose and a blaze on its forehead, covered the 24-km road in 33 minutes.*
DAVID:	*Yesterday I fell off my horse and hurt my knee. I feel dizzy.*
BAT:	*Did you bang your head as well?*
DAVID:	*Yes I did. Must I stay in bed?*
BAT:	*No. I want to see the Mongolian industrial exhibition. Let's go together.*
DAVID:	*Let's. The Mongolian Prime Minister will open the exhibition at 10 o'clock.*
UDVAL:	*Hello! My name is Udval. I'm Bat's sister. I'm the commercial director of the Mongolian Skins and Hides Co. What organization do you represent?*
DAVID:	*Hello! I'm the secretary of the British Chamber of Trade and Industry. I'm called David.*
UDVAL:	*I would like to discuss possible forms of collaboration.*
DAVID:	*I could grant you long-term credit.*
UDVAL:	*They say, 'Having no debt is wealth and no illness happiness.'*

There are no exercises for Unit 10.

Mongolian–English vocabulary

The first meaning given is that first used in this book and not necessarily the most common meaning.

A

аав	dad
ааруул	dried curd
ааруц	sour-milk curd
авах	to take; to do something for oneself
авдар	chest, box
авиа зүй	phonetics
аврага	giant; champion
автобус(н)	bus
авчрах	to fetch, to bring
авьяас	talent
агаар	air
агт(н)	gelding
агуй	cave
адаг	end
аж ахуй	enterprise, activity
ардын аж ахуйтан	independent herder
мал аж ахуй	animal husbandry
аж ахуйн нэгж	business (unit)
аж үйлдвэр	industry
ажил	work
ажиллагаа	activity
ажиллах	to work
азарга(н)	stallion
аймаг	province
айраг	koumiss
айх	to fear
актив	assets
алах	to kill
алга	not, none; lacking
алдагдал	losses
алдар	name (honorary); fame
алив	come on then
алс	far
алт(н)	gold
аль (алин)	which?
ам(н)	gorge; mouth
ам алдах	to promise
амар	calm, quiet
амаргүй	difficult
Америк	America
амжилт	success
амиараа	individually
амралт	holiday
амрах	to rest
амтат жүрж	orange (fruit)
амттай	tasty
амь даатгал	life insurance

амьдрах	to live
ан	hunting
анги	unit, class
ангилагдах	to be divided
ангилах	to divide up
Англи	England
англи	English
анх(ны)	first
анхаарал	attention
анхаарах	to pay attention to
ар	back, rear
арай	a bit (e.g. more)
арга	method
аргал	dry animal dung
аргалын дөрвөлж	dung box
ард	people; commoner
ард түмэн	the masses
ардчилах	to democratize
арилах	to clear up (weather)
ариун	pure
арслан	lion
архи	vodka
арьс(н)	skin
арьс шир	skins and hides
асуулт	question
асуух	to ask
атгах	to grasp
атом	atom
атташе	attaché
ах	elder brother
ахиц	success, progress
ач	grandchildren
ач холбогдолтой	important
ачаа, ачаа тээш	baggage
ачаа-суудлын	goods-passenger (train)
ашиг	profit
ашиг шим	productivity
ашиглах	to make use of, to exploit
аяга(н)	cup, glass (tumbler)
аяга халбага	tableware
аялах	to travel
аян	journey
аян дайн	campaign
аятайхан	nice, good

Б

баар	bar
баасан	Friday
баатар	hero
баг	mask
бага	little
багана	pillar, post
багасах	to fall, to decline
багш	teacher
байгаль	nature
байгууллага	organization
байгууллагдах	to be founded
байгуулал	structure
байгуулах	to build, to found, to organize
байдал	state, situation
байлгүй яах вэ	why not?
байлдах	to fight, to do battle
байнга	permanently
байр	flat (apartment); position, place
байх	to be
байхуу	black tea
байцаа	cabbage
байцгаах	to be (together)
бал	lead (pencil), ink (ballpen)
баланс	balance (accounting)

балгас(н) ruin(ed town)
баллон cylinder
банк(н) bank
банш(н) meat dumplings
бар tiger
бараа goods
баривчлагдах to be taken prisoner
барилгажих to become developed
барилгажуулах to develop
барилдаан wrestling
барих to pitch a *ger*; to hold
баримт fact, evidence
баримт бичиг document(ation)
баруун west; right
бас also
бат firm
баталгаажуулах to confirm (booking)
батлах to protect; to confirm (statement)
бачимдах to be worried
баялаг wealth, resources
баян rich
баяр joy
баярлалаа thank you!
баяртай goodbye!
бензин petrol
Берлин Berlin
бетон concrete
би I
бид we
бидний ours (ours not yours)
бие body, health
бие засах газар lavatory
бизнесмен businessman
бий is
бий болгох to create
билет ticket
бил үү? isn't it?
битгий! don't!
битүү closed; thick
бичиг writing, letter
бичиг үсэг script
бичих to write
бичмэл in writing
бичүүлэх to get one's bill
бичээч clerk
биш not (not this one)
богино short
богиноттох to shorten
бодол opinion
бодох to think; to reckon
бол is (emphatic particle)
болгон each, every
болиулах to cancel
болих to cease, to stop
болов уу? perhaps?
боломжоо possibility
болон and
болох to be permitted; to become
боов(н) fried pastry
боомт barrier; customs post
боох to tie, to wrap; to close
бороо rain
борц air-dried strips of meat
босоо down (cross-word); upright
босох to get up
ботинк boots
бөглөх to fill in (up, out)

бөгөөд and
бөөнөөр in bulk; wholesale
бөөр(н) kidney
бөх wrestler
бөх барилдах wrestling
брюк trousers
бугуй wrist
бугуйвч bracelet
будаа grain
будрах to flurry
буй болгох to create
булаг spring (of water)
булах to bury
булга(н) sable
булгарах to get sprained
булчин muscle
булш(н) grave
бунхан tomb
бургер burger
буруу wrong, incorrect
бурхан Buddha, Buddha statue
бус see **биш**
бусад other
бутерброд sandwich
буу gun
буудал stop, station
бууз(н) meat dumplings
буурал grey-haired
буух to descend, to get off; to land
буцах to return, to go back
буюу or
бүгд all, everybody
бүгд найрамдах улс republic
бүжиг ballet, dance
бүлэг chapter
бүр every; each; very
бүрд spring pool
бүртгүүлэх to get booked (ticket)
бүртгэл registration
бүртгэх to register
бүрэн completely
бүрэн эрхт plenipotentiary
бүрэх to cover
бүрээс(н) covering
бүс belt, sash; zone
бүсгүй woman
бүстэй man
бүтээгдэхүүн product
бүтээл article
бүтээх to construct
бүү don't . . .
бүх all, whole
бүхий which is, which has
бүхэл whole (number)
бүчих to surround
бэлгэвч condom
бэлэг genitals
бэлэг gift; sign
бэлэн ready
бэрх difficult
бэрхшээл difficulty
Бээжин Beijing, Peking
бямба Saturday
бяслаг cheese

В

ваар vase
вагон railway carriage
ванн bathtub
вант улс kingdom
варень jam
вольтметр voltameter

Г

гадаа (+ nom. or gen.) outside
гадаад foreign, external
гадас(н) pole, stake

гадил	banana
гадна (+ abl.)	besides
гадуур	outside, external
газар	place, land
гайгүй	not bad
гал	fire
гал тогоо	kitchen, cuisine
галиг	transcription
галт тэрэг	railway train
ганцаараа	on one's own
ганц(хан)	only, single, just one
гар	hand, arm
гар чийдэн	torch
гарын үсэг	signature
гараа	start
гарааны зурхай	starting line (horse racing)
гарааш	garage
гаран	over, more than
гарах	to go out, to leave; to begin
гаргах	to publish; to produce, to put out; to export
гариг	planet; (with name) day of the week
гаруй	more than
гахай	pig
гектар	hectare
Герман	Germany
герман	German
гийгүүлэгч	consonant
гишгэх	to tread
гишүүн	member
говь	Gobi
гоё	beautiful
гоёл чимэглэл	ornament
гол	river; main
гол мах	fillet
голлон	mainly
голомт	hearth
гольф	golf
гоо	beauty
горхи	stream
гуа	as **гоо**
гуанз(н)	restaurant, diner
гудамж(н)	street
гулд	lengthways
гурил	flour
гутал	boots
гуч	great-grandchildren
гуя	hip
гүн	deep
гэвч	but
гэдэс (гэдсэн)	stomach
гэл үү?	is that so?
гэм	trouble
гэмтээх	to injure
гэр	felt tent, yurt; home
гэрээр үйлчлэх	home (delivery) service
гэргий	wife
гэрлүүлэх	to marry off
гэрлэх	to get married
гэрлэх ёслол	wedding
гэрэл	light
гэрэлд харуулах	to x-ray
гэтлэх	to cross
гэх	to speak, to say,
гэх мэт	etc.
Д	
даага(н)	colt
даарах	to feel cold
даатгал	insurance
даваа	Monday
даваа	mountain pass
даваа	round of wrestling
давс(н)	salt

давтах to repeat
давхар floor, storey; layer
дайлах to fight
дайлдах to be conquered
дайн war
дайрах to bump into
далай sea, ocean
далайх to brandish
дамжуулах to relay, to transmit
дан single; simple
дараа (+ gen.) later, after
дараагийн next
дараалал queue
даралт pressure
дарах to press; to suppress
дарга chief, boss
дардан зам hardened road, highway
дармал printed
дарс(н) wine
оргилуун дарс sparkling wine
дархан (black)smith
дархан sacred
дархан цаазат газар nature reserve
дархлах reserve, protect
дахиад again
даяар everywhere
даян whole, entire
даян аврага supreme champion
диван sofa
диспетчер controller
довтлох to attack
довтолгоо attack, offensive
доллар dollar
долоо хоног week
доош (+ abl.) below, under
дор (+ nom. or gen.) under
дор дурдсан under-mentioned
дорно east
дотоод internal
дотор (+ gen.) inside
дотор эрхтэн organs
дотуур internal, indoors
дөрөө stirrup
дулаан/дулаахан warm
дулаарах to grow warm
дунд (+ nom. or gen.) in the middle of, middle
дургүй (+ dat.) having a disliking (for something)
дурдах to mention
дуртай (+ dat.) having a liking (for something)
дурсах to remember
дурсгал memorial
дутуу short of, insufficient
дуу thunder; voice
дуугарах to sound, to strike (clock), to ring (bell)
дуудах to call
дуудлага pronunciation; call, summons
дуулах to hear, to listen
дуулах to sing
дуурсагдах to be famous
дуурь opera
дуусах to finish
дүн тэнцүү balance
дүрслэх урлаг fine arts
дүү younger brother/ sister
дүүрэг urban district

дэвсгэр banknote
дэвтэр notebook
дэлгүүр shop
дэлгэрэх to spread
дэлгэх to display
дэлхий world
дэлхий дахин world-wide
дэлхийд алдартай world-famous
дэнж terrace; place in Ulan Bator
дэргэд (+ gen.) next to, near
дээвэр roof cover for a *ger*
дээл *deel*, traditional gown, robe
дээр (+ nom.) better; on, onto, above
дээр дурдсан above-mentioned
дээш above, over
дээшлүүлэх to raise, to enhance

Е

Европ Europe
европ European
ер нь actually
ерөнхий захирал general manager
ерөнхий сайд prime minister
ерөнхийлөгч president
ерөөл wishes, hopes

Ё

ёл vulture (lammergeyer)
ёотон sugar lump
ёс(н) custom, habit
ёслол ceremony
ёстой necessary; must; truly, really

Ж

жаал a bit
жаахан a little
жагсаал parade, demonstration
жагсаалт list
жагсаах to line up
жаргах to be happy
жаргал, жаргалан(г) happiness
жигнэмэг jam
жигнэх to roast; to bake (bread), to brew (tea)
уураар жигнэх to steam
жижиг small
жижүүр receptionist
жил year
жимс(н) fruit
жирэмсэн pregnant
жишээ example
жишээлбэл for example
жолоо reins; steering wheel
жолооч driver
жор prescription
жорлон(г) lavatory
жороо ambler (horse)
журам loyal
жуулчин tourist
жүржийн шүүс(н) orange juice

З

за (заа) OK, well, so . . .
заан elephant
заах to show
зав free time, leisure
заваан dirty
завсарлах to have a break
заг saxaul, Haloxylon (desert shrub)
загас(н) fish
задгай open, loose

задгай мөнгө	small, loose change
задлах	to open
зай	battery
зай	space, distance
зайлах	to clear off, to push off
залгах	to connect
залгуур	plug
залуу	young
зам	road
зардал	cost
зарим	certain, some
заримдаа	sometimes
зарлага	expenditure
зарлиг	decree
зарцуулагдах	to be spent
засаг захиргаа	administration
засах	to correct
засвар	repair
засгийн газар	government
засуул	wrestler's second
зах	market (place)
зах зээл	market (economy)
захиалах	to order
захиалга	order
захирал	director
заяа	fate, destiny
заяат	destined
зовох	to worry
зогсоол	(bus) stop
зогсох	to stand, to stop
зодог	wrestler's jacket
зодоглох	to put on a *zodog*
зорилго	aim
зориулах	to be intended for
зорих	to set off
зорчигч	passenger
зорчин явагч	passenger
зохиолгох	to have composed
зохиолч	author
зохион байгуулах	to organize
зохиох	to compose
зохих	to suit; appropriate; duly
зохицуулалт	check, regulation
зочин	visitor, guest
зочид буудал	hotel
зочлох	to visit
зөв	correct
зөвлөл	advice
зөвлөх	to advise
зөвхөн	only
зөндөө	plenty
зөөвөр	transport
зөөгч	carrier; waiter/ waitress; porter
зөөлөн	gentle
зөөх	to carry
зуд	*zud*, lack of forage
зун	summer
зураас(н)	line
зураач	artist
зураг	drawing
зурам(н)	stroke (writing)
зурах	to sign; to draw
зуслан	summer quarters
зуун	century
зуух(н)	stove
зүг	direction
зүгээр	fine, all right; plenty
зүйл	object
зүйтэй	right, proper
зүрх(н)	heart
зүү	needle

зүүн	east; left
зэрэг	and so on
зээл	loan, credit
И	
идэр	young
идэх	to eat
идээ	food
ийм	such, like this
ийнхүү	in this way
ийшээ	this way
илбэх	to stroke
илжиг(н)	ass
илүү	more; over
импорт	import
ингэж	in this way
ингэх	to do this
инженер	engineer
иргэн	people; citizen
иргэний	civil, civilian
ирэх	to come
институт	institute
инээх	to laugh
их	big, great
ихэд	greatly
ихэнх	greater part, most
ихэр	twins
гурван ихэр	triplets
К	
Каир	Cairo
карбюратор	carburettor
карман	pocket
карт(н)	card (credit, ration, etc.)
касс(н)	cash desk
билетийн касс	ticket office
кило(грамм)	kilo(gram)
километр	kilometre
кино(н)	film
кино театр	cinema
кирилл	Cyrillic
компани	company
компот	stewed fruit
компьютер	computer
консерв	canned food
концерт	concert
коньяк	brandy
кострюль	saucepan
костюм	suit, dress
кофе(н)	coffee
кресло	armchair
куртка	jacket
Л	
лаа	watt; candle
лааз(н)	can, tin
лав	sure
лавлах	to enquire
лавлах ном	guidebook
лам	lama, Buddhist monk
литр	litre
Лондон	London
лут их	huge
луу	dragon
лхагва	Wednesday
люкс	de luxe
М	
магадгүй	perhaps
магадлах	to check, to confirm; to enquire
магнай	leader, leading wrestler; forehead
май	here you are
мал	livestock, cattle
малгай	hat
малчин	herdsman
манай	our (ours and yours)
мандах	to flourish
мандуулах	to raise (flag)
манж	Manchu
маргааш	tomorrow

мартах	to forget
масштаб	scale (map)
мах(н)	meat
махбод	element
маш	very
машин	car, vehicle, machine,
мебель	furniture
медаль	medal
миний	my
минут	minute
мич(н)	monkey
могой	snake
мод(н)	tree, wood
модон эдлэл	furniture
Монгол	Mongolia
монгол	Mongol(ian)
морилох	to deign to
морь (морин)	horse
морь уралдах	horse racing
морин хуур	horse(head) fiddle
Москва	Moscow
мөн	really am, is, are
мөн	the same
мөнгө(н)	silver; money, change
мөнгөн тэмдэгт	banknote
мөр(н)	shoulder
мөрдөх	to follow
мөрөн	river
мөхөөлдөс	ice cream
мөч	limb
музей	museum
мултрах	to be dislocated
муу	bad
муудах	to get worse
муур	cat
муухай	ugly, nasty
муухайрах	to worsen
мэдэх	to know
мэдээ	news, report
мэдээлэл	information
мэргэн	wise (man); crack shot
мягмар	Tuesday
Н	
наад	this here
наадам	traditional games
наана (+ gen.)	this side of
нааш	(to) here, hither
найдвартай	reliable
найз	friend
наймаа	trade, business
наймаачин	trader
Найман	Naiman (tribe)
найруулах	to mix
найруулга	composition
намар	autumn
нам	political party
нам	low
нандин	precious
нар	plural particle
нар(н)	sun
нар зөв	clockwise
наранд шарсан	tanned
наранд түлэгдсэн	sunburned
нас(н)	age
нас барах	to die, to pass away
начин	falcon
нийгэм	society, social
нийслэл	capital city
нийт	all; public
нимбэг	lemon
нислэг	flight
нисэх	to fly
нисэх онгоц(н)	aeroplane
новш	rubbish
ногоо	vegetable
ногоон	green
ногоон хоолтон	vegetarian

ноён	Mr; prince
ном	book
номын сан(г)	library
ноолуур	cashmere, goat hair
ноос(н)	wool
нохой	dog
нөгөө	other, another; that one
нөгөөдөр	day after tomorrow
нөж	blood clot
нөхөр	husband; friend
нөхцөл	condition
нудрах	to punch
нударга	fist
нум	archery bow
нуруу	mountain range; back, spine
нутаг	homeland; territory
нутаглах	to dwell
нуур	lake
нүд(н)	eye
нүүдэл	migration
нүүдэлчин	nomad
нүүр(н)	face
нүүх	to move, to nomadize
нь	of him, her, etc.; his, her, their etc.
нь	is, are
нэгдмэл	united, unified
Нэгдсэн Вант Улс	United Kingdom
нэгдэл	herding cooperative; association
нэгдэх	to unite
нэмэгдэх	to rise
нэмэлт	addition
нэмэх	to add
нэр	name
нэрд гарсан	famous
нэрийдэх	to name, to give a name
нэрлэх	to name, to call
нээгдэх	to be opened
нээлт	opening
нээх	to open
нягтлан бодогч	accountant
ням	Sunday
О	
овог	father's name
овор хэмжээ	dimensions
огтлол	street intersection
огтлох	to cut
од(н)	star
одон(г)	order (award)
одоо	now
одоохон	just a moment
одоохондоо	for the moment
одох	to go away, to go off
ой	anniversary
ой	forest
ойлгох	to understand
ойр (+ abl.)	near
ойрхон (+ dat./loc.)	quite near
ойр зайтай	with a small space, close to
ойртуулах	to bring near
олгох	to grant
олдвор	find, something found
олзлох	to capture
олимпиад	Olympics
ололт	achievement
олон	many
олох	to find
он	year

онгойлгох	to open
онгоц(н)	vessel, ship
нисэх онгоц(н)	aeroplane
оноо	archery hit
онох	to hit the target
онц	special, extraordinary
онцлог	feature
ооно	buck antelope
оочир	queue; turn
ор(н)	bed
орд(н)	palace
орд харш	palaces
орлого	revenue
орой	evening
ойрлох	to lead
оролцох	to participate
орон	place, country, region
ороодог	wrapping
ороох	to wrap round
Орос	Russia
орос	Russian
орох	to enter; to cost
оруулалт	investment
орчим (+ gen.)	around, near
орчин цагийн	modern
орхидос	junk
орхих	to throw (wrestling); to abandon
орхиц	long final stroke (script)
орчуулагч	translator
орчуулах	to translate
оршиx	to be situated
охин	daughter; girl
охь	symbol
очих	to go to
оюун	wisdom
оюутан	student

Ө

өвгөн	old man
өвдөг	knee
өвдөх	to hurt
өвөл	winter
өвөр	breast (male), chest
өвөрмөц	peculiar, specific
өвчин	illness
өглөө	morning
өгөх	to give; to do something for someone
өгүүлэх	to recount, say
өдөр	day
өлөн	thin
өлсгөлөн	hunger
өлсөх	to be hungry
өмнө (+ gen. or abl.)	south; in front; before
өнгө	colour
өнгөрөх	to pass
өндөг(н)	egg
өндөр	high
өндөржүүлэх	to heighten, to raise
өнөө	today; now
өнөө орой	this evening
өнөөдөр	today
өнцөг	corner
өөр	other
өөр	self
өөрийгөө	oneself
өөриймсөх	to feel at home
өөрийн	one's own
өөртөө	(one)self
өөрчлөлт	change, alteration
өөрчлөн байгуулалт	'perestroika', restructuring
өөрчлөх	to change, to alter

өөх(н) fat
өр debt
өргөжих to expand
өргөжүүлэх to broaden
өргөн broad, wide
өргөн чөлөө(н) avenue
өргөө pavilion; Urga (Ulan Bator)
өргөс(н) thorn
өргөст хэмх cucumber
өргөх to raise, to offer up
өрнө west
өрөм clotted cream
өрөө(н) room
өрөх to fit, to set (type)
өсгөх to let grow, to raise
өсөлт growth
өсөх to grow
өчигдөр yesterday

П

пальто overcoat
парламент parliament
паспорт passport; identity document
пассив liabilities
печень biscuits
пиво(н) beer
пиджак coat
платье dress, frock
плитк hotplate, cooker
поваарь pepper
подъезд(н) entrance hall, lobby
приставк video player
программ programme
прокат hire
пуужин rocket
пүрэв Thursday
пүүс company

Р

радио radio
размер size
район urban district
рашаан mineral spring
рашаан ус mineral water
рейс trip
ресторан restaurant
розетк socket
Ром Rome

С

саарал grey
сав(н) container
хогийн сав(н) dustbin
сайжрах to improve
сайн good, well
сайт, сайтай good as to, good as far as . . .
сайхан nice; beautiful
сайшаах to approve; to praise
салат salad
салхи(н) wind
самрах to stir
сан(г) fund, storehouse
санаа intention
санагдах to seem
санал opinion, view
саналтай of a mind to
санах to remember
сандал chair
сансар space, cosmos; place in Ulan Bator
сантиметр centimetre
санхүү finance
санхүүгийн тайлан accounts, financial report
сар month
сар(н) moon

сарлаг yak
сартай with a blaze (horse)
сая million
сая just now
саяхан recently
соёл culture
солонго rainbow
Солонгос Korea
солонгос Korean
сонгино onion
сонголт selection
сонгох to choose
сонин newspaper, news
сонирхолтой interesting
сонирхох to take an interest
сонсох to listen, to hear
сорочик shirt
социал-демократ social-democrat
сөнөөх to destroy
спорт sport
суваг channel
суварга stupa, shrine
сувилагч nurse
сувилал sanatorium
судлал study
судлах to study
сул available; free, vacant
сулрах to decline
сум rural district; arrow
сур archery, archery target
сур харвах archery
сурагч student
сурах to study, to learn; to ask about
сургах to teach
сургууль school
их сургууль university
суртал doctrine
суудал seat
суурин settlement
суурь foundations, place
суух to sit; to live
сууц dwelling
сууцгаах to sit (together)
сүйдэх to be destroyed
сүлжээ network, system
сүм temple
сүсэг faith, belief
сүү milk
сүүл tail
сүх(н) axe
сэрүүхэн cool
сэрэх to wake up
сэрээ(н) fork
сэтгүүл magazine

Т

та you (polite)
таалагдах to please
таалах to like
таваг plate
тавиур shelf
тавигдах to be placed, to be put
тавих to blow (storm); to put; to release
тавтай pleasant
тайван peaceful
тайлан account(ing)
тайлах to explain
тайлбар explanation
такси(н) taxi
тал side; plain, steppe
хоёр талын үнэ return price (fare)

талбай	square
талх(н)	bread
тамга	seal
тамхи(н)	tobacco
тамхи татах	to smoke
танай	your (plural)
Тангуд	Tangut, Hsi-Hsia (nation)
танилцах	to make the acquaintance
танхим	hall, chamber
таны	your (singular)
тараг	sour milk
тариф	tariff
тархи(н)	brain
тасаг	department
тасалбар	ticket
тасалгаа	room; hall
татаар	Tartar (tribe)
татах	to attract, to pull; to reduce
татвар	tax
тахиа	chicken
ташуур	whip
театр	theatre
телевиз	television
теннис	tennis
тийм	yes; such
тийм ч биш	not at all
тийшээ	that way
титэм	crown
товлох	to decide
товчоо(н)	bureau
товъёг	contents table
тоглуулагч	record player
тогоо(н)	cauldron, cooking pot
тогооч	cook
тогтоох	to establish, to fix
тогтооцгоох	to drink up (together)
тогтох	to stop (raining); to be fixed, to resolve
тогтоц	structure
тод	clear
тодорхой	specific
тодруулах	to make clear
тойром	salt-marsh
тойрох	to go round
толгой	head
толгойлох	to form a head
толь(н)	dictionary; mirror
том	big
томилогдох	to be appointed
томилох	to appoint
томоохон	big, important
тоо	number
тооно(н)	ring, the 'cartwheel' supporting a *ger*'s roof
тооцоо(н)	bill
тооцоолуур	computer
тооцоох	to calculate
торт	sponge cake
тос(н)	butter; oil
тохиолдох	to happen
тохиромж	suitability
тохирох	to be suited
тохируулах	to adjust
тохой	elbow
төв	centre
төвшин	level
төгрөг	tögrög, tugrik; round
төдий	that, so much, many
төдийгүй (+ gen.)	not only
төлбөр	payment
төлөө	for the sake of, to

төлөөлөгч	representative
төлөөлөх	to represent
төлөх	to pay
төмөр	iron
төмөр зам	railway
төмөрчин	blacksmith
төмс(н)	potato
төр	state
төрөл	kind, sort; relatives
төрөх	to be born; to be produced
төрсөн нутаг	homeland
төхөөрөмж	equipment
туг	banner
тул (+ gen.)	because, for the sake of
тулалдаан	battle
тулалдах	to fight
тулгар	newly established
тулгах	to be supported
тулгуур	pylon
тун	very
тунгалаг	clear
туруу(н)	hoof
турш (+ nom.)	throughout
туршлага	experiment
тус	assistance
тусгах	to display, to reflect
тусламж	aid
туслах	to assist
туулай	hare
туулах	to cover (distance)
туурга(н)	tent's felt wall
туфли	shoes
тухай (+ gen.)	about, concerning
тухайлбал	in fact, actually
тушаах	to command
түгээх	to distribute
түлхүүр	key
түлш(н)	fuel
түлэх	to fuel, to feed a fire
түлээ	firewood
түргэн	fast, quick
түрүү	first, head, lead
түрүүлэх	to come first
түүгээр	around there
түүний	that one's, his, her, its
түүх	history
түүх	to gather
түшиглэх	to depend on
тэгвэл	if so
тэгэх	to do thus
тэгээд	so, and then
тэд (тэдгээр)	they; those
тэдний	theirs
тэмдэг	sign; stamp, badge
тэмдэглэх	to emphasise
тэмцэх	to struggle
тэмээ(н)	camel
тэнгис далай	sea, great lake
тэнгэр	sky, weather
тэнгэрт халих	to die
тэнд	there
тэнцүү	equal
тэнцэх	to equal
тэр (тэрбээр)	that; he, she, it
тэргүүн(ий)	leading, first
тэрэг(н)	cart
тээвэр	transport
тээх	to transport
тээш(н)	baggage
У	
угаах	to wash
удаа	time, occasion
удаа дараа	repeatedly

удаан slow, for a long time
удах to stay, to take time
удирдагч leader
уйгар Uighur (nation)
уйл whirlpool
улаан red
Улаанбаатар Ulan Bator
улаан лооль tomato
улаан лууван radish
улайх to turn red
уламжлал ёсоор in accordance with tradition
улирал season
улмаар thanks to
улс state, people
умар north
унаа(н) transport
унаажих to get transport
унага(н) foal
унах to ride
унах to fall
ундаа drink
ундаасах to be thirsty
унтах to sleep
унтлага sleeping
унтраалга light switch
унтраах to turn off
унших to read
уншлага reading
унь roof pole, rafter of a *ger*
уралдах to race, to compete
ургах to grow
ургац harvest
урд south; front
урлах to make artistically
урт long
уртатгах to lengthen
урьдаар in advance
урьдчилах to do beforehand
ус(н) water
усан үзэм grapes
утас (утсан) telephone; wire
үүрэн утас cell phone
утасдах to phone, to ring
утга meaning
уул mountain
уулархаг mountainous
уулзах to meet
уулзвар junction
уур steam
уурга lasso pole
уурхай mine
уусах to dissolve
уут(н) bag
уух to drink
уучлах to forgive
уушиг/уушги(н) lungs
учир, учраас because
учиртай should; having meaning
уяа hitching line for horses
уях to tie, to tether

Ү

үг(н) word
үг зүй grammar
үгүй no
үд noon
үе time, period; joint
Үжин lady (Genghis Khan's mother)
үзмэр stand, exhibit
үзүүр end, point
үзүүрлэх to sharpen (pencil)
үзэмж appearance

үзэсгэлэн exhibition
үзэх to see; to study; to try
үйл ажиллагаа activities
үйлдвэр factory
аж үйлдвэр industry
үйлдвэрлэл production
үйлс activities; cause
үйлчилгээ service
үйлчлэгч waiter/waitress; assistant
үйлчлэх to serve
үймээн tumult
үл not
үлдэх to stay, to remain
үлэг гүрвэл dinosaur
үндэс (үндсэн) root, nation; basis
үндэслэх to base on
үндсэн хууль constitution
үнэ(н) price, value, cost
үнэлэх to appreciate, to value
үнэн truth
үнэнч loyal
үнэт valuable
үнэтэй expensive
үнэхээр indeed
үнээ(н) cow
үр дүн result
үргэлжлэл continuation
үржүүлэх to multiply
үс(н) hair
үсэг script, letter
үүгээр around here
үүд(н) door, gate
үүл(н) cloud
үүлдэр breed
үүний this one's; his, her, its
үүрэгт ажил duties
үхэр cow, ox
үхэх to die

Ф

фабрик factory
Франц France
франц French

Х

хаагуур? which way?
хаалга(н) door, gate
хаан khan, emperor
хаана where?
хаах to open
хаачих (with **бэ?**) to go where?
хаашаа where to?
хавар spring
хавдах to swell
хавирга(н) rib
хавтас(н) file, pack, folder
хавчуулах to insert, to tuck in
хавь vicinity
хагалах to break
хагас half
хад(н) rock, cliff
хадаас(н) nail
хадах to pin on
хажуу side
хазаар bridle
хайнаг yak-cow cross
хайрт минь my dear
хайрцаг box, packet
хайч(н) scissors
халаалга heating
халаах to heat
халбага(н) spoon
халих to soar
халуун hot
халууны шил thermometer
халуурах to be feverish
хамаагүй it doesn't matter

хамаарах to belong to, to apply to
хамаг whole
хамар nose
хамгийн most
хамт (+ gen. or com.) together
хамтарсан joint
хамтран ажиллах to collaborate
хамтрах to unite
хана(н) wall; lattice-wall section of a *ger*
хангамж supply
хангарьд Garuda, King of Birds
хангах to satisfy
ханш(н) exchange rate
хар black
харамсал regret
харандаа pencil
харах to look, to face
харваа shooting
харваач archer
харвах to shoot
харгуй path
харилцаа relations
харин but
хариулах to answer; to repay
хариулт мөнгө(н) change
хариуцлага responsibility
харих to return
харуул guard
харуулах to turn, to cause to face
харц(н) look
харь (харийн) foreign, alien
хасах minus; to deduct
хатагтай Mrs, Miss; lady
хатан lady, queen
хатгах to sting, to pierce
хатир trot
хатуу hard
хацар cheek
хачин strange, funny
хашаа enclosure
хий air; gas
хийд monastery
хийх to do, to make
хил border
хиртүүлэх to make dirty
хичээл lesson
хичээх to devote oneself, to try
ховор rare
хог rubbish
хоёр two; and
хойд north
хойно (+ gen. or abl.) behind, after
хойт rear, hind
хойш (+ abl.) since, after
хоккей ice hockey
хол far, distant
холбогдох to be connected
холболтгүй unconnected
холбоо(н) alliance, union
холбох to join
хонгор light bay (horse)
хонгор минь my darling
хоног a night; 24 hours
хонох to spend a night
хонх(н) bell
хонь (хонин) sheep
хоол(н) food
хоолны цэс menu
хоёрдугаар хоол second (main) course
хоолой throat
хоорондн between

хорих to secure, restrain, confine
хороо(н) district
хороолол residential district
хот town
хотол олон everyone
хошуу muzzle
хөвүүн (хөвгүүн) boy, son
хөгжүүлэх to develop
хөдлөх to move, to set off, to get busy
хөдөлмөр labour
хөдөлмөрчин worker, toiler
хөдөө countryside
хөл leg, foot
хөлдөх to freeze
хөлс(н) fee, wages; sweat
хөнгөн light
хөндлөн across (crossword); crossways
хөндлөн гарах to go across
хөөх to drive (animals)
хөрвүүлэг translation
хөргөгч refrigerator
хөрөнгийн бирж stock exchange
хөрөнгө(н) capital (money)
хөх(н) breast
хөх dark blue
хөхүүр koumiss bag
хөшөө monument
хуаран barracks
хуваарь, хувиар timetable
хуваах to divide
хувилах to divide, to distribute
хувилуур duplicator
хувцас clothing
хувь нэмэр contribution
хувьсгал revolution
хувьсгалч revolutionary (noun)
хувьцаа share
хувьцаа эзэмшигч shareholder
хугалах, хугарах to break
хугацаа period
худал lie
худалдаа trade
худалдаачин trader
худалдагч shop assistant
худалдан авах to buy
худалдах to sell
хулгайч thief
хулгана mouse
хундага(н) glass, goblet
хундагалах to pour
хур бороо rain
хураах to collect
хурал assembly; conference
хуралдах to meet, assemble
хурдан fast
хуруу finger, toe
хуруун зай (torch) battery
хурц sharp, acute
хутга(н) knife
хуудас(н) form, sheet
хуучин old
хуушуур fried meat dumplings
хүзүү neck
хүйтрэх to grow cold
хүйтэн cold
хүлэх to tie up, to bind

хүлээн авах to receive
хүлээх to receive; to wait
хүн man; person
хүндэт respected, merited
хүнс(н) foodstuffs
хүргэх to deliver
хүртэл (+ nom.) up to, limit
хүрэн brown
хүрэх to reach, to arrive
хүрээ(н) monastery
хүрээлэн institute
хүсэлт request
хүсэх to wish
хүү son
хүүхэд child
хүүхэн girl
хүч(н) strength, power
хүчит powerful
хэвийн байдал normal state
хэдий although; how much?
хэдий тийм болович however, all the same
хэдий хүртэл till when?
хэдийний of which (day)?
хэдэд at what time?
хэдэн how many? several
хэдэнд on what date?
хэзээний always, of old
хэл(н) tongue, language
хэлбэр form, kind
хэлмэрч interpreter
хэлтэс department
хэлэлцэх to discuss
хэлэх to speak, to say
хэм degree
овор хэмжээ dimensions
хэм хэмжээ measures
хэмжих to measure
хэн who?
хэн нэгэн хүн someone
хэнийх whose?
хэрэв тийм бол in that case
хэрхэх to do what?
хэрэг matter
ажил хэргээр on business
хэрэггүй unnecessary
хэрэглэх to use
хэрэгтэй necessary
хэрэм(н) wall; fortress
хэсэг section
хэтэрхий too much
хялбар дөхөм easy, convenient
хямд cheap
хямдрах to reduce the price
Хятад China
хятад Chinese

Ц

цаана (+ gen.) beyond, that side of
цаас(н) paper
цааш (+ abl.) further
цаг time; clock, watch
цаг агаар weather
цаг уурч weather forecaster
цагийн хуваарь timetable
цагаан white
цагаан будаа rice
цай tea
цалин(г) wage, salary
цам lama dance
цамц(н) shirt
цанаар гулгах to go skiing
царайлах to look like
цас(н) snow
цас орох to snow

цахилгаан electric, electricity; lightning
цемент cement
цирк circus
цол title
цонх(н) window
цохилт ticking
цохих to tick
цөм all
цөөн several; a few
цөцгий cream
цуг (+ com.) together
цугтаа all together
цуглах to gather
цус(ан) blood
цуу(н) vinegar
цэвэр neat, clean
цэвэр бичиг handwriting
цэвэрлэх to clean
цэг sales point; point, full stop
цэлмэг clear, cloudless
цэлмэх to clear up
цэнгэлдэх хүрээлэн stadium
цэнхэр light blue
цэрэг soldier, army, troops
цэс list
цэцэг flower
цэцэрлэг garden
цээж(н) chest
Ч
чадамгай skilfully
чадах to be able
чанар quality
чанартай in the nature of, by way of
чанах to boil
чанга firm, strict
чармайх to try, to do one's best
чацаргана sea buckthorn
чемодан suitcase
чи you (singular, child or close friend)
чиглэл direction
чийдэн(г) lamp
чийдэнгийн шил light bulb
гар чийдэн(г) torch
чиний yours, thy
чинээ -sized, of the size
чих(н) ear
чихэр sugar; sweets
чоно wolf
чөдөр hobble
чөлөөлөх to free, to release
чулуу stone
чухал important
чухам actually
Ш
шаардагдах to be demanded
шаардлага demand
шавар mud
шавьж insect
шагай ankle, ankle-bone
шагнал award
шагнах to award
шампанск champagne
шампунь shampoo
шанага(н) ladle
шар yellow
шар айраг beer
шар лууван carrot
шарах to roast
тосонд шарах to fry
шархирах to ache

шатах	to burn, to burn out
шатахуун	fuel
шахам	almost
шашин	religion
шиг	like
шигттэх	to inlay
шийдвэр	decision
шийдэх	to decide
шил(н)	bottle; glass
нүдний шил	glasses
шилбэ(н)	shin
шинж	sign
шинэ	new
шинэтгэл	reform
шинэтгэх	to rebuild, to modernize
ширээ	table
шницель	schnitzel
шороо	dust, earth
шохой	chalk, lime
шөл(н)	soup
шөнө	night
шөнө орой	late at night
шувуу	bird
шугам	line, route
шударга (шудрага)	loyal, just
шулуун	straight
шуудаг	wrestler's trunks
шуудан(г)	post, postage
шуурга(н)	wind storm
шүд(н)	tooth
шүдэнз	match(es)
шүү	certainly
шүүгээ	cupboard
шүүс(н)	juice
Э	
эвгүй	nasty
эгч	elder sister
эгшиг	vowel
эд	these
эд	thing
эд юмс	things
эдлэх	to use
хувьцаа эзэмшигч	shareholder
элбэг дэлбэг	plenty, plentiful
элс(н)	sand
элсэн чихэр	granulated sugar
элч	messenger
элчин сайд	ambassador
элчин яам(н)	embassy
элэг(элгэн)	liver
эм, эмэгтэй	woman, female
эм	medicine
эмнэлэг	hospital
эмч	doctor, physician
эмээл	saddle
энгэр	flap, lapel
энд	here
энх тайван	peace
энэ	this
энэхүү	this very one
эр, эрэгтэй	man, male
эргэлт	turnover
эргэх	to go round
эрдэм	knowledge, science
эрдэм шинжилгээ	research
эрдэмтэн	scholar
эрдэнэ	jewel
эрдэнийн	precious
эрс	sharp, direct
эрт	early
эртний	ancient
эрүүл мэнд	health
эрх	power(s)
эрхэм	dear, honoured
эрхлэгч	manager
эрхлэх	to be in charge
эрхтэн	limbs, organs
дотор эрхтэн	internal organs

эрч	intensity
эс	not, doesn't
эсвэл	either . . . or
эсгий	felt
эсгэх	to cut
эх	mother
эх(н)	source (river), beginning
эхлэл	beginning
эхлэх	to begin
эхнэр	wife
эцэг	father
эцэс	end
ээж	mum, mother
ээлж	shift, turn
Ю	
юйрэх	to fall to pieces
юм	thing, something; is/are
юм уу	or; either . . . or
юу	what?
Я	
яам(н)	ministry
яарах	to hurry
яах	to do what?
явах	to go
явган	low
явган(аар) явах	to walk, go on foot
явган зорчигч	pedestrian
явган зам	pavement
явдал	event
явуулах	to send; to carry out
явцгаах	to go together
яг	exactly
ядах	to be hardly able
ядрах	to tire
ядуу	poor
язгуур	line of descent
язгуурын	original
ялангуяа	especially
ямаа	goat
ямар	what (kind of)?
яндан(г)	stove pipe
янжуур	cigarette(s)
янз	form, kind
янз бүрийн	all kinds, all sorts
Япон	Japan
япон	Japanese
яриа	talk, speech, conversation
ярих	to speak, talk
яс(н)	bone

Abbreviations

АНУ	**Америкийн Нэгдсэн Улс** United States of America
Ба	**баасан** Friday
БНМАУ	**Бүгд Найрамдах Монгол Ард Улс** People's Republic of Mongolia (1924–1992)
БНСУ	**Бүгд Найрамдах Солонгос Улс** Republic of Korea
БНХАУ	**Бүгд Найрамдах Хятад Ард Улс** People's Republic of China

БЦ	**Барилгын Цэрэг** Construction Troops
Бя/Бям	**бямба** Saturday
г.м.	**гэх мэт** et cetera
Да/Дав	**даваа** Monday
ИБУИНВУ	**Их Британи Умард Ирланди Нэгдсэн Вант Улс** United Kingdom of Great Britain and Northern Ireland
Лх/Лхаг	**лхагва** Wednesday
м/сек	metres per second; 1 **м/сек** is just under 2.25 mph
МАХН	**Монгол Ардын Хувьсгалт Нам** Mongolian People's Revolutionary Party
МИАТ	**Монголын Иргэний Агаарын Тээвэр** Mongolian Civil Air Transport Company
Монцамэ	**Монголын Цахилгаан Мэдээний агентлаг** Mongolian News (Telegraph) agency
МСДН	**Монголын Социал-Демократ Нам** Mongolian Social Democratic Party
МУИС	**Монгол Улсын Их Сургууль** Mongolian State University
МҮАН	**Монгол Үндэсний Ардчилсан Нам** Mongolian National Democratic Party
Мя/Мяг	**мягмар** Tuesday
Ня	**ням** Sunday
ОХУ	**Оросын Холбооны Улс** Russian Federation
Пү/Пүр	**пүрэв** Thursday
төг	**төгрөг** tögrög, tugrik
ТҮЦ	**Түргэн Үйлчилгээний цэг** fast service point (shop, stall)
УАЗ	**Уральский Автозавод** Urals Motor Vehicle Works (former USSR)
УБ	**Улаанбаатар** Ulan Bator

УБТЗ **Улаанбаатар Төмөр Зам**
Ulan Bator Railway

УИХ **(Монгол) Улсын Их Хурал**
Mongolian Great Khural

ш/х **шуудангийн хайрцаг**
post office box (number)

English–Mongolian vocabulary

A	
to be able	**чадах**
about (concerning)	**тухай**
about (roughly)	**орчим**
above	**дээш**
accountant	**нягтлан бодогч**
accounts	**санхүүгийн тайлан**
to ache	**шархирах, өвдөх**
achievement	**ололт, амжилт**
to make acquaintance	**танилцах**
across	**хөндлөн**
activities	**үйлс**
activity	**(үйл) ажиллагаа**
actually	**чухам; ер нь**
acute	**хурц**
to add	**нэмэх**
to adjust	**тохируулах**
administration	**засаг захиргаа**
in advance	**урьдаар**
advice	**зөвлөл**
to advise	**зөвлөх**
afterwards	**дараа**
again	**дахиад**
age	**нас**
aid	**тусламж**
aim, purpose	**зорилго**
all	**бүх, цөм, бүгд**
alliance	**холбоо**
almost	**шахам**
also	**бас**
ambassador	**элчин сайд**
ambler	**жороо**
America	**Америк**
ancient	**эртний**
and	**болон, бөгөөд; хоёр**
ankle	**шагай**
anniversary	**ой**
another	**нөгөө**
antelope	**ооно**
apartment	**байр**
to appoint	**томилох**
to appreciate	**үнэлэх**
to approve	**сайшаах**
archer	**харваач**
archery	**сур харвах**
archery target	**сур**
armchair	**кресло**
army	**цэрэг**
to arrive	**хүрэх**
arrow	**сум**
artist	**зураач**
to ask	**асуух**
assembly	**хурал**
assets	**актив**
to assist	**туслах**
assistance	**тусламж**
atom	**атом**

attaché	атташе
attack	довтолгоо
to attack	довтлох, халдах
to pay attention	анхаарах
to attract	татах
assembly	хурал
autumn	намар
available	сул
avenue	өргөн чөлөө
award	шагнал
axe	сүх

B

back (rear)	ар
back (spine)	нуруу
bad	муу
not bad	гайгүй, муугүй
badge	тэмдэг
bag	уут
baggage	ачаа
ballet	бүжгэн жүжиг
banana	гадил
bank	банк
banknote	дэвсгэр, мөнгөн тэмдэгт
banner	туг
bar	баар
barracks	хуаран
barrier	боомт
to base on	үндэслэх
bathtub	ванн
battery	зай
torch battery	хуруун зай
battle	тулалдаан
to be	байх
to be together	байцгаах
beautiful	гоё
beauty	гоо
because	учир, учраас, тул
to become	болох
bed	ор
beer	шар айраг, пиво
to do beforehand	урьдчилах
to begin	гарах; эхлэх
beginning	эхлэл
behind	хойно
Beijing, Peking	Бээжин
belief	сүсэг, бишрэл
bell	хонх
to belong to	хамаарах
below	доош
belt	бүс
Berlin	Берлин
besides	гадна
to do one's best	чармайх
better	дээр
beyond	цаана
big	их, том
bill	тооцоо
bin	сав
bird	шувуу
biscuits	печень, нарийн боов
a bit (more)	арай
to be bitten	хатгуулах
black	хар
blacksmith	дархан
blood	цус
blood clot	нөж
to blow (storm)	тавих
dark blue	хөх
light blue	цэнхэр
body	бие
to boil	чанах
bone	яс
book	ном
to book (ticket, etc.)	бүртгүүлэх
boots (modern)	ботинк
boots (traditional)	гутал

border	**хил**
born (to be)	**төрөх**
boss	**дарга**
bottle	**шил**
bow (archery)	**нум**
box	**хайрцаг**
boy	**хөвгүүн**
bracelet	**бугуйвч**
brain	**тархи**
brandish	**далайх**
brandy	**коньяк**
bread	**талх**
to break	**хагалах**
break (to take a)	**завсарлах**
breast (female)	**хөх**
breast (male)	**өвөр**
breed	**үүлдэр**
bridle	**хазаар**
to bring	**авчрах**
Britain	**Англи (Улс)**
British	**англи**
broad	**өргөн**
broaden	**өргөжүүлэх**
brother, elder	**ах**
brother, younger	**дүү**
brown	**хүрэн**
to build	**байгуулах**
in bulk, wholesale	**бөөнөөр**
bureau	**товчоо**
burger	**бургер**
to burn out	**шатах**
bus	**автобус**
on business	**ажил хэргээр**
businessman	**бизнесмен**
to get busy	**хөдлөх**
but	**гэвч, харин**
butter	**тос, цөцгийн тос**
to buy	**худалдан авах**

C

cabbage	**байцаа**
Cairo	**Каир**
to calculate	**тооцоолох, тооцох**
to call (name)	**нэрлэх**
to call (phone)	**дуудах, утасдах**
camel	**тэмээ**
campaign (military)	**аян дайн**
can	**лааз**
to cancel	**болиулах**
candle	**лаа**
canned food	**консерв**
capital (city)	**нийслэл**
capital (investment)	**хөрөнгө**
to capture	**олзлох**
carburettor	**карбюратор**
carrot	**шар лууван**
to carry out	**явуулах**
cart	**тэрэг**
cash desk	**касс**
cashmere hair	**ноолуур**
cave	**агуй**
cement	**цемент**
centimetre	**сантиметр**
centre	**төв**
ceremony	**ёслол**
certain, some	**зарим**
certainly	**шүү дээ**
chair	**сандал**
chamber	**танхим**
change, returned	**хариулт мөнгө**
change, small	**задгай мөнгө**
change (alter)	**өөрчлөх**
chapter	**бүлэг**
cheap	**хямд**
to check	**магадлах**
cheek	**хацар**
cheese	**бяслаг**
chest (box)	**авдар**
chest (breast)	**цээж**
chicken	**тахиа**

chief	дарга
child	хүүхэд
China	Хятад
Chinese	хятад
to choose	сонгох
cigarette(s)	янжуур
cinema	кинотеатр
circus	цирк
citizen	иргэн
civil(ian)	иргэний
clean	цэвэр
to clean	цэвэрлэх
clear	тод, цэвэр
to make clear, explain	тодруулах
clear (weather)	цэлмэг
to clear up (weather)	арилах
clerk	бичээч
cliff	хад
clock	цаг
clockwise	нар зөв
to close	хаах
to bring close	ойртуулах
clothing	хувцас
cloud	үүл
cloudless	цэлмэг
coach (railway)	вагон
coat	пиджак
overcoat	пальто
coffee	кофе
cold	хүйтэн
to feel cold	даарах
to grow cold	хүйтрэх
to collaborate	хамтран ажиллах
colour	өнгө
colt	даага
to come	ирэх
to command	тушаах
company	компани, пүүс
to compete	уралдах
to have composed	зохиолгох
computer	компьютер, тооцоолуур
concerning	тухай
concert	концерт
concrete	бетон
condition	нөхцөл
condom	бэлгэвч
conference	хурал
to confirm (statement)	батлах
to confirm (booking)	баталгаажуулах
to connect	залгах
consonant	гийгүүлэгч
constitution	үндсэн хууль
to construct	бүтээх
container	сав
contents table	товъёг
continuation	үргэлжлэл
contribution	хувь нэмэр
conversation	яриа
cook	тогооч
cooker	плитк
cooking pot	тогоо
cool	сэрүүхэн
cooperative (herding)	нэгдэл
correct	зөв
to correct	засах
to cost	орох
country	орон
countryside	хөдөө
course (first, second)	хоол
to cover (over)	бүрэх
to cover (distance)	туулах
covering	бүрээс
cow	үнээ
crack shot	мэргэн

to craft	**урлах**
cream	**цөцгий**
cream (clotted)	**өрөм**
to create	**буй болгох**
credit	**зээл**
to cross	**хөндлөн гарах; гэтлэх**
crown	**титэм**
cucumber	**өргөст хэмх**
culture	**соёл**
cup	**аяга**
cupboard	**шүүгээ**
curd, dried	**ааруул**
curd, sour milk	**аарц**
to cut (injure)	**эсгэх**
to cut (out)	**огтлох**
Cyrillic	**кирил(л)**
D	
dad	**аав**
dance	**бүжиг**
daughter	**охин**
day	**өдөр**
day after tomorrow	**нөгөөдөр**
dear, honoured	**эрхэм**
debt	**өр**
to decide	**шийдэх**
decision	**шийдвэр**
to decline	**сулрах**
decree	**зарлиг**
to deduct	**хасах**
degree	**хэм**
to deliver	**хүргэх**
demand	**шаардлага**
to be demanded	**шаардагдах**
to democratise	**ардчилах**
demonstration	**жагсаал**
deodorant	**дезодрант**
department	**тасаг, хэлтэс**
destiny	**заяа**
to destroy	**сөнөөх**
to be destroyed	**сүйдэх**
to develop, build up	**барилгажуулах**
to develop, promote	**хөгжүүлэх**
dictionary	**толь бичиг**
to die	**нас барах, үхэх, тэнгэрт халих**
difficult	**амаргүй; бэрх**
difficulty	**бэрхшээл**
dimensions	**овор хэмжээ**
dinosaur	**үлэг гүрвэл**
direct, sharp	**эрс**
direction	**зүг**
director	**захирал**
director general	**ерөнхий захирал**
to make dirty	**хиртүүлэх**
to discuss	**хэлэлцэх**
disliking for	**дургүй**
to be dislocated	**мултрах**
to display	**дэлгэх, тусгах**
to dissolve	**уусах**
distance	**зай**
distant	**хол**
to distribute	**хувилах**
district, residential	**хороо, хороолол**
district, rural	**сум**
district, urban	**район; дүүрэг**
divide (share)	**хуваах**
to divide up	**ангилах**
to do	**хийх**
doctor	**эмч**
document(ation)	**баримт бичиг**
dog	**нохой**
don't!	**биттий! бүү!**
door	**үүд, хаалга**
dragon	**луу**
to draw	**зурах**
dress	**костюм, платье**
drink	**ундаа, уух юм**
to drink	**уух**

to drive (livestock)	**хөөх**
driver (vehicle)	**жолооч**
dumplings	**банш, бууз, хуушуур**
dung (dry)	**аргал**
dung box	**аргалын дөрвөлж**
duplicator	**хувилуур**
dust	**шороо**
dustbin, dustcart	**хогийн сав**
duties	**үүрэгт ажил**
to dwell	**нутаглах**
dwelling	**сууц**
E	
each	**бүр**
ear	**чих**
early	**эрт**
earth	**шороо**
east	**дорно, зүүн**
easy	**амар**
to eat	**идэх**
egg	**өндөг**
either . . . or	**. . . юм уу**
elbow	**тохой**
electric(ity)	**цахилгаан**
element	**махбод**
elephant	**заан**
embassy	**элчин яам**
emperor	**хаан**
to emphasize	**тэмдэглэх**
enclosure	**хашаа**
end	**эцэс, адаг**
engineer	**инженер**
England	**Англи (Улс)**
English	**англи**
to enquire	**лавлах**
to enter	**орох**
enterprise	**аж ахуй**
entire	**даян**
entrance (flats)	**подъезд**
equal	**тэнцүү**
to equal	**тэнцэх**
equipment	**тоног төхөөрөмж**
especially	**ялангуяа**
Europe	**Европ**
European	**европ**
evening	**орой**
this evening	**өнөө орой**
event	**явдал**
every	**бүр; болгон**
everybody	**бүгд, хүн бүр**
everywhere	**даяар**
exactly	**яг**
example	**жишээ**
for example	**жишээлбэл**
exchange	**солилцох**
to be exhausted	**шавхан дуусах**
exhibit	**үзмэр**
exhibition	**үзэсгэлэн**
to expand	**өргөжих**
expenditure	**зарлага**
expensive	**үнэтэй**
experiment	**туршлага**
to export	**гаргах**
external	**гадуур**
eye	**нүд**
F	
face	**нүүр**
to face	**харах**
fact	**баримт**
in fact	**тухайлбал**
factory	**үйлдвэр, фабрик**
faith	**сүсэг**
falcon	**начин**
to fall	**унах**
fame	**алдар**
famous	**нэрд гарсан**
to be famous	**дуурсагдах**
far (distant)	**хол**
far (e.g. east)	**алс**
farther	**цааш**
fast	**хурдан; түргэн**
fat	**өөх**

father эцэг
to fear айх
feature онцлог
felt эсгий
female эм, эмэгтэй
to fetch авчрах
to be feverish халуурах
to fight байлдах
to fill in, up, out бөглөх
fillet гол мах
film (cinema) кино
finances санхүү
to find олох
fine! зүгээр
finger хуруу
to finish дуусах
fire гал
firewood түлээ
firm (strict) чанга
first (of all) анх(ны)
first (of series) нэгдэх, нэгдүгээр
first (leading) тэргүүн(ий)
to come first түрүүлэх
fish загас
to fit өрөх
to be fixed тогтох
flap энгэр
flat (apartment) байр
floor шал
floor (storey) давхар
flour гурил
to flourish дэлгэрэх, мандах
flower цэцэг
to flurry будрах
foal унага
folder хавтас
food хоол, идээ, зоог
foodstuffs хүнс
foot хөл
for, to төлөө
foreign (alien) харь, харийн
foreign (external) гадаад
to forget мартах
to forgive уучлах
fork сэрээ
form (paper) хуудас
form (shape) хэлбэр, янз
to found, to build байгуулах
to be founded байгуулагдах
foundations суурь
France Франц
to free чөлөөлөх
free time зав
to freeze хөлдөх
French франц
Friday баасан
friend найз, нөхөр
in front өмнө
to get frostbitten хөлдөөх
fruit жимс
fruit (stewed) компот
to fry тосонд шарах
fuel шатахуун; түлш
fund сан
funny, strange хачин
furniture мебель, модон эдлэл

G

games, traditional наадам
garage гараaш
garden цэцэрлэг
gas cylinder хийн баллон
gate үүд, хаалга
to gather цуглах
gelding агт
general ерөнхий
genitals бэлэг
gentle зөөлөн
German герман
Germany Герман (Улс)

to get off	**буух**	to hang up (coat)	**өлгөх**
to get up	**босох**	to happen	**тохиолдох**
giant	**аврага**	happiness	**жаргал**
girl	**хүүхэн**	to be happy	**жаргах**
glass (material)	**шил**	hare	**туулай**
glass (tumbler)	**аяга**	harvest	**ургац**
to go	**явах**	he	**тэр**
to go away	**одох**	head	**толгой**
to go round	**тойрох, эргэх**	head (first, lead)	**түрүү**
to go together	**явцгаах**	health	**бие, эрүүл мэнд**
goat	**ямаа**	to hear	**сонсох, дуулах**
Gobi	**говь**	heart	**зүрх**
gold	**алт**	to heat	**халаах**
golf	**гольф**	heating	**халаалга**
good	**сайн, аятайхан**	heaven	**тэнгэр**
good as to . . .	**сайтай**	hectare	**гектар**
goodbye!	**баяртай**	to heighten	**өндөржүүлэх**
gorge	**ам**	her	**үүний, түүний, нь**
government	**засгийн газар**	herdsman	**малчин**
gown	**дээл**	here	**энд**
grammar	**хэл зүй**	here (take it)	**май**
grandchildren	**ач, зээ**	here (this here)	**наад**
great-grandchildren	**гуч**	here (hither)	**наaш**
to grant	**олгох**	hero	**баатар**
grapes	**усан үзэм**	high	**өндөр**
to grasp	**атгах**	hip	**гуя**
grave	**булш**	hire	**прокат**
greatly	**ихэд**	his	**үүний, түүний, нь**
green	**ногоон**	history	**түүх**
grey	**саарал**	to hit the target	**онох**
grey-haired	**буурал**	hitching line	**уяа**
to grow	**ургах; өсөх**	hobble	**чөдөр**
guard	**харуул**	hockey (ice)	**хоккей**
guest	**зочин**	holiday	**амралт**
guidebook	**лавлах бичиг**	to hold	**барих**
H		homeland	**төрсөн нутаг**
hair	**үс**	hoof	**туруу**
half	**хагас**	hopes	**ерөөл**
hall	**тасалгаа, танхим**		
hamburger	**бүргэр**		
hand	**гар**		

horse	морь
horse racing	морь уралдах
horse(head) fiddle	морин хуур
hospital	эмнэлэг
hot	халуун
hotplate	плитк
housecoat	халаад
to be hungry	өлсөх
hunting	ан
to hurry	яарах
to hurt	өвдөх
husband	нөхөр
I	
I	би
ice cream	мөхөөлдөс
identity document	паспорт
illiteracy	бичиг үл мэдэх явдал
illness	өвчин
import	импорт
important	чухал; ач холбогдолтой
to improve	сайжрах
incorrect	буруу
increase	нэмэлт
indeed	үнэхээр
individually	амиараа
indoors	дотуур
industry	аж үйлдвэр
information	мэдээ
to injure	гэмтээх
to be injured	гэмтэх
to inlay	шигттэх
insect	шавьж
to insert	хавчуулах, хийх
inside	дотор
institute	институт; хүрээлэн
insufficient	дутуу
insurance	даатгал
intensity	эрч
intention	санаа
to take an interest	сонирхох
interesting	сонирхолтой
internal	дотуур
interpreter	хэлмэрч
investment	хөрөнгө оруулалт
iodine	йод
iron	төмөр
is (are)	байна; бий; юм
it	тэр
its	үүний, түүний, нь
J	
jacket	куртка
jam	жигнэмэг; варень
Japan	Япон (Улс)
Japanese	япон
to join	холбох
joint (body)	үе
joint (together)	хамтарсан
joke	шог
joy	баяр
juice	шүүс
junction	уулзвар
junk	новш, хог
just	шударга (шудрага)
K	
key	түлхүүр
khan	хаан
kidney	бөөр
to kill	алах
kilo(gram)	кило(грамм)
kilometre	километр
kind, sort	төрөл, хэлбэр
kingdom	вант улс
kitchen	гал тогоо
knee	өвдөг

knife	**хутга**
to know (something)	**мэдэх**
knowledge	**эрдэм**
all kinds	**янз бүр**
koumiss	**айраг**
koumiss bag	**хөхүүр**

L

labour	**хөдөлмөр**
lack	**үгүй**
lady	**хатагтай, хатан**
lake	**нуур**
lama	**лам**
lama dance	**цам**
lamp	**чийдэн**
land	**газар**
to land	**буух**
language	**хэл**
lapel	**энгэр**
lasso pole	**уурга**
late at night	**шөнө орой**
later	**дараа**
lavatory	**жорлон, бие засах газар**
layer	**давхар**
lead (pencil)	**бал**
to lead	**оройлох, тэргүүлэх**
leader	**удирдагч**
leading	**түрүү, тэргүүн(ий)**
to leave	**гарах**
left	**зүүн**
leg	**хөл**
leisure	**зав**
lemonade	**нимбэгний ундаа**
lengthen	**уртатгах**
lengthways (down)	**гулд**
lesson	**хичээл**
letter (post)	**бичиг**
letter (script)	**үсэг**
liabilities	**пассив**
library	**номын сан**
life	**амь**
light	**гэрэл**
light bulb	**чийдэнгийн шил**
lightning	**цахилгаан**
liking for	**дуртай**
like (similar)	**шиг**
to like	**таалах**
limb	**мөч**
limit	**хүртэл**
line (descent)	**язгуур**
line (drawn)	**зураас**
to line up	**жагсаах**
lion	**арслан**
list	**жагсаалт**
to listen	**сонсох**
literacy	**бичиг үсгийн мэдлэг**
litre	**литр**
little	**бага**
a little	**жаал, жаахан**
to live	**амьдрах**
to live (dwell)	**суух**
liver	**элэг**
livestock	**мал**
livestock herder	**малчин**
loan	**зээл**
London	**Лондон**
long	**урт**
a long time	**удаан**
look	**харц**
to look	**харах**
lord, master	**эзэн**
losses	**алдагдал**
low	**явган**
loyal	**шударга (шудрага), журамт, үнэнч**

lucky	**хиймортой**
lung	**уушиг**
de luxe	**люкс**
M	
machine	**машин**
main	**гол**
mainly	**голлон**
to make	**хийх**
to make artistically	**урлах**
male	**эр, эрэгтэй**
man	**хүн; бүстэй (хүн), эр, эрэгтэй**
manager	**эрхлэгч**
to manage, be in charge	**эрхлэх**
Manchu	**манж**
many	**олон**
how many?	**хэдэн**
market	**зах**
to marry off	**гэрлүүлэх**
to get married	**гэрлэх**
mask	**баг**
masses	**ард түмэн**
matches	**шүдэнз**
matter	**хэрэг**
it doesn't matter	**хамаагүй**
meaning	**утга**
meaningful; should	**учиртай**
to measure	**хэмжих**
meat	**мах**
medal	**медаль**
medicine	**эм**
to meet	**уулзах**
to hold a meeting	**хуралдах**
member	**гишүүн**
memorial	**дурсгал**
menu	**хоолны цэс**
method	**арга**
middle, in the middle	**дунд**
milk	**сүү**
milk (sour)	**тараг**
of a mind to	**саналтай**
mine	**уурхай**
mineral water	**рашаан ус**
ministry	**яам**
minus	**хасах**
minute	**минут**
Miss, Mrs	**хатагтай**
missing	**алга**
to make mistakes	**алдах**
mister, Mr	**ноён**
to mix	**найруулах**
modern	**орчин цагийн**
to modernize	**шинэтгэх**
just a moment	**одоохон**
for the moment	**одоохондоо**
monastery	**хийд**
Monday	**даваа**
money	**мөнгө**
Mongolia	**Монгол (Улс)**
Mongolian	**монгол**
monk	**лам**
monkey	**мич**
month	**сар**
monument	**хөшөө**
moon	**сар**
more than	**гаруй, илүү**
morning	**өглөө**
Moscow	**Москва**
most	**ихэнх**
the most . . .	**хамгийн . . .**
mother	**эх**
mountain	**уул**
mountainous	**уулархаг**
mouse	**хулгана**
mouth	**ам**
that much	**төдий**
too much	**хэтэрхий**

to multiply **үржүүлэх**
mum **ээж**
muscle **булчин**
museum **музей**
must **ёстой**
muzzle **хошуу**
my **миний**

N

Naiman **Найман**
name **нэр**
name (honorific) **алдар**
name (father's) **овог**
to name **нэрлэх, нэрийдэх**
nasty **эвгүй**
nation **улс**
nationality **үндэс**
nature **байгаль**
nature reserve **дархан цаазат газар**
near **дэргэд, ойр**
quite near **ойрхон**
neat **цэвэр**
necessary **ёстой, хэрэгтэй**
neck **хүзүү**
needle **зүү**
new **шинэ**
newly established **тулгар**
news **сонин сайхан**
newspaper **сонин**
next **дараагийн**
next to **дэргэд**
nice **сайхан, аятайхан**
night **шөнө; хоног**
to spend a night **хонох**
no **үгүй**
nomad **нүүдэлчин**
to nomadize **нүүх**
none **алга**
noon **үд**
normal **хэвийн**
north **умард, хойно**
nose **хамар**
not **-гүй; үл, эс**
not (this but) **биш**
now **одоо, өнөө**
number **тоо**
nurse **сувилагч**

O

object **зүйл**
ocean **далай**
OK (well, so . . .) **за (заа)**
old **хуучин**
Olympics **олимпиад**
on, onto **дээр**
oneself **өөрийгөө, өөртөө**
onion **сонгино**
only **ганцхан**
to open **онгойлгох, задлах, хаах**
to be open **онгойх**
opening **нээлт**
opera **дуурь**
opinion **бодол**
or **. . . юм уу, буюу**
orange (colour) **улбар шар**
orange (fruit) **амтат жүрж**
orange juice **жүржийн шүүс**
order (award) **одон**
to order **захиалах**
organization **байгууллага**
organs (body) **дотор эрхтэн**
ornament **гоёл чимэглэл**
other **нөгөө, өөр**
our (ours and yours) **манай**
our (ours not yours) **бидний**
to go out **гарах**
outside **гадаа**

on one's own **ганцаараа**
other **бусад**
one's own **өөрийн**
overcoat **пальто**
owner **эзэмшигч**
ox **үхэр**

P

pack (file) **хавтас**
packet **хайрцаг**
palace **орд**
palaces **орд харш**
paper **цаас**
parade **жагсаал**
park **цэцэрлэг**
parliament **парламент**
to participate **оролцох**
party (political) **нам**
pass **онгорох**
pass away **нас барах**
pass (mountain) **даваа**
passport **паспорт**
path **харгуй**
pavement **явган зам**
to pay **төлөх**
payment **төлбөр**
peace **энх тайван**
peaceful **тайван**
peculiar **өвөрмөц**
pedestrian **явган зорчигч**
pencil **харандаа**
people **улс**
pepper **поваарь**
perhaps **магадгүй**
perhaps? **болов уу?**
period of time **хугацаа; үе**
permanently **байнга**
to be permitted **болох**
person **хүн**
petrol **бензин**
to phone **утасдах**
phonetics **авиа зүй**
physician **эмч**
pig **гахай**
to pitch (a *ger*) **барих**
place **газар**
to be placed **тавигдах**
plane **нисэх онгоц**
plate **таваг**
pleasant **тавтай**
to please **таалагдах**
plenty **зөндөө; элбэг дэлбэг**
plug (electric) **залгуур**
pocket **карман; халаас**
point **цэг**
pole **гадас**
poor **ядуу**
porter **зөөгч**
possibility **боломж**
post (postage) **шуудан**
post (column) **багана**
potato **төмс**
to pour **хундагалах**
power(s) **эрх**
powerful **хүчит**
prayers **ерөөл**
precious **эрдэнийн**
pregnant **жирэмсэн**
prescription **жор**
to preserve (protect) **дархлах**
president **ерөнхийлөгч**
to press **дарах**
pressure **даралт**
pretty **сайхан**
prime minister **ерөнхий сайд**
prince **ноён**
printed **дармал**
to be taken prisoner **баривчлагдах**
probably **бололтой**
product **бүтээгдэхүүн**
productivity **ашиг шим**
profit **ашиг**

programme	**программ**
progress	**ахиц**
prohibited	**хориотой**
to promise	**ам алдах**
pronunciation	**дуудлага**
proper	**зүйтэй**
to protect	**батлах**
province	**аймаг**
public	**нийт**
publish	**гаргах**
pull	**татах**
to be put	**тавигдах**
to put out	**гаргах**
Q	
quality	**чанар**
queen	**хатан хаан**
question	**асуулт**
queue	**оочир, дараалал**
quiet	**амар**
quick	**түргэн; хурдан**
R	
race	**үндэс**
to race	**уралдах**
radish	**улаан лууван**
rafter (*ger*)	**унь**
railway	**төмөр зам**
rain	**бороо, хур бороо**
to rain	**бороо орох**
rainbow	**солонго**
to raise	**мандуулах, өргөх, дээшлүүлэх**
range (mountain)	**нуруу**
rat	**үхэр хулгана**
to reach	**хүрэх**
to read	**унших**
reading	**уншлага**
ready	**бэлэн**
really	**ёстой**
rear	**ар**
to receive	**хүлээх, хүлээн авах**
recently	**саяхан**
receptionist	**жижүүр**
record player	**тоглуулагч**
to recount	**өгүүлэх**
red	**улаан**
to reduce	**татах**
to reduce (price)	**хямдруулах**
to reflect	**тусгах**
reform	**шинэтгэл, шинэчлэл**
refrigerator	**хөргөгч**
region	**орон**
to register	**бүртгэх**
registration	**бүртгэл**
regret	**харамсал**
reins	**жолоо**
relations	**харилцаа**
relatives	**төрөл**
to release	**чөлөөлөх**
reliable	**найдвартай**
religion	**шашин**
to remain	**үлдэх**
to remember	**дурсах, санах**
repair	**засвар**
republic	**бүгд найрамдах улс**
to repeat	**давтах**
repeatedly	**удаа дараа**
to represent	**төлөөлөх**
representative	**төлөөлөгч**
requirements	**болзол**
research	**эрдэм шинжилгээ**
respected	**хүндэт**
to rest	**амрах**
restaurant	**ресторан**
result	**үр дүн**
to return	**харих; буцах**
revenue	**орлого**
revolution	**хувьсгал**

revolutionary (noun)	**хувьсгалч**
rib	**хавирга**
rice	**цагаан будаа**
rich	**баян**
riches	**баялаг**
to ride	**унах**
right (side)	**баруун**
right (correct)	**зүйтэй**
to ring (of a bell)	**дуугарах**
to ring (to phone)	**утасдах**
river	**гол, мөрөн**
road	**зам**
to roast	**шарах, жигнэх**
rocks, cliff	**хад**
rocket	**пуужин**
Rome	**Ром**
roof cover (*ger*)	**дээвэр**
roof pole (*ger*)	**унь**
roof post (*ger*)	**багана**
roof ring (*ger*)	**тооно**
room	**өрөө, тасалгаа**
root	**үндэс**
round	**төгрөг, дугуй**
rubbish	**хог**
ruin, ruined town	**балгас**
Russia	**Орос (Улс)**
Russian	**орос**
S	
saddle	**эмээл**
safety	**аюулгүй**
salad	**салат**
salary	**цалин**
salespoint	**цэг**
salt	**давс**
the same	**мөн**
sample	**ширхэг**
sand	**элс**
sandwich	**бутерброд**
sash	**бүс**
to satisfy	**хангах**
Saturday	**бямба**
saucepan	**кострюль**
saxaul	**заг**
to say	**гэх, хэлэх, ярих**
schnitzel	**шницель**
scholar	**эрдэмтэн**
school	**сургууль**
science	**эрдэм**
scissors	**хайч**
script	**үсэг**
sea	**далай**
seal	**тамга**
season	**улирал**
seat	**суудал**
second (of time)	**секунд**
second (wrestling)	**засуул**
section	**хэсэг**
to secure	**хорих**
security	**аюулгүй**
to see	**үзэх**
selection	**сонголт**
self	**өөр**
to sell	**худалдах**
to send	**явуулах**
service	**үйлчилгээ**
to set (type)	**өрөх**
settlement	**суурин**
to serve	**үйлчлэх**
several	**хэдэн**
shampoo	**шампунь**
shape	**хэлбэр, янз**
share	**хувьцаа**
shareholder	**хувьцаа эзэмшигч**
sharp	**хурц**
to sharpen	**үзүүрлэх**
she	**тэр**
sheep	**хонь**
shelf	**тавиур**

shin	**шилбэ**
ship	**онгоц**
shirt	**цамц, сорочик**
shoes	**туфли, ботинк, шаахай**
to shoot (archery)	**харвах**
to shoot (gun)	**буудах**
shooting	**харваа**
shop	**дэлгүүр**
shop assistant	**худалдагч**
short	**богино**
short of	**дутуу**
to shorten	**богинотгох**
shoulder	**мөр**
to show	**заах**
side	**тал, хажуу**
this side of	**наана**
that side of	**цаана**
sign	**шинж; тэмдэг**
silver	**мөнгө**
to sing	**дуулах**
single (just one)	**ганц**
single (simple)	**дан**
sister (elder)	**эгч**
sister (younger)	**дүү**
to sit	**суух**
to sit together	**суулцгаах**
to be situated	**орших, байх**
situation	**байдал, нөхцөл**
size (clothing)	**размер, хэмжээ**
the size of	**чинээ**
skilfully	**чадамгай**
skin	**арьс**
skins and hides	**арьс шир**
sky	**тэнгэр**
to sleep	**унтах**
sleeping	**унтлага**
slow	**удаан**
small	**жижиг**
to smoke	**тамхи татах**
snake	**могой**
snow	**цас**
to snow	**цас орох**
social-democrat	**социал-демократ**
society	**нийгэм**
socket	**розетк**
sofa	**диван**
soldier	**цэрэг**
some	**зарим**
something	**юм**
sometimes	**заримдаа**
son	**хүү; хөвгүүн**
sort	**төрөл**
all sorts	**янз бүр**
to sound	**дуугарах**
soup	**шөл**
source	**эх**
south	**өмнө, урд**
space	**зай**
to speak	**гэх, хэлэх, ярих**
special	**онц**
specific	**тодорхой**
spectacles	**нүдний шил**
speech (report)	**илтгэл**
speech (talk)	**яриа**
to be spent	**зарцуулагдах**
spine	**нуруу**
sponge cake	**торт**
spoon	**халбага**
sport	**спорт**
to be sprained	**булгарах**
to spread	**дэлгэрэх**
spring	**хавар**
square	**талбай**
stadium	**цэнгэлдэх хүрээлэн**
stallion	**азарга**
stamp (postage)	**шуудангийн марк**
stamp (rubber)	**тэмдэг**
to stand	**зогсох**
standard	**хэм хэмжээ**
starting line	**гарааны зурхай**

state	**төр, улс**
station	**буудал**
to stay (remain)	**үлдэх**
to stay (take time)	**удах**
to steam	**уураар жигнэх**
steering wheel	**жолоо**
stirrup	**дөрөө**
stock exchange	**хөрөнгийн бирж**
stomach	**гэдэс**
stone	**чулуу**
stop	**зогсоол**
to stop	**зогсох**
to stop (rain)	**тогтох**
store	**сан**
storey	**давхар**
stove	**зуух**
stove pipe	**яндан**
straight	**шулуун**
strange	**хачин**
street	**гудамж**
strict	**чанга**
to strike (clock)	**дуугарах**
to strive	**хичээх**
stroke (script)	**зурам**
stroke (long final)	**орхиц**
to stroke	**илбэх**
structure	**тогтоц; байгуулал**
to struggle	**тэмцэх**
student	**оюутан**
to study	**сурах, судлах**
to be stung	**хатгуулах**
stupa	**суврага**
to subtract	**хасах**
success	**амжилт; ахиц**
such	**тийм, ийм**
sugar (granulated)	**элсэн чихэр**
sugar (lump)	**ёотон**
suit	**костюм**
to suit	**зохих**
suitable	**хялбар дөхөм**
suitability	**тохиромж**
suitcase	**чемодан**
to be suited	**тохирох**
summer	**зун**
summer quarters	**зуслан**
sun	**нар**
sunburned	**наранд түлэгдсэн**
Sunday	**ням**
sunflower	**наранцэцэг**
suntanned	**наранд шарсан**
supply	**хангамж**
sure	**лав**
to swell	**хавдах**
sweets	**чихэр**

T

table	**ширээ**
tableware	**аяга халбага**
tail	**сүүл**
to take	**авах**
Tartar	**татаар**
tasty	**амттай**
tax	**татвар**
taxi	**такси**
tea	**цай**
tea (black)	**байхуу**
to teach	**сургах**
teacher	**багш**
telephone	**утас**
television	**телевиз**
temple	**сүм**
tennis	**теннис**
tent	**гэр**
territory	**нутаг**
thank you!	**баярлалаа**
thanks to	**улмаар**
that	**тэр**
that one's	**түүний**
that way	**тийшээ**

to do that **тэгэх**
theatre **театр**
their **тэдний, нь**
there **тэнд**
thermometer **халууны шил**
they **тэд, эд**
thin **өлөн**
thing **юм**
to think **бодох**
to be thirsty **цангах**
this (one) **энэ**
this one's **үүний**
to do this **ингэх**
thorn **өргөс**
those **тэд, тэдгээр**
throat **хоолой**
to throw (wrestling) **орхих**
thunder **тэнгэрийн дуу**
Thursday **пүрэв**
thus **ийнхүү**
to tick **цохих**
ticket **билет, тасалбар**
ticket office **билетийн касс**
ticking **цохилт**
to tie **боох; уях**
to tie up **хүлэх**
tiger **бар**
time (hour) **цаг**
time (occasion) **удаа**
time (period) **үе**
timetable **цагийн хуваарь**
tin, can **лааз**
to tire **ядрах**
title, rank **цол**
to (for) **төлөө**
tobacco **тамхи**
today **өнөөдөр, өнөө**
toe **хуруу**
together **хамт, цуг**
all together **цугтаа**
tomato **улаан лооль**
tomb **бунхан**
tomorrow **маргааш**
tongue **хэл**
tooth **шүд**
torch **гар чийдэн**
tourism **жуулчлал**
tourist **жуулчин**
town **хот**
trade **наймаа, худалдаа**
trader **наймаачин, худалдаачин**
traditional **уламжлал ёсоор**
train **галт тэрэг**
transcription **галиг**
to translate **орчуулах**
to transmit **дамжуулах**
transport **унаа; тээвэр**
to get transport **унаажих**
to travel **аялах**
trip (journey) **рейс**
trot, full **хатир**
trot, easy **хатираа**
trousers **брюк**
truth **үнэн**
to try (test) **үзэх**
to try (strive) **чармайх**
to tuck in (clothes) **хавчуулах**
Tuesday **мягмар**
tugrik **төгрөг**
tumult **үймээн**
turn **оочир**
to turn **харуулах**
turnover **эргэлт**
twins **ихэр**

U

ugly **муухай**
Uighur **уйгар**
Ulan Bator **Улаанбаатар**
unconnected **холболтгүй**
under **дор**

undermentioned	дор дурдсан
to understand	ойлгох
unified	нэгдмэл
union	холбоо
to unite	холбох
university	их сургууль
unnecessary	хэрэггүй
up to (until)	хүртэл
upright	босоо
to use	хэрэглэх
to put to use	ашиглах
V	
vase	ваар
vegetable	ногоо
vegetarian	ногоон хоолтон
vehicle	машин
very	маш
vessel	онгоц
video player	приставк, видео тоглуулагч
vinegar	цуу
vodka	архи
voltameter	вольтметр
vicinity	хавь
to visit	очих, зочлох
visitor	зочин
voice	дуу
vowel	эгшиг
vulture	ёл
W	
wage	цалин
to wait	хүлээх
waiter, waitress	зөөгч, үйлчлэгч
to walk	явганаар явах
wall (incl. tent, lattice)	хана
wall (tent, felt)	туурга
wall (fortress)	хэрэм
war	дайн
warm	дулаан
to grow warm	дулаарах
to wash	угаах
watch	цаг
water	ус
watt	лаа
this way (direction)	ийшээ
in this way, thus	ингэж
we	бид
wealth	баялаг
weather	цаг агаар, тэнгэр
weather forecaster	цаг уурч
wedding	гэрлэх ёслол
Wednesday	лхагва
week	долоо хоног
well (good)	сайн
well (OK)	за
west	баруун, өрнө
what?	юу
what (kind of)?	ямар
to do what?	яах, хэрхэх
where?	хаана
to where?	хаашаа
to go where?	хаачих
which one?	аль
of which date?	хэдийний
which way?	хаагуур
whip	ташуур
whirlpool	эргүүлэг
white	цагаан
who?	хэн
whole	даян
whole number	бүхэл
wholesale	бөөнөөр
wide	өргөн
wife	гэргий, эхнэр
wind	салхи
wind storm	шуурга
window	цонх
wine	дарс
winter	өвөл
wire	утас

wise man	**мэргэн**
wish	**ерөөл**
to wish	**хүсэх**
wolf	**чоно**
woman	**бүсгүй (хүн), эм, эмэгтэй**
wood	**мод**
wool	**ноос**
work	**ажил**
to work	**ажиллах**
working man	**хөдөлмөрчин**
world	**дэлхий**
world-famous	**дэлхийд алдартай**
world-wide	**дэлхий дахин**
to be worried	**бачимдах**
to worry	**зовох**
to worsen	**муухайрах**
to wrap round	**ороох**
to wrestle	**барилдах**
wrestler	**бөх**
wrestler (leading)	**магнай**
wrestler's jacket	**зодог**
wrestler's trunks	**шуудаг**
wrestling	**барилдаан**
wrist	**бугуй**
to write	**бичих**
writing	**бичиг**
wrong	**буруу**
X	
to be x-rayed	**гэрэлд харуулах**
Y	
yak	**сарлаг**
year	**жил, он**
year-end	**оны эцэс**
yellow	**шар**
yes	**тийм**
yes indeed	**зүйтэй**
yesterday	**өчигдөр**
you (polite singular)	**та**
you (plural)	**та нар**
you (thou)	**чи**
young	**залуу**
your (plural)	**танай**
your (singular)	**таны**
your (thy)	**чиний**
yurt	**гэр**

Grammar index

Addenda: Mongols disagree whether the interrogative particles after -**гүй** (page 30) and **руу/лүү** (page 62) should be **юу** or **юү** (page 19); the classical Mongolian script makes no distinction. In Mongolian Cyrillic the word **хан** 'khan' is sometimes written **хаан** because the intervocalic 'g' in the classical Mongolian 'qagan' has been replaced by a long vowel in the modern language. In theory **хаан** is reserved for Genghis Khan, but in practice there is confusion (pages 201, 202 and 205). The text says **сайн хоол** for 'good food' (pages 75 and 90), but **сайхан хоол** is more usual. On page 46, one might also say, for 'How long are you going to stay in Mongolia': **Та нар Монголд аль хэр удах вэ? (аль хэр:** 'how long?'). And the reply could be: **Ирэх сарын сүүл хүртэл (сүүл:** 'tail', e.g. of a sheep). On page 51 **Та ундаасч байна уу?** means literally 'Would you like something to drink?' (**ундаа**, a soft drink), while 'Are you thirsty?' is **Та цангаж байна уу?** (**цангаа**, thirst).

Suffix index

Bibliography

Mongol–English dictionaries

Bawden, C. R. (1997) *Mongolian–English Dictionary*, London and New York: Kegan Paul International.

Hangin, J. G. and Krueger, J. R. (1986) *A Modern Mongolian–English Dictionary*, Indiana University Press: Bloomington (recent reprints).

Lessing, F. D. (ed.) (1960) *Mongolian–English Dictionary*, Berkeley: University of California Press, (recent reprints; ordered according to own system of transcription of classical script, with Cyrillic key).

English–Mongol dictionaries

Akim, G. (1995) *Concise Dictionary of English–Mongolian and Mongolian–English Proverbs*, Ulan Bator: Il Tovchoo.

Altangerel, D. (1997) *Mongol-angli tol': Mongolian–English Dictionary*, Ulan Bator: Interpress Printing Company.

Hangin, J. G. (1970, reprinted 1992) *A Concise English–Mongolian Dictionary*, Bloomington: Indiana University Press.

Narangerel, S. (1994) *English–Mongolian–Russian Legal Dictionary*, Ulan Bator: Mongol Tsaaz Khuuli Co.

Grammars and Phrasebooks

Kullman, R. (1996) *Mongol khelzüi/Mongolian Grammar*, Hong Kong: Jensco Ltd.

Sanders, A. J. K. and Bat-Ireedüi, J. (1995) *Mongolian Phrasebook*, Hawthorn, Australia: Lonely Planet.

Books about Mongolia

Bawden, C. R. (1989) *The Modern History of Mongolia*, London: Kegan Paul International.

Bruun, O. and Odgaard, O. (1996) *Mongolia in Transition*, Richmond, VA: Nordic Institute of Asian Studies and Curzon Press.

Bulag, U. E. (1998) *Nationalism and Hybridity in Mongolia*, Oxford: Clarendon Press.

Goldstein, M. C. and Beall, C. M. (1994) *The Changing World of Mongolia's Nomads*, Sevenoaks: Odyssey Guides.

Greenway, P., Storey, R. and Lafitte, G. (1997) *Mongolia: A Travel Survival Kit*, Hawthorn, Australia: Lonely Planet.

Man, J. (1997) *Gobi: Tracking the Desert*, London: Weidenfeld and Nicolson.

Morgan, D. (1987) *The Mongols*, Oxford: Basil Blackwell.

Nordby, J. (1993) *World Bibliographical Series: Mongolia*, Oxford and Santa Barbara: Clio Press.

Onon, U. (1990) *The History and the Life of Chinggis Khan*, Leiden and New York: Brill.

Sanders, A. J. K. (1996) *Historical Dictionary of Mongolia*, Lanham and London: Scarecrow Press.

Severin, T. (1991) *In Search of Genghis Khan*, London: Hutchinson.